AIDE-MÉMOIRE

DE

L'INGÉNIEUR MILITAIRE.

AIDE-MÉMOIRE

DE

L'INGÉNIEUR MILITAIRE,

OU

RECUEIL D'ÉTUDES ET D'OBSERVATIONS

RASSEMBLÉES ET MISES EN ORDRE,

PAR **GRIVET**, CAPITAINE DU GÉNIE.

Livre Premier.

PERSONNEL ET ADMINISTRATION.

PARIS,

J. CORRÉARD Jᵉ, ÉDITEUR-PROPRIÉTAIRE,

RUE DE TOURNON, Nº 20.

1834

AVERTISSEMENT.

Depuis long-temps on désire un aide-mémoire dans le corps du génie, et personne ne se sent le courage de l'entreprendre. Les uns y voient des difficultés sans nombre, les autres impossibilité totale. Un tel ouvrage, en effet, s'il était composé par un seul homme, exigerait une réunion de connaissances que l'on rencontre rarement. A la nécessité de posséder à fond la science de l'ingénieur, dans ses diverses branches, aussi parfaitement que les auteurs les plus estimés qui en ont traité, se joindrait celle d'avoir long-temps fait la guerre, d'avoir présidé à de coûteuses et importantes constructions, et d'avoir constamment cultivé les sciences physiques et mathématiques. Il est, sans nul doute, de tels hommes dans les sommités du corps du génie; mais ces guerriers illustres qui ont tout vu et qui savent tout, sentent-ils assez fortement l'inconvénient d'ignorer pour prendre la peine d'instruire ceux qui ne savent pas? Daigneraient-ils s'abaisser à de si minces détails? Et d'ailleurs, les soins bien autrement importans qui les occupent, le leur permettraient-ils, quand même ils le voudraient? Ce n'est donc que dans un rang inférieur qu'il serait possible de trouver, unis à la science, le temps et la volonté de la communiquer. Mais comment un homme si capable et si universel serait-il resté dans les rangs inférieurs? Pour l'honneur du corps, je préfère croire qu'il n'existe pas. Une réunion d'officiers instruits pourrait peut-être en tenir lieu; mais les commissions ont un autre inconvénient très-majeur : c'est d'opérer lentement, d'être rarement d'accord, et de ne pouvoir faire presque jamais un tout homogène. C'est en face de ces difficultés que j'ose me présenter pour les surmonter. Quinze ans d'études et de méditations sur cette matière, me donnent peut-être le droit de croire savoir mieux qu'un autre la manière de la traiter. L'ingénieur est à-la-fois administrateur, géomètre, architecte et militaire. C'est sous ces quatre points de vue que je me propose d'examiner les sciences dont il a besoin. Les réflexions qui précèdent ont, je pense, suffisamment averti le lecteur que je n'espérais pas pouvoir remplir une aussi vaste tâche tout seul. Un puissant secours ne me manquera pas. J'aurai pour collaborateurs, Vauban, Cormontaigne, Boussmard, Saint-Paul, Bélidor, Rondelet, Gassendi, Allent, et une foule d'autres écrivains qu'il serait trop long de citer ici ; ou, pour mieux dire, les pages de mon aide-mémoire existent éparses dans leurs célèbres écrits : il ne s'agit que de les rassembler. C'est exprimer assez hautement que mon seul but est d'être utile, que *je ne réclame pour ma part que l'honneur du classement plus ou moins heureux des matières*, et que je n'ai nullement la prétention d'être auteur. J'avertis donc une fois pour toutes, que dans l'ouvrage qu'on va lire, on pourra souvent trouver, mêlées à mes propres réflexions, des phrases et des pages entières extraites de divers écrivains. En suivant en cela l'exemple de Gassendi et de Cormontaigne, qui en avaient, certes, moins besoin que moi, j'espère rassurer contre ma trop réelle incapacité, et prouver que, bien loin de chercher à propager mes propres idées, je n'aspire qu'à donner, sous un petit volume, au corps du génie, avec les renseignemens divers qui lui sont indispensables, l'état exact de ses connaissances et de sa position actuelles. Je serai heureux, si mes camarades trouvent que j'ai approché du but.

GRIVET , *capitaine du génie*.

AIDE-MÉMOIRE

DE

L'INGÉNIEUR MILITAIRE.

LIVRE PREMIER.

PERSONNEL ET ADMINISTRATION.

CHAPITRE PREMIER.

Resumé historique de l'attaque et de la défense.

OBSERVATIONS GÉNÉRALES.

1. L'art de la fortification remonte à l'origine des sociétés : mais comme toutes les inventions humaines, cet art languit, brilla ou s'éteignit suivant les diverses phases de la civilisation. Il y a loin de la rangée de pieux que le sauvage établit autour de sa cabane à ces majestueux et inaccessibles remparts que Vauban a fait élever. Il faut remarquer cependant qu'en tout temps l'industrie de l'homme a su créer des moyens défensifs en rapport avec les dangers de l'attaque. De quoi serviraient, en effet, nos épais remparts à ceux qui n'ont à redouter que la pointe fragile d'une flèche ? Si depuis l'invention de la poudre on n'eût coulé que des balles du calibre ordinaire, il est certain que la fortification ancienne nous aurait suffi : c'est donc sur l'attaque que la défense doit toujours se régler. Si les siéges deviennent longs et meurtriers, c'est une preuve que la défense est supérieure à l'attaque ; si au contraire, comme il arrive de nos jours, on peut calculer avec certitude l'époque fort rapprochée où la place la plus forte doit succomber, il faut en conclure que la fortification ne remplit plus qu'imparfaitement son but, et que l'art, dans une crise décroissante, attend quelqu'invention nouvelle qui puisse le relever.

2. Le fameux siége de Troie peut donner une idée précise de la

supériorité de la défense sur l'attaque, à l'époque où il fut entrepris. La ville était entourée de hautes murailles et flanquée de tours. Les assiégeans avaient établi leur camp sur le bord de la mer, en face de la ville. Un vaste champ de bataille restait vide entre les deux armées ennemies ; c'est là que se livrèrent, pendant dix ans, de continuels combats, sans que les Grecs, privés de machines, pussent avoir d'autre espoir d'amener la reddition de la ville, que dans la lassitude des Troyens ou leur entière extermination. On ne voit, dans Homère, nulle trace de l'art des siéges. Ulysse, le seul guerrier qui par son industrie, trop vantée peut-être, offre quelques traits de l'ingénieur, ne sut qu'inventer le cheval de bois. Encore son stratagème (dont Virgile semble même lui contester la gloire), eût-il été inutile si la superstition et la crédulité populaires ne fussent venues à son secours. On connaît la longueur du siége de Messine par les Lacédémoniens. Celui de Véies par les Romains dura également dix ans, et la ville ne fut prise que par l'effet d'une invention jusqu'alors inconnue en Italie. Le dictateur Camillus fit pratiquer une galerie souterraine qui conduisit ses troupes jusqu'au cœur de la citadelle à l'insu des assiégés. Comme on ne s'avisa de cet expédient qu'après dix ans de siége, il faut croire que les Romains n'étaient pas alors bien avancés dans l'art d'attaquer les places. Aujourd'hui la place la mieux fortifiée doit succomber dans trente jours. Cela tient à la supériorité des machines d'attaque. Pour bien juger de la valeur d'une fortification, il faut donc connaître avec quelles armes on doit chercher à la réduire. Nous allons passer ces armes en revue.

3. Observons d'abord que la défense est personnelle ou multiple ; et que l'une et l'autre doivent se baser également sur la manière d'attaquer. L'invention des flèches, des lances et des javelots, amena celle des boucliers et des cuirasses. Sous différens noms et avec des formes diverses, on retrouve ces armes chez tous les peuples. Le choc redoutable et menaçant d'une grande multitude d'ennemis armés, fit naître le désir d'écarter le péril en entourant la cité de murailles. Il y a eu donc, dans tous les temps, des armes destinées à donner la mort, et des armures pour s'en préserver ; des machines dirigées contre la vie et la liberté de tout un peuple, et des fortifications armées d'autres machines pour les lui garantir. Commençons par faire connaître les premières.

ARMES OFFENSIVES.

4. Les *armes offensives* se divisent en *armes de jet* et en *armes de main*.

5. Les principales *armes de jet* connues des anciens étaient les suivantes :

6. La *pierre* jetée avec la main.

7. La *fronde*, composée d'une corde nouée qui sert à lancer une pierre après lui avoir imprimé plusieurs fois un mouvement rapide et circulaire.

8. L'*arc*, destiné à lancer des traits ou flèches. Il avait un fût, en bois élastique renforcé dans son milieu, ou en lame d'acier, qui servait à tendre une corde attachée à ses bouts, en le courbant. Au moyen de cette corde, sur laquelle on appuyait le bout de la flèche qu'on laissait échapper subitement, on la lançait au loin.

9. Les *traits* ou *flèches* étaient des brins de bois bien droits, garnis de plumes à un bout, et d'un fer à l'autre ; leurs formes très-variées, et relatives à la grandeur des arbalètes, différaient par leur longueur et la figure du fer. Ces fers étaient dentelés à crocs simples, redoublés, mis en sens différens : ceux qui avaient la forme pyramidale carrée s'appelaient *carreaux* chez nos aïeux; ceux qui, longs, légers et bien empennés, étaient disposés de manière à tourner sur eux-mêmes comme des volans, s'appelaient *viretons :* les plus longs, qui, au lieu de se terminer en pointe, comme les précédens, étaient armés d'une masse pyriforme pour briser, se nommaient *matras*. On lançait les traits avec l'arc et avec l'arbalète ou arc perfectionné.

10. Le *dard* emplumé ou non, le *javelot*, la *javeline*, l'*épieu*, le *pilum* en usage à diverses époques avec quelques légères différences, mais ayant, en général, une hampe en bois de cinq à huit décimètres de longueur, garnie d'une pointe en fer très-aiguë, triangulaire et pyramidale. On lançait ces armes à la *main*.

11. L'*arbalète*, composée d'un arc fixé par son milieu sur un fût en bois, servant de manche, ou porté sur un chevalet, dont la double corde, tenant à chaque bout de l'arc débandé, était perpendiculaire au fût; vers le milieu de ce fût était une petite roulette, un peu saillante, en métal, qu'on appelait *noix*, portée par un essieu à vis. Cette roulette avait deux crans, à un quart de circonférence de distance, dont l'un, profond, servait à retenir un des brins du cordage de l'arc bandé : l'autre arrêtait une espèce de détente qui, au moyen d'un ressort qu'on lui faisait presser, laissait échapper la noix. La corde était doublée : les deux brins, de chaque côté, se réunissaient au bord du fût et étaient séparés dans leur milieu, à peu de distance, par un cylindre en fer, réunis sur le fût; le brin en avant, à peu-près en ligne droite, poussait le trait; le brin en arrière s'accrochait au cran profond ou du bandé de la noix. On bandait l'arc avec un

petit levier en fer ou en bois, ou avec un moulinet, une poulie, etc, suivant leur grandeur. Les plus petites arbalètes avaient des arcs de 3 à 5 décimètres. Ces arcs étaient d'acier, de corne ou de bois. C'était une arme extrêmement redoutable et qui fut portée à un haut point de perfection dans le XV⁰ siècle.

12. Et enfin diverses machines plus compliquées dont on se servait dans les batailles ; telles que le *char antique* traîné par deux coursiers et monté par deux guerriers dont l'un ne s'occupait qu'à guider les chevaux tandis que l'autre lançait des dards ou flèches ; Le *char armé de faux* qu'on lançait avec impétuosité dans les rangs ennemis; les *éléphans* chargés de tours remplies d'archers, et combattant eux-mêmes ; etc.

13. Les armes de jet depuis l'invention de la poudre furent successivement les suivantes :

14. Les armes à feu, *canons*, *bombardes* et *coulevrines à la main*, qui étaient dans l'origine de simples tubes en fer battu qu'on établissait sur des chevalets, avec lesquels on tirait de grosses balles de plomb, et dont la forme, la manœuvre et les dénominations étaient les mêmes que celles des bouches à feu non portatives.

15. L'*arquebuse à croc*, espèce de canon à la main, perfectionné et portant à son tube des tourillons qui tournaient dans les fourches d'un croc porté sur un trépied et qui permettait de rendre variable l'angle de tir.

16. L'*arquebuse à rouet*, plus portative encore que l'arme précédente et véritable type du fusil moderne. On encastra des canons plus légers en des fûts de bois terminés par une crosse. Le canon conserva d'abord trop de longueur : et dans le tir, en appliquant la crosse contre l'épaule, il fallait appuyer le bout de l'arme sur une *fourchette* ou *béquille*. On allégea, on raccourcit le canon et la fourchette disparut. La lumière fut percée sur le côté, et un bassinet reçut l'amorce. Il était difficile de viser en mettant le feu avec la main : on imagina divers mécanismes, dont les anciennes arquebuses offrent encore des modèles. Dans la plupart, un chien portait une pierre artificielle, mélange de fer et d'antimoine et s'abaissait sur le bassinet : un rouet d'acier canelé, bandé contre un ressort, retenu par une dent et dégagé par une détente, roulait à travers le bassinet, frottait la pierre et en faisait jaillir des étincelles.

17. L'*escopette*, arquebuse longue et légère.

18. La *carabine*, arquebuse rayée intérieurement. et dans laquelle on faisait entrer la balle de force.

19. Le *pétrinal*, arme plus courte et dont la crosse recourbée s'appliquait sur la poitrine.

20. La *pistole* (plus tard nommée pistolet), fabriquée à Pistoie en 1540; arquebuse à poignée, assez courte et assez légère pour être tirée le bras tendu.

21 Le *mousquet*, modification de l'arquebuse. On supprima le rouet; au chien qui prit le nom de *serpentin* furent adaptés le ressort, l'arrêt et la détente. Dans le tir on levait le couvercle du bassinet et le serpentin portait sur l'amorce une mèche allumée.

22. Le *mousqueton*, espèce de mousquet plus court, destiné à la cavalerie. Mais comme la mèche avait à cheval trop d'inconvénieus, on substitua dans cette arme le rouet au serpentin, et ce ne fut, en réalité, qu'une petite arquebuse.

23. Le *fusil* qui fut enfin trouvé, après deux siècles de tâtonnement. On inventa la platine, combinaison ingénieuse des deux autres mécanismes. Plus rapide que le rouet, moins incommode et dans les actions de nuit plus favorable au secret que le serpentin, la platine fut adaptée à toutes les armes à feu. La carabine, le mousqueton et le pistolet conservèrent leur nom; le mousquet prit celui de fusil.

24. La *grenade*, globe de métal, creux, percé d'un œil, rempli de poudre, portant une étoupille allumée, dont les éclats étaient propres à répandre dans les rangs de l'ennemi la mort et le désordre. On la jette à la main jusqu'à trente pas de distance. Devant Grave, dans le fameux siége de 1674, Coëhorn fit tirer des grenades avec une espèce de *mortier à main*.

25. L'*espingole*, *spingole* ou *tromblon*, espèce de mousqueton dont le canon et l'arme sont en cône renversé; le plus grand diamètre est à la bouche. On en avait armé les mamelouks de la garde impériale. Le tir en est peu sûr.

26. Le *fusil de rempart* ou *biscaïen*, arme plus pesante que le fusil ordinaire, mais lançant plus loin une balle plus lourde et avec plus de justesse.

27. Le *fusil à vent*, qui se charge par la crosse et qui substitue le ressort de l'air à celui de la poudre, au moyen d'un appareil pneumatique; arme de jet très propre à la défense des mines et des casemates puisqu'elle ne produit point de fumée et dont l'abandon parait inexplicable.

28. Le *fusil à piston*, perfectionnement remarquable du fusil ordinaire, dans lequel on a substitué l'emploi d'une poudre fulminante qu'un simple choc enflamme, à celui de l'amorce et de la pierre à fusil.

29. Les *armes de main* étaient les suivantes chez les anciens :

30. Le *bâton*, première arme du sauvage.

31. La *massue*, semblable à celles qu'on voit dans les tableaux d'Hercule, mais armée de pointes de fer, excepté à la poignée.

32. La *masse d'armes*, manche ordinairement de 80 centimètres de longueur, ayant au bout que doit saisir la main, un anneau avec chainette pour retenir l'arme plus aisément; et de l'autre, portant une masse de fer ronde ou elliptique, canelée ou armée de pointes, pesant environ 4 kilogrammes. Ordinairement cette masse était tenue au manche par 3 chainons de 10 à 20 centimètres de longueur.

33. Le *marteau d'arme* et *maillet*. Masses de fer emmanchées, pesant jusqu'à 12 kilogrammes. Le maille. avait la masse cylindrique : le marteau l'avait équarrie d'un côte, et pointue ou en coin de l'autre.

34. Le *fauchon*, bâton portant à un bout un fer tranchant recourbé, comme une serpette.

35. La *hache d'armes*, hache à manche mince, portant un fer en croissant allongé, tranchant, terminé par deux pointes très courbées et rapprochées du manche. Ce fer se terminait de l'autre côté du manche en pointe, ou en un fer semblable au premier; alors elle s'appelait *besaiguë*.

36. La *lance*, hampe en bois de frêne portant, à son extrémité supérieure, un fer aigu et tranchant à trois ou quatre faces. La hampe, dans le principe, comme aujourd'hui, était d'un diamètre à-peu-près égal aux deux bouts : on la fit ensuite avec une espèce de poignée où était un encastrement pour y placer le bras et fixer la lance dans la charge : celles de la cavalerie était très-longues; on les raccourcissait pour combattre à pied, ce qu'on appelait *retailler* les lances : on les ornait d'une banderole vers le fer. Les lances furent abandonnées sous le règne de Henri II; on les a reprises depuis la révolution. En général, on appelait armes de *hast*, toute arme faite d'un fût en bois, armée d'un ou de deux fers pointus tranchans.

37. L'*arzegaye*, c'était une espèce de lance plus courte pour la cavalerie, ferrée par les deux bouts; on l'appelait aussi *arzegage*.

38. La *pique*, lances à l'usage de l'infanterie, excellentes surtout contre les attaques de la cavalerie; la hampe était plus mince que celle de la lance, et plus longue. Elle avait 6 mètres 50 centimètres de longueur; elle était armée d'un fer de 20 à 25 centimètres, très-aigu à un bout, et portant à l'autre une petite boite en fer tronc-conique, appelée *talon*. Cette arme très-ancienne, nommée *sarisse* chez les Macédoniens, abandonnée sous Louis XIII, a failli être ressuscitée dans la révolution.

39. L'*esponton*, pique très-courte, dont l'officier d'infanterie était armé; depuis il l'a été d'un fusil; aujourd'hui il l'est d'une

épée; c'est un vice dans son armement; il doit être armé au moins à l'égal du soldat tant pour s'en faire respecter et obéir devant l'ennemi, que pour sa défense personnelle. En 1815, les officiers français s'étaient tous armés d'un fusil.

40. La *hallebarde* ou *pertuisane*, espèce de pique de 2 mètres 50 centimètres de longueur; hampe plus forte que celle des piques de 2 mètres de longueur, armée d'un long fer large, plat, avec une arête sur le milieu des deux faces, tranchant et pointu, et ayant vers la hampe de chaque côté, ou des crochets symétriques ou des formes de haches d'armes.

41. L'*épée*, arme fort connue, qui a beaucoup varié par la forme des lames. Les Gaulois la portaient longue et flexible; les Romains courte et ferme. En général les Français ont adopté très-vite l'épée courte à deux tranchans, avec une simple branche formant deux quillons terminant la poignée; c'était le *braquemart*. L'*estocade* avait une coquille qui couvrait la main; la lame était longue, et n'avait peut-être qu'un tranchant; il y avait des lames, dit-on, qui avaient jusqu'à 2 mètres de longueur. L'épée d'Ogier le Danois avait 1 mètre de longueur de lame, ayant 8 centimètres de largeur à la garde et 4 centimètres à la pointe; elle pesait 2 kilogrammes 60 centigrammes. L'*épée fourrée* ou *en bâton*, était une épée à deux mains, très-longue, très-pesante, à deux tranchans, sans branche, avec une poignée en bois. L'*espadon* avait la lame plus large que l'épée à deux mains et avait une garde. Le *poignard* ou *dague*, avait la lame la plus courte, et à deux tranchans. On l'appelait aussi *miséricorde*, parce que quand un cavalier cuirassé et démonté voyait son ennemi cherchant le défaut de la cuirasse pour l'égorger, il fallait demander quartier ou périr.

42. Le *sabre* qui était à lame courbe, à un seul tranchant et qui allait en s'élargissant jusqu'au bout, recoupé en biais. Le *cimeterre* qui avait la lame plus longue, plus courbe, plus élargie, d'ailleurs semblable au sabre. Ces deux armes avaient la poignée terminée par un double quillon.

43. Depuis l'invention de la poudre, on a conservé la lance, l'épée et le sabre; la dague a reparu récemment, et fait partie, sous un nom plus moderne et avec quelques légers changemens, de l'armement des soldats du génie et de l'artillerie. Il faut y ajouter:

44. La *baïonnette* qui placée au bout du fusil est devenue l'arme la plus redoutable que le génie de la destruction ait pu inventer, en fournissant au soldat le pouvoir simultané de donner la mort de près et de loin. Elle amena la suppression des piques dans l'infanterie et même des lances dans la cavalerie; celles-ci ont été

rétablies depuis. Inventée à Bayonne vers le commencement du XVIIe siècle; ce n'était d'abord qu'une lame à côtes, montée sur une hampe que l'on enfonçait dans le canon du mousquet ou du fusil; mais vers 1670, on substitua la douille à la hampe, la baïonnette cessa de gêner le tir, et le fusil fut tout ensemble arme de hast et de jet.

45. Telles sont à-peu-près toutes les armes offensives que le démon de la discorde, malheureusement trop puissant sur l'esprit des hommes, a inventées jusqu'à ce jour. Comme nous l'avons déjà fait remarquer, et sauf la baïonnette qui est une arme toute européenne, on les retrouve, sous différens noms, chez toutes les nations, et même chez les peuples sauvages ou à demi civilisés de l'Amérique et de l'Océanie. A ces inventions destructives, l'esprit de conservation opposa les armes défensives suivantes :

ARMES DÉFENSIVES.

46. Le *bouclier*, arme qu'on portait au bras gauche, en osier, en bois ou en métal, et de forme très-variable. On l'appelait aussi *écu :* il était en général plus grand pour l'infanterie que pour la cavalerie; tous étaient convexes au dehors, concaves ou tuilés au dedans. Les *rondelles* étaient des boucliers ronds ou ovales affectés à la cavalerie; on les appelait aussi rondaches. Les *larges*, *tellevas* ou *paniers* étaient des boucliers longs, coupés carrément dans le haut, en pointe dans le bas, recouverts de bois de tremble, et servaient à l'infanterie.

47. Le *casque* : on a toujours appelé ainsi l'armure de la tête en métal. Chaque nation a eu son casque de forme particulière. Le *heaulme* ou *heaume*, était un casque lourd, affecté aux anciens chevaliers, puis à la cavalerie; il avait une petite grille en fer à hauteur des yeux nommée *visière*, et des plaquettes recouvrant le col qu'on nommait *gorgerin*. Quand dans les batailles les chevaliers sortaient de la mêlée pour se reposer, ils quittaient les heaumes, et se couvraient la tête d'un casque plus léger, nommé *armet*, *chapeau de fer*, sans visière et sans gorgerin, mais avec des *bavières*, ornemens en étoffe. Ces casques étaient quelquefois surmontés de figures d'animaux, de couronnes ou autres ornemens qu'on nommait *cimiers*.

48. Le *cabasset*, le *bacinet*, le *pot de fer*, la *capelline*, la *salade*, le *morion* étaient des casques sans visière et sans gorgerin, affectés à l'infanterie. Quand ces casques furent mieux fabriqués, on les appela bourguignottes.

49. L'*armure* en plaques de fer, du reste du corps, était la *cuirasse* qui entourait le buste; le *hausse-col*, plaque de métal qui recouvrait le bord de la cuirasse dans le haut et sur le devant,

et recouvrait aussi le bord du gorgerin du casque ; les *épaulières*
entourant le haut du bras et fixées en dessus de la cuirasse et des
brassals ou *brassards*, qui couvraient les bras ; les *gantelets* qui
défendaient les poignets ; les *tassettes*, plaquettes de fer sur
plusieurs rangs, se recouvrant l'une l'autre, partant de la ceinture
et recouvrant le haut ; les *cuissards* armure des cuisses ; les *grèves*
armure des jambes ; les *genouillières* qui recouvraient les genoux
en dessus des cuissards et des grèves ; les *goussets* partie de l'armure qui couvrait les aisselles, lorsqu'on levait le bras. Les chevaux avaient également une *armure* de fer qui garantissait leur
tête, leur poitrail et leur croupe des coups de l'ennemi. Souvent
l'armure de la tête portait une corne droite, en fer, qui ajoutait
au danger des charges de cavalerie.

50. La *cotte de mailles*, espèce de vêtement sans manches,
allant jusqu'aux genoux, composé d'anneaux et de mailles de fer
entrelacés comme le *halecret*, corcelet de deux pièces, plus léger
que la cuirasse, couvrant le soldat, l'un par devant, l'autre par
derrière. Le halecret était fait ordinairement en mailles de fer ;
le corcelet était la partie de devant. Les piquiers ne portaient que
le corcelet.

51. Le *haubert*, chemise ou cotte de mailles, et souvent à
doubles mailles de fer, descendant jusqu'aux genoux, qu'on mettait
sur un *gobisson* ou *gambasson*, vêtement long, rembourré d'étoupes
de crin et piqué, sous lequel encore était, par devant, un plastron
de fer ou d'acier battu. Les princes, les seigneurs, mettaient
sur la cotte de mailles, la *cotte d'armes*, habit sans manche, d'é-
toffe riche, descendant jusqu'aux genoux, Ces armures étaient
pour le cavalier. Le fantassin portait un *jaque* qui était un justau-
corps, garni entre l'étoffe et la doublure, de petites plaquettes en
fer, nommées *laisches* ; plus anciennement c'était en cuir de cerf.

52. Nous avons conservé de ces armures antiques : la *cuirasse*
pour la grosse cavalerie de ligne ; le *pot-en-tête* et le *plastron* des
sapeurs ; mais ceux-ci en dédaignent l'usage, et malgré toute l'u-
tilité dont cette arme défensive serait pour eux, ils préfèrent
s'exposer à tout le feu de l'ennemi, plutôt que de succomber sous
le poids de cette armure qui parait en effet bien lourde pour
des travailleurs.

53. Chez les anciens, la défense personnelle, comme celle des
places fortes était donc égale ou même supérieure à l'attaque. Un
chevalier, couvert de fer de la tête aux pieds, était pour ainsi
dire invulnérable, et ne redoutait ni les flèches ni les dards ni les
coups de lance. Renversés même et foulés aux pieds des chevaux,
à l'abri de leur armure aussi impénétrable que l'écaille d'une

tortue, il fallait recourir aux massues pour les assommer. Il en fut autrement lorsque des balles de fer ou de plomb chassées rapidement par la puissante élasticité d'un air comprimé, vinrent mêler leur aigre sifflement aux bruits tumultueux d'un bataille. Les armures déjà trop lourdes auraient dû voir doubler leur poids primitif pour leur résister. Après bien des essais infructueux, les chevaliers déposèrent en soupirant ces inutiles chemises de fer qui mettaient autrefois entre leur sang et celui du vulgaire, une si énorme distance, et n'opposèrent plus, comme le pauvre peuple, aux dangers du combat qu'un simple habit et un courage à toute épreuve. Ce fut un acheminement vers l'égalité. La poudre partage ainsi avec l'imprimerie la gloire d'avoir frayé le chemin aux idées modernes. Depuis lors, la force individuelle est d'un moindre poids dans les batailles, et la plus grande chance de succès consiste dans la discipline des armées.

MACHINES OFFENSIVES.

54. Si nous cherchons maintenant à connaître les diverses *machines offensives* qui ont servi à l'attaque des places et dont l'ensemble faisait l'objet de ce qu'on nommait la science de la *balistique*, nous trouverons successivement :

55. En machines de jet anciennes :

56. La *baliste*, composée d'un écheveau horizontal de corde de crin, de cheveux ou de nerfs d'animaux, fixé par les deux bouts à des parties de la machine, dans lequel on engageait par un bout une pièce de bois verticale qu'on nommait bras; par son moyen, on tordait avec force l'écheveau, on laissait échapper le bras qui, par le second bout, poussait un trait, disposé en conséquence, en le frappant. Si dans le second bout qu'alors on creusait en cuiller on plaçait une pierre ou des masses de métaux, le bras en s'échappant les lançait avec force et la machine s'appelait *onagre;* si la machine était construite pour remplir ces deux fins, on la nommait *palintonne* ou *polibole*.

57. La *catapulte*, qui avait deux bras horizontaux mus par des écheveaux verticaux en se détordant. Ces bras, en tournant tendaient une corde ronde qui poussait le trait posé dans un canal ou tendait une corde plate qui poussait la pierre. On dit que les traits que ces machines lançaient avaient de 2 à 4 mètres de longueur, et que les masses de pierre ou de métal pesaient de 300 à 600 kilogrammes, et qu'on les lançait jusqu'à 1,000 mètres. On bandait les écheveaux avec des treuils, des cabestans, des roues à cheville, etc. On faisait aussi des catapultes qui poussaient les traits au moyen d'une pièce de bois arrêtée au pied d'un montant

porte-trait, pliée et courbée par un cabestan en arrière et qui en s'échappant le frappait.

58. Les *scorpions*, les *manubalistes* qui lançaient des traits pesans placés dans un canal, au moyen d'un arc d'acier dont la corde était tendue en arrière par un treuil à deux poignées qu'un seul homme faisait tourner.

59. La *frondibale*, qui était une longue pièce de bois se mouvant dans un plan vertical, au moyen d'un axe porté sur deux montans qui la traversaient, de façon à former deux bras inégaux; le plus court portait, dans une caisse ou dans un sac de cuir, des pierres; à l'autre bras était lié un contrepoids très-lourd. On plaçait la pièce horizontalement, le contre-poids dégagé brusquement faisait lancer les pierres avec violence; des hommes tirant avec des cordages sur la longue branche pouvaient remplacer les contre-poids.

60. La *malléole phalarique*, trait plus ou moins gros, mais ordinairement d'un mètre de long, portant après le fer, dans une cavité elliptique, des matières incendiaires qu'on allumait en lançant le trait. On les projetait avec l'arc ou la catapulte suivant leur grosseur.

61. Les *perrières*, les *clides*, les *mangonneaux*, espèces d'onagres et de catapultes retrouvées dans le XIIIe siècle, et qui servaient à lancer à 1,000 mètres des masses de 700 kilogrammes. On en vint jusqu'à lancer, par leur moyen, dans les places, des hommes vivans, des cadavres de chevaux et des matières pestilentielles; tant l'homme est inventif dans l'art de la destruction !

62. En machines servant aux approches et aux démolitions :

63. Les *vignes*, cabanes avec toits et murs faits en claies redoublées de 6 à 7 mètres de longueur, sur 23 à 26 décimètres de largeur, portées sur roues, pour établir des communications abritées entre les tours, les tortues et autres machines de l'assiégeant.

64. La *tortue d'approche* ou *muscule*: c'était une vigne où sous un toit en avant les travailleurs garantis, aplanissaient le terrain par où devaient passer les machines de démolition.

65. Le *bélier*, poutre de 19 à 45 mètres, portant à un bout une tête de bélier en métal; elle était suspendue à 4 mètres d'élévation et mise en mouvement par des cables ou des chaines tirés à bras d'hommes. Le bélier était placé sous une vigne ou tortue; il servait à faire les brèches qu'on commençait avec la *tarière*, espèce de bélier qui au lieu de la tête, portait une forte pointe.

66. L'*hélépole*, ou tour carrée en pin ou en sapin de 22 et jusqu'à 45 mètres de longueur, dont le côté du bas était égal à un tiers de la hauteur de la tour; elle avait de 10 à 15 étages. Dans celui du bas on plaçait un ou deux béliers roulans sur des chapelets

de cylindre ; dans les autres, les machines de jet et les archers;
par le moyen d'un pont à charnière ou à coulisse, on pouvait,
d'un étage passer sur le rempart, lorsque la tour était arrivée à
son pied. La face et les côtés étaient garnis de claies d'osier vert,
ou de tissus de cordes ou de crin, pour amortir l'effet des corps
que lançait l'assiégé.

67. La *sambuque*, échelle de 20 mètres de haut sur 2 de large,
terminée par une petite plate-forme pouvant contenir 20 hommes.
Cette plate-forme et les côtés de l'échelle étaient bastingués. La
sambuque était portée sur un chariot, où on pouvait la dresser
et l'appuyer sur un chapeau porté par deux montans.

68. Le *toléno*, long levier suspendu à une pièce de bois verticale
plus élevée que le rempart attaqué. A un bout du levier était un
coffre pouvant porter jusqu'à 20 hommes; en manœuvrant à l'autre
bout du levier, on portait ces hommes au niveau des créneaux
pour tirer sur l'assiégé et descendre même sur le mur.

69. Le *corbeau*, qui était une longue perche armée d'un fort
harpon de fer ou de faulx, suspendue dans un bâtis posé sur un
chariot. En manœuvrant au bout opposé du harpon, on arrachait
les créneaux et les mantelets, ainsi que les lacets avec lesquels
l'assiégé essayait de saisir la tête des béliers.

70. Le *corbeau à griffe*, qui portait au lieu de faulx et de
harpon une grande et forte tenaille, avec laquelle on saisissait
l'objet qu'on soulevait et qu'on essayait ensuite de briser.

71. Les *mantelets*, grands boucliers d'osier que des hommes
tenaient debout, tandis que des archers tiraient sous leur abri,
ou qui étaient un assemblage circulaire en bois, recouvert en
dehors d'osier, ou de tissus de cordes et de crin, porté sur 3 roues,
servant de même à garantir les tireurs.

72. Les *mines*. On en faisait de deux sortes. Les unes étaient de
longues galeries souterraines destinées à conduire l'assiégeant jusqu'au cœur de la place, en passant sous le rempart même. Les
autres servaient à faire les brèches; on pratiquait, à cet effet, une
mine sous la muraille de la place; on les sapait: on soutenait par
des étais le plafond de la mine; on les entourait de matières
combustibles, on y mettait le feu et on se retirait. Les étais se
consumaient et le mur s'écroulait sous son propre poids.

73. Les *chats*, *chats-chasteils*, *beffrois*, *taudis*, espèces de
mantelets, de tortues et d'hélépoles, inventées par imitation par
les Français au retour des croisades, au moyen desquels on s'é-
levait au niveau des remparts, ou on conduisait à leurs pieds les
gens de trait, les machines de siége et les mineurs. Ces machines
complétaient avec les pierrières et les mangonneaux, les moyens

de destruction en plein usage au XIII° siècle, et qui étaient égaux ou supérieurs à tout ce que les Grecs avaient inventé dans l'art de la balistique.

74. Mais dès le XII° siècle, Roger-Bacon avait découvert la poudre et en composait des artifices. Un autre moine, Berthold Schwartz, franciscain de Fribourg en Brisgau, passe pour l'inventeur des armes à feu. Ce fut vers le milieu du XIV° siècle que cette invention sortit des monastères ou des laboratoires pour se répandre dans les armées. Dans l'origine de ces armes, comme dans celle de tous les arts, on essaya d'être fort avant d'être ingénieux. On chercha d'abord à déployer tout le ressort de la poudre; ce ne fut que plus tard qu'on s'occupa de le modérer à volonté. Sous les noms de *canons*, de *bombardes*, de *pierrières*, et de *coulevrines*, elles varièrent entre leurs dernières limites. On en vit à la fois d'énormes et de portatives. Les machines antiques ne purent lutter contre des armes, qui plus puissantes dans leurs effets, leur échappaient par leur petitesse, leur résistaient par la dureté du métal et qui faisaient voler leurs ais fragiles en éclats. Elles tombèrent en désuétude et partout les machines nouvelles les remplacèrent. Voici le nom des bouches à feu qu'on inventa les premières et dont on se servait avant Charles IX.

75. *Anciens canons.* On les fit d'abord avec des barres de fer forgé assemblées comme les douves d'un tonneau, par des cercles ou des viroles de fer, les unes et les autres soudées ensemble. On leur donnait dans ces premiers temps le nom de *bombardes* ou de *pierrières*, à cause que les premiers boulets étaient en pierre ou des pierres mêmes. Dans le XV° et le XVI° siècle on les coula en fer, en cuivre et enfin en bronze. Ce dernier métal a prévalu. C'est à deux illustres frères, Jean et Gaspard Bureau, qu'on attribue le perfectionnement des bouches à feu.

76. Le *basilic*, pesait 7,200 livres : son boulet 48 livres; il avait 10 pieds de longueur jusqu'à la plate-bande de la culasse.

77. Le *dragon*, pesait 7,000 livres; son boulet 40 livres; longueur comme ci-dessus 16 pieds et demi.

78. Le *dragon volant*, pesait 7,200 livres; son boulet 32 livres; longueur 22 pieds.

79. Le *serpentin*, pesait 4,300 livres; son boulet 24 livres; longueur 13 pieds.

80. La *coulevrine*, pesait 7,000 livres; son boulet 20 livres; longueur 16 pieds.

81. Le *passemur*, pesait 4,200 livres; son boulet 16 livres; longueur 18 pieds.

82. L'*aspic*, pesait 4,250 livres; son boulet 12 livres; longueur 11 pieds.

83. La *demi-coulevrine*, pesait 3,850 livres; son boulet 10 livres; longueur 13 pieds.

84. Le *passandeau*, pesait 3,500 livres; son boulet 8 livres; longueur 15 pieds.

85. Le *pélican*, pesait 2,400 livres; son boulet 6 livres; longueur 9 pieds.

86. Le *sacre*, pesait 2,850 livres; son boulet 5 livres; longueur 13 pieds.

87. Le *sacret*, pesait 2,500 livres; son boulet 4 livres; longueur 12 pieds et demi.

88. Le *faucon*, pesait 2,300 livres; son boulet 3 livres; longueur 8 pieds.

89. Le *fauconneau*, pesait 1,350 livres; son boulet 2 livres; longueur 10 pieds et demi.

90. Le *ribadequin*, pesait 750 livres; son boulet une livre; longueur 8 pieds.

91. Un autre *ribadequin*, pesait 450 livres; son boulet une demi-livre; longueur 6 pieds.

92. L'*émerillon*, pesait 400 livres; son boulet une demi-livre, longueur 4 à 5 pieds.

93. On cite en outre comme des essais extraordinaires faits en ce genre :

94. Une *bombarde*, dont les Gantois étaient possesseurs au XIVe siècle et qui avait, dit-on, 50 pieds de longueur.

95. Une *coulevrine*, qui lançait à Bourges, en 1412, des pierres dont la masse égalait celle des meules de moulin.

96. Des *canons turcs*, qui furent employés au siége de Constantinople en 1453, et qui lançaient des boulets en pierre du poids de 1,200 livres.

97. Une *coulevrine*, dite la *serpentine*, à Malaga, qui lançait des boulets de 80 livres.

98. Une *coulevrine* qui existait à Marseille en 1524, pour le service de laquelle il fallait 60 hommes, et qui lançait des boulets de 100 livres.

99. Des *canons fondus à Tours*, sous Louis XI, qui lançaient à 5,270 mètres, des boulets en pierre du calibre de 21 pouces et pesant 500 livres.

100. Cinquante *canons employés par les Turcs* au siége de Malte, en 1565, qui lançaient des boulets de 80 livres.

101. Des *canons employés par les Turcs* au siége de Belgrade

longs de 25 pieds , qui lançaient des boulets de 110 livres et qu'on chargeait avec 50 livres de poudre.

102. Enfin, une *coulevrine de bronze*, nommée le *griffon*; prise à Erhenbreitstein, dans la guerre de la révolution, et aujourd'hui dans l'arsenal de Metz, coulée en 1578, qui pèse 26,383 livres, a 14 pieds et demi de longueur totale, et dont l'affût pesait 11,000 livres, le boulet 141 livres, et la charge 60 livres environ.

103. L'expérience permit de faire un choix dans ces premiers essais. On s'aperçut que les pièces monstrueuses avaient l'inconvénient majeur de coûter fort cher et de faire souvent plus de bruit que de mal. On reconnut que des pièces de formes très-différentes, produisaient cependant des effets à-peu-près semblables, et on sentit l'avantage de ramener toutes les bouches à feu à un petit nombre de types à dimensions uniformes. Charles IX, dans un édit promulgué à Blois en 1572, réduisit les canons à six espèces; depuis cette époque jusqu'à l'année 1732 les canons en usage en France furent les suivans :

104. Le *canon de France* pesant 6,200 livres; boulet 33 livres; longueur, jusqu'à la culasse, 10 pieds.

105. Le *demi-canon de France* ou *coulevrine*, pesant 4,100 livres; boulet 16 livres; longueur 10 pieds.

106. Le *quart de canon de France* ou la *bâtarde*, pesant 1,950 l.; boulet 8 livres; longueur 10 pieds.

107. La *moyenne* pesant 1,300 livres; boulet 4 livres; longueur 10 pieds.

108. Le *faucon* et le *fauconneau* pesant de 800 à 150 livres; boulets de 2 à 3/4 livres ; longueur 7 pieds.

109. Le *demi-canon d'Espagne* pesant 5,100 livres; boulet 24 liv.; longueur 10 pieds.

110. Le *quart de canon d'Espagne* pesant 3,400 livres; boulet 12 livres; longueur 10 pieds.

111. La *pièce de 8 courte*, longue de 8 pieds jusqu'à la culasse.

112. La *pièce de 4 courte*, même longueur.

113. Vers ces mêmes époques, de nouvelles inventions vinrent ajouter à la puissance de l'attaque. Les bouches à feu lançaient sur les places assiégées des engins volans, des artifices incendiaires, des boulets énormes qui crevaient jusqu'aux voûtes les plus solides. Après la *grenade* vers 1536, parut la *carcasse*, amas de grenades et d'artifices, contenu par des cercles de fer et enveloppé d'une toile goudronnée. L'usage du *pétard*, machine en fonte, chargée de poudre et qu'on suspend aux portes des villes pour les enfoncer, s'introduisit dans les armées : c'est par ce moyen qu'Henri IV surprit Cahors en 1569, n'étant encore que

roi de Navarre. Valturius, en 1672, proposa de lancer des boulets creux et pleins de poudre : un Italien périt à Berg-op-Zoom, un artificier brûla Wachtindoenck en essayant les *bombes*. On les employa dans les guerres des Pays-Bas, et deux étrangers les apportèrent en France. Claërvet échoua devant la Rochelle en 1627, Malthus réussit au siége de Lamothe en 1633, forma des bombardiers, et périt en 1644 sous Gravelines, en achevant de leur enseigner son art. Les Polonais imaginèrent d'incendier avec des *boulets rouges* Dantzick et Polosko en 1577. Sous Thorn, en 1659, ils convertirent en canon le sol même, et lancèrent des pierres de huit quintaux, en les plaçant sur de la poudre au fond d'un puits incliné. Vers la fin du XVIIᵉ siècle, les Hollandais coulèrent les premiers *obusiers*, nommés chez eux *aubitz*. On en vit à la première bataille de Nervinde en 1693. On essaya de faire des *canons doubles et triples*, des *mortiers à perdraux* qui lançaient à-la-fois une bombe et plusieurs grenades. On fabriqua des *orgues*, assemblage de plusieurs fusils tirant à-la-fois et portés sur un affût : mais ces essais furent abandonnés. Enfin Vauban inventa à Philisbourg, et devant Ath perfectionna le *ricochet*, (de 1688 à 1697). On l'appliqua au tir des obus et des bombes; et l'on vit ces terribles projectiles **tour-à-tour** plonger et bondir, se relever, frapper, incendier et se briser en éclats.

114. Les *affûts* suivirent également les progrès de l'art. Les premiers canons étaient portés sur des traineaux, et non sans travail établis sur des plates-formes, dans une position invariable. Souvent même le poids et le recul enterraient ou brisaient l'appareil. On allégea le canon et l'on inventa l'affût. Des tourillons ou des bras dont l'axe passait par le centre de gravité de la pièce, furent logés et roulèrent dans les flasques ou côtés de l'affût : le canon se leva ou s'abaissa à la main : l'affût mobile sur des roues se dirigea à volonté vers tous les points de l'horizon, et ces mouvemens combinés donnèrent au canon la sphère d'activité de l'arme à feu. Les premiers affûts étaient simples, mais lourds et grossiers. En 1472, le général des Vénitiens, Barthelemi Coglione, imagina, et dans la bataille de Ricardi, mit à l'épreuve des affûts plus légers. Au siége d'Ostende, Pompée Targon, fit construire en 1610, un affût double qui tournait autour d'un pivot : le recul d'un canon mettait l'autre en batterie. Vers le même temps, Errard de Bar-le-Duc, supprima une roue de l'affût simple, allongea l'essieu, et le termina par un collier mobile autour du boulon : le recul faisait décrire un quart de cercle à la pièce, et la portait hors de la direction des coups d'embrâsure.

115. Les *mortiers* avant l'ordonnance du 7 octobre 1732, étaient

du calibre de 6, 7, 8, 9, 10, 11, 12 et 18 pouces de diamètre, et leurs charges étaient de 2, 3, 4, 5, 6 et 12 livres de poudre. Quoique la plupart de ces mortiers soient totalement perdus, on sait cependant que les bombes de 8 pouces pesaient 40 livres, celles de 12 pouces 130 livres, celles de 18 pouces 490 livres. Les charges intérieures de ces trois espèces de bombes étaient respectivement de 4, de 15 et de 48 livres de poudre. Les plus fortes bombes se nommaient aussi *cominges*, nom qui leur fut donné en plaisantant par le roi de France au siége de Mons, en 1691, à l'occasion de M. de Cominges qui était gros et gras. Elles étaient destinées à crever les voûtes des magasins à poudre, des citernes et autres ouvrages à l'épreuve de la bombe ordinaire. Mais la difficulté de mettre ces mortiers en batterie et la pesanteur des bombes, les firent abandonner. Les derniers siéges où l'on en fit usage, sont ceux de Traerbach en 1733, et de Tournay en 1745. La bombe monstrueuse dont on a fait l'essai tout récemment à Anvers (1832), semble une réminiscence exagérée de l'ancienne Cominge. Le temps fera juger de son utilité.

116. Les dimensions des bouches à feu, déjà déterminées par des épreuves sous Louis XIV par Dumets, le furent de nouveau par Valière, qui les fit fixer par l'ordonnance de 1732. On réduisit les canons à 5 calibres, le 24, le 16, le 12, le 8 et le 4. Enfin parut en 1765, le célèbre Gribeauval qui perfectionna et arrêta définitivement toutes les dimensions des bouches à feu. On les divisa en pièces de place et de siége, et en pièces de campagne, de même calibre, mais plus courtes et plus légères. Outre les calibres de 1732, qui furent maintenus, il y eut des mortiers de 12, de 10, de 8 et de 6 pouces, des obusiers de 8 et de 6 pouces, des pierriers de 15 pouces, des espingards ou pierriers de vaisseaux qui lançaient des boulets de 3 livres.

117. L'amélioration des affûts suivit celle des bouches à feu, et comme les pièces, ils reçurent des dimensions et des formes propres au service des côtes et des places, de siége et de campagne. On trouva une foule d'appareils qui compliquaient l'affût, mais qui tendaient à le soustraire aux coups d'embrâsure, et favorisaient le retour en batterie, ou le mouvement des pièces dans le champ de tir, tels que les châssis, les flèches. les aiguilles, les roues excentriques, les plongeurs. Au *coin de mire*, on substitua la *vis de pointage*, et les pièces eurent sur leur tourillon un mouvement plus uniforme et plus doux. La *hausse* servit à lever ou baisser la ligne de mire, d'après l'estime des distances. On substitua l'*étoupille* à l'amorce, la *lance à feu* à la mèche; et les Anglais sur leurs vaisseaux adaptèrent la *platine* au canon même. Le

mortier seul, masse lourde et écrasante, resta dans son imperfection native.

118. Avec les pièces et les affûts s'améliorèrent les équipages et tout l'attirail de transport et des manœuvres de guerre ou de force. En même temps, des expériences faites avec le plus grand soin, par Lombard, Hutton, etc., constatèrent les vitesses initiales des projectiles, leurs portées, leur pénétration dans les bois, les terres, les murailles, et servirent à régler les charges des pièces, les distances des batteries et les dimensions des ouvrages de défense. Aux grils on substitua les *fours à reverbères*, et les épreuves de Cherbourg achevèrent de rendre le tir à boulets rouges plus rapide et plus sûr. L'art de la balistique fit tout-à-coup des progrès étonnans, et les dut surtout à la division du travail dans les manufactures, à l'uniformité des types, au calcul des formes et des résistances dans les machines, et à la détermination exacte des temps et des mouvemens dans les manœuvres.

119. Mais des inventions plus redoutables, quoique plus rarement employées, devaient également caractériser l'époque moderne. Les places maritimes semblaient avoir un côté invulnérable. En 1680, le chevalier Renau proposa les *galiotes*, et l'on vit avec surprise de faibles vaisseaux de 60 pieds de longueur s'approcher d'Alger et l'accabler de bombes malgré les vents et la mauvaise saison. Plus tard, en 1782, les *prames* de Darcon, batteries flottantes qu'un bordage épais, une voûte en charpente, et un appareil ingénieux de pompes et de conduits, défendaient contre les bombes et le boulet rouge, offrirent un nouveau moyen d'ouvrir la brèche dans les fronts des places qui n'ont pour défense qu'un mur, baigné par la mer, un fleuve ou une inondation. On essaya les *brûlots* pour détruire les vaisseaux ou les barrages d'un fleuve. Ces mystérieux bâtimens, chargés de poudre au fond, de bombes au-dessus et enfin de barils cerclés, remplis d'artifices et couronnés de vieux canons surchargés, s'approchèrent, sans pilote, du but, et au moment marqué par la consommation d'une mèche soigneusement éprouvée ou par le battement connu d'un rouage ingénieux, firent, en éclatant, ouvrir l'onde en abyme et trembler la terre à quatre lieues à la ronde. Les Anglais s'en servirent vainement à Saint-Malo; mais sous le nom de *Torpedo* ou *Torpille*, Bobert Fulton les perfectionna et remplaça cet accouplement monstrueux d'énormes machines par une simple boîte cylindrique en cuivre, contenant de 100 à 200 livres de poudre et suspendue à une caisse de sapin remplie de liége. Les engins volans furent aussi renouvelés et les *fusées à la congrève* portèrent l'incendie

dans les places et l'effroi dans les rangs des soldats, peu habitués à ces projectiles.

120. Un art inconnu aux anciens vint contribuer encore à abréger les siéges, malgré son apparente lenteur. Avant l'invention de la fortification moderne, les revêtemens des places, découverts de tous les côtés, étaient facilement battus en brèche de loin. Les colonnes d'assaut s'avançaient alors vers la trouée, parcouraient à découvert des intervalles de quatre à huit cent mètres et profitaient quelquefois de la stupeur des assiégés pour s'en rendre maîtres ; mais il arriva souvent que le feu bien nourri de la place fit payer cher aux assiégeans leur témérité. Une industrieuse nécessité leur fit découvrir l'utilité des *zigzags* ou *boyaux de tranchée* pour s'approcher sans péril de la place. Plus tard Vauban porta cet art à son plus haut degré de perfection en inventant *la sape, les places d'armes, les parallèles, le couronnement* du chemin couvert et des ouvrages plus importans. Dès-lors l'assiégeant présentant toujours un front plus étendu que celui des assiégés et se servant des mêmes machines, la supériorité passa décidément du côté de l'attaque.

121. Une dernière cause enfin achevait de rendre un changement total dans les fortifications, indispensable; à l'antique bélier avait succédé le canon pour l'ouverture des brèches. En serrant les zigzags, on conduisait les boyaux de tranchée jusqu'à la contrescarpe et on y plaçait de l'artillerie, mais dans les fossés d'une extrême profondeur, la difficulté de tirer en inclinant beaucoup le canon, ne permettait pas d'ouvrir la brèche assez bas, pour que la rampe fût continuée depuis le fond du fossé jusqu'au rempart. Alors on recourait aux *mines antiques*, et l'on retombait dans les lenteurs des travaux et des combats souterrains. Ce fut ainsi que les Anglais, après avoir miné jusqu'au niveau des fossés, les murailles de Compiègne et de Melun, se trouvèrent arrêtés par ce genre de chicanes. Mais vers le commencement du seizième siècle, une invention nouvelle priva l'assiégé de cette dernière ressource. Déjà au siège de la Serazanella, en 1487, un Génois avait essayé, dans une mine, de substituer l'explosion de la poudre à la combustion des étais, et Pierre Navarre, témoin de cette épreuve, l'avait répétée dans la conquête de Céphalonie. Ces premières expériences eurent peu de succès. Mais en 1501, l'explosion d'un fourneau pratiqué par Navarre, ouvrit une large brèche dans le château de l'OEuf et acheva la prise de Naples. Le bruit de cette découverte retentit dans toute l'Europe. Partout les fourneaux de Navarre furent imités, et servirent à renverser les contrescarpes, à faire les

brèches, ou à finir celles que le canon avait commencées. Les nouvelles *mines*, *l'artillerie* et les *tranchées* combinées dans les sièges, abrégèrent ceux de toutes les places, et des nouveaux besoins de la défense naquit enfin la fortification moderne.

122. Nous avons dit quels furent les progrès de l'attaque. Voyons maintenant comment la défense des places se modifia, depuis l'antiquité jusqu'à nos jours.

MACHINES DÉFENSIVES ET FORTIFICATIONS.

123. De même que dans la défense *personnelle* on distingue les armes défensives des armes offensives, on doit éviter de confondre, dans la défense *multiple*, c'est-à-dire, dans celle des places fortes, les machines de guerre destinées à donner la mort à l'assaillant ou à détruire ses machines, avec les obstacles matériels qui s'opposent à ses progrès par leur simple inertie. Les premiers sont, en général, du ressort de la balistique; les autres constituent la fortification.

124. Dans les temps antiques et jusqu'à l'époque de l'invention de la poudre, les forteresses, enceintes de murs élevés, et flanquées de nombreuses tours, présentaient partout ce type simple et uniforme qu'on rencontre encore dans quelques places construites ou restaurées du temps de la Ligue, et dont les principaux traits se font remarquer dans les remparts très-bien conservés d'Avignon. Si on lit avec attention les historiens, on retrouvera ce même type dans les remparts de Babylone, dans ceux d'Ecbatane, de Jérusalem et de Troie. Les places situées sur des hauteurs étaient les plus estimées. Les plus considérables, celles qui renfermaient le plus de richesses ou le siège du gouvernement, étaient quelquefois fortifiées d'une triple enceinte et d'un triple fossé. Des remparts hauts de 8 à 10 mètres, surmontés d'un petit mur à machicoulis et à créneaux, flanqués par des tours rondes ou carrées, et enveloppés, dans les pays de plaine, par un fossé qui avait souvent 7 mètres de profondeur sur 15 de largeur. Telle était la fortification que la connaissance des moyens d'attaque avait partout suggérée aux ingénieurs de ces époques reculées.

125. Les murailles n'étaient pas terrassées, et les remparts étroits avaient à peine la largeur nécessaire pour placer un rang de défenseurs derrière les créneaux et conserver la circulation en arrière. Le rempart était interrompu, dans l'intérieur, entre les tours et les extrémités des courtines. On plaçait sur ces coupures un pont en poutre qu'on pouvait enlever au besoin; en-

sorte que chaque tour était comme un fort isolé. Ces dispositions étaient excellentes, car lors même que l'assaillant parvenait à gagner quelque endroit du rempart, il ne pouvait pas encore être certain d'être maître de la ville. S'il voulait suivre le rempart, il était arrêté par les coupures, et s'il cherchait à pénétrer dans la ville, il fallait qu'il sautât dans l'intérieur ou qu'il replaçât pour descendre les mêmes échelles qui lui avaient servi à monter; ce qui l'exposait à un grand danger. C'est ainsi qu'Alexandre faillit périr à l'assaut de la ville des Oxidraques.

126. Les places de guerre des anciens n'étaient pas toujours fortifiées de murs en maçonnerie. On les formait quelquefois par des remparts en terre qui avaient également beaucoup de fermeté et de solidité. Le gazonnage ne leur était, dit-on, pas inconnu, non plus que l'art de soutenir les terres par des fascinages assurés et maintenus par des piquets, et d'armer le haut du rempart et des bermes d'une fraise de palissades. Souvent on en plantait dans le fossé, soit au pied de l'escarpe, soit au pied de la contrescarpe.

127. On faisait aussi des murs de poutres étendues en long sur deux rangs, traversées par d'autres plus courtes, en forme d'échiquier et dont les vides étaient remplis de terre et de pierres. Telles étaient à peu près les murailles de la ville de Bourges, dont César a laissé la description.

128. L'art de la fortification était souvent employé par les assiégeans. Suivant les circonstances, une ou deux lignes de retranchemens protégeaient l'armée de siége, et opposaient une *circonvallation* aux entreprises des armées de secours, et une contrevallation aux sorties d'une garnison brave et nombreuse. On peut voir dans l'Iliade la description d'une ligne de contrevallation, improvisée en un seul jour par les Grecs. Une muraille et des tours en pierres sèches, défendaient leurs vaisseaux et leur camp. D'espace en espace s'ouvraient des portes pour recevoir les coursiers et les chars. Au dehors et à une assez grande distance, était creusé un fossé large et profond, bordé des deux côtés par une forte palissade et hérissé, dans le milieu, de pieux pointus et menaçans. On prétend qu'au siége de Jérusalem Titus fit construire un mur, flanqué de tours ayant plus de trois lieues de circuit, dans le but d'ôter aux assiégés toute espérance de recevoir ou des secours ou des vivres qui commençaient à leur manquer. Ce grand ouvrage qui semblait exiger plusieurs mois, fut terminé en trois jours.

129. On ne peut pas douter, non plus, que les anciens n'aient

souvent fait usage des *tranchées*. Polybe en parle clairement dans le récit du siége d'Echinne par Philippe, et Diodore de Sicile en fait mention à l'occasion du siége de Rhodes par le fameux Démétrius Poliocerte, que l'on peut considérer comme un des plus habiles ingénieurs qui aient jamais paru. Ces tranchées étaient, comme de nos jours, destinées à conduire l'assaillant à couvert jusqu'au bord du fossé; et lorsque les batteries de béliers étaient établies, elles servaient de communication. Mais elles étaient *blindées*, et si l'on considère que la plupart des projectiles qu'on lançait alors, avaient beaucoup d'analogie avec ce que nous appelons aujourd'hui des *feux courbes*, on en appréciera aisément la raison.

130. Quant aux machines de guerre dont on faisait ordinairement usage, dans la défense des places, c'étaient la *baliste*, la *catapulte*, le *scorpion*, la *frondibale* et la *malléole phalarique*. Ces machines étaient placées sur le rempart ou en arrière, et ne différaient pas essentiellement de celles dont se servait l'assiégeant pour lancer des traits ou des pierres. On dit qu'au siége de Rhodes, par Démétrius, les assiégés avaient plus de huit cents machines à lancer des feux, et quinze cents propres à lancer des traits. Au reste chaque ingénieur apportait dans la défense un art particulier, et les siéges duraient plus ou moins long-temps suivant les talens ou l'énergie des assiégés.

131. Lorsque s'approchaient les lourdes machines de l'assiégeant, on tâchait d'y mettre le feu, soit en les accablant de traits enflammés, soit en faisant de vaillantes sorties, la torche à la main, soit en leur lançant des brûlots si l'attaque se faisait par mer; on amortissait les coups des beliers en leur opposant des corps mous tels que de la laine. Lorsque, pour approcher ses machines du rempart, l'assiégeant comblait le fossé, on ouvrait plusieurs galeries souterraines, jusqu'au comblement, pour en enlever la terre qu'on se passait de main en main jusque dans la ville, en sorte que l'ouvrage n'avançait point. On détruisait les hélipoles et autres machines des assiégeans, en poussant une galerie de mine jusque sous leur emplacement. Après avoir fait par dessous un grand creux et y avoir entassé toutes sortes de matières faciles à s'enflammer, on y mettait le feu : Les poutres fléchissaient et tout tombait comme dans un gouffre avec les tortues, les beliers et les hommes employés à les mettre en mouvement. On rendait inutile les traits lancés par les balistes, en établissant sur les remparts des roues tournantes qui les brisaient ou les détournaient ailleurs. On jetait sur les assiégeans, au moment de l'assaut, de la poix enflammée, de l'huile bouillante, des disques

d'airain rougis au feu et remplis de sable embrasé. Lorsqu'enfin l'assiégeant, étant parvenu à faire une large brèche, se croyait déjà maître de la ville, l'infatigable assiégé construisait en arrière un nouveau mur précédé d'un fossé ; et il fallait aviser aux moyens de transporter sur la brèche même les lourdes machines d'attaque.

132. Le siége de Syracuse soutenu par Archimède contre Marcellus, offre un exemple mémorable des effets étonnans que l'on pouvait obtenir des machines de cette époque. Marcellus faisait l'attaque de la ville par terre et par mer ; il avait soixante galères, un grand nombre de machines, et la plus grande consternation régnait dans Syracuse. Mais Archimède avait pris soin de garnir les murs de tout ce qui était nécessaire pour une bonne défense. Dès qu'il eut commencé à faire jouer ses machines du côté de la terre, elles décochèrent contre l'infanterie commandée par Appius toutes sortes de traits et des pierres d'une pesanteur énorme, qui volaient avec tant de bruit et de rapidité, que rien ne pouvait en soutenir le choc ; elles renversaient ou écrasaient tous ceux qu'elles atteignaient, et jetaient dans tous les rangs un horrible désordre.

133. Marcellus n'était pas plus heureux du côté de la mer. Archimède avait disposé des machines pour lancer des traits à quelque distance que ce fût. Quoique les ennemis fussent encore loin de la ville, il les atteignait avec des balistes et des catapultes plus grandes et plus bandées. Quand les traits passaient au-delà, il en avait de plus petites et proportionnées à la distance : ce qui causait une si grande confusion parmi les Romains, qu'ils ne pouvaient rien entreprendre.

134. Ce n'étaient pas là les plus grands dangers. Archimède avait placé derrière les murailles, de hautes et fortes machines, qui faisant tomber tout d'un coup sur les galères de grosses poutres chargées au bout d'un poids immense, les abîmaient dans les flots. Outre cela, il faisait partir une main de fer attachée à une chaîne, par laquelle celui qui gouvernait la machine, ayant attrapé la proue d'un vaisseau et l'élevant en l'air par le moyen du contrepoids qui retombait au-dedans des murailles, dressait le vaisseau sur la poupe et le tenait quelque temps en cet état. Puis lâchant la chaîne par le moyen d'un moulinet ou d'une poulie, le laissait retomber de tout son poids ou sur la proue ou sur le côté, et souvent le submergeait entièrement. D'autres fois, les machines ramenant le vaisseau vers la terre avec des cordages et des crocs, après l'avoir fait pirouetter long-temps, le brisaient et

le fracassaient contre les pointes de rochers qui s'avançaient de dessous les murailles et écrasaient ainsi tous ceux qui étaient dessus. A tout moment, des galères enlevées et suspendues en l'air, tournoyant avec rapidité, présentaient un spectacle affreux, et retombant tout-à-coup dans la mer avec tout leur équipage, y étaient abimées.

135. Marcellus avait préparé à grands frais plusieurs *sambuques*. Chacune était portée sur huit galères qu'on poussait au pied des murailles, et au moyen d'un échafaudage ingénieux, on devait dresser cette énorme échelle à pont-levis contre les remparts. Mais cette machine n'eut pas l'effet qu'on en avait attendu. Comme elle était encore assez loin des murailles, Archimède lâcha contre elle un gros rocher de dix quintaux; après celui-là un second, et un moment après un troisième; qui tous la heurtant avec un sifflement et un tonnerre épouvantable, renversèrent et brisèrent ses appuis, et donnèrent une telle secousse aux galères qui la soutenaient, qu'elles se lâchèrent et se séparèrent.

136. Le général romain fit alors sonner la retraite; et après avoir assemblé un conseil de guerre, il fut résolu que dès le lendemain, avant la pointe du jour, on tâcherait de s'approcher des murailles. On espérait par ce moyen se mettre à l'abri des machines qui par le défaut d'une distance proportionnée à leur force n'auraient plus assez de jeu. Mais Archimède avait tout prévu. Il avait des machines pour lancer des traits plus ou moins gros à toutes les distances possibles, et dans le bas des remparts, il avait percé des embràsures à travers lesquelles un grand nombre de *scorpions* firent pleuvoir sur les Romains une grêle de projectiles, au moment même où ils eurent gagné le pied de la muraille. Comme ces projectiles tombaient d'aplomb et sans relâche sur leurs têtes, ils furent enfin obligés de se retirer en arrière. Mais ils ne furent pas plutôt éloignés qu'Archimède les poursuivant avec ses grandes machines, les harcela tellement dans leur retraite qu'ils y perdirent beaucoup de monde et que presque toutes leurs galères furent froissées ou fracassées, sans qu'ils pussent rendre le moindre mal aux assiégés; car la plupart des machines d'Archimède étaient à couvert derrière les murailles; de sorte, dit Plutarque, à qui ces détails sont empruntés, que les Romains semblaient plutôt combattre contre des dieux invisibles que contre des hommes.

137. Une tradition moderne qui n'est appuyée toutefois par le témoignage d'aucun auteur de l'antiquité, élève plus haut encore le génie d'Archimède. On assure que ce grand homme brûla

une partie de la flotte romaine avec des miroirs ardens. Ce moyen révoqué en doute par Descartes et Kircher, mais rendu plus probable par les épreuves et l'opinion de Buffon, a été présenté de nouveau par M. Peyrard, qui affirme que 600 glaces pour la distance de 1,200 mètres, et 2,260 glaces pour celle de 2,400 mètres, sont plus que suffisantes pour incendier des affûts et des maisons. Quoi qu'il en soit, un seul homme eut la gloire de faire échouer une attaque entreprise avec tant de chances de succès. Marcellus fut obligé de changer le siége en blocus, et il ne prit la ville, *par surprise*, qu'au milieu de la troisième année. C'était par de tels moyens que, malgré les progrès étonnans qu'on avait faits dans l'art d'attaquer les places, la défense se soutenait dans une espèce d'équilibre.

138. L'art des siéges était oublié en Occident, lorsque Philippe-Auguste et Louis IX ramenèrent en France, avec la balistique, les ouvrages et les machines de brèche et d'approche, conservés en Orient par les Grecs et les Arabes. Mais leur règne dura peu. L'invention de la poudre et les nouveaux projectiles les firent tomber en désuétude. Partout les bouches à feu les remplacèrent. Nous avons déjà parlé des améliorations que subirent à diverses époques, les bouches à feu et leurs affûts. Ce fut le célèbre Gribeauval qui, dans le dernier siècle, apporta la plus vive clarté, dans ce dédale inextricable de voitures et de calibres divers. Mais en ce qui concerne l'artillerie de campagne, on reprochait depuis long-temps à son système ; 1° la multiplicité, sans nécessité, de ses calibres au nombre de quatre ; 2° la multiplicité, également inutile, des caissons et autres voitures; 3° la multiplicité de ses roues, de ses avant-trains et de ses essieux ; 4° la prompte détérioration ou avarie des poudres dans les caissons. Déjà, dans les guerres de l'empire, l'honorable général Allix avait cherché à corriger les imperfections, et avait même proposé de n'avoir qu'un seul calibre, un seul affût et une seule espèce de voiture, sauf les différences dans le chargement. En 1825, on reprit ces idées que confirmait la supériorité que l'on supposait à l'artillerie anglaise, et après plusieurs années d'épreuves, de discussions et d'expériences faites avec le plus grand soin, on conserva, il est vrai, quatre calibres, le 12, le 8, l'obusier de 6 et celui de 24; mais on n'eut plus que deux affûts, l'un pour le canon de 12 et l'obusier de 6, et le second pour les deux autres pièces. Une amélioration analogue fut alors introduite dans l'armement des places. On conserva les calibres de 24, de 16, de 12 et de 8, mais un affût unique sert également aux batteries de place et de côté. Tels sont les changemens successifs que la nécessité ou l'expé-

rience ont fait introduire dans les machines de guerre destinées à la défense des places, depuis l'antiquité jusqu'à nos jours. Ceux que l'on fit dans la fortification ne furent ni moins nombreux ni moins importans, depuis que, de loin, en peu d'heures, la nouvelle artillerie ruina les murs élevés et nus des forteresses, et que les soldats, armés de fascines, accoururent, comblèrent le fossé et montèrent à l'assaut, sans avoir autre chose à redouter que les coups mal assurés d'une garnison épouvantée, et réduite à la dernière extrémité.

139. Les premières inventions des temps modernes furent simples mais heureuses. Aux créneaux et aux machicoulis, on substitua des parapets en terre, à l'épreuve du boulet. Ces masses, les batteries, le recul du canon, obligèrent d'élargir les remparts : les bouches à feu mieux servies et mieux protégées rendirent les approches plus difficiles. A ses portes brisées par le canon, l'assiégé se hâta de substituer d'épaisses barricades, et pour échapper aux coups de main, il s'interdit d'abord lui-même les sorties ; mais bientôt il imagina de couvrir les portes et les issues des villes et des faubourgs par des *boulevards*, des *bailles*, des *barbacanes*, ouvrages en terre, soutenus par des murs de maçonnerie ou de charpente. Ces ouvrages extérieurs rétablirent les sorties ; leur canon battit en flanc et de revers les approches de l'enceinte : indépendans, vivement disputés, pris et repris tour-à-tour, ils devinrent un premier champ de bataille et retardèrent la brèche ou l'assaut.

140. A peine Navarre eut-il pris Naples, en attachant le mineur au château de l'OEuf, que les nouvelles mines furent opposées à elles-mêmes. A Rhodes, Marseille, Vienne et Albe-Royale (de 1521 à 1540) on vit les assiégés s'efforcer d'abord d'éventer la mine, et dans leurs *galeries d'écoute* se faire avertir des progrès ou de la direction du travail par les vibrations qu'il imprimait à travers le terrain à la peau des tambours ; enfermer dans la terre des grenades, des sacs ou des caisses pleines de poudre ; construire des fourneaux en maçonnerie ou en charpente ; donner le *camouflet* au mineur ennemi, ou faire sauter les tranchées, les batteries de siége et la brèche même, avec des *fougasses* et des *contre-mines*. Dans la suite on enterra des bombes dans les glacis. Au-dessous on établit plusieurs étages de fourneaux ; et le même terrain fut bouleversé par des explosions consécutives. Ce fut surtout dans ces *contre-mines* que les effets de la poudre frappèrent vivement les esprits, quand elle eut fait sauter les entonnoirs mêmes qu'elle venait de former, et plusieurs fois enlevé dans un

même tourbillon, terres, canons et soldats, déchirés, brisés, et dans leur chute l'un par l'autre ensevelis. Souvent du milieu de ces débris, le soldat sortit vivant, mais froissé, meurtri, épouvanté : le seul nom de contre-mine le fit trembler et l'effroi fut plus grand même que le péril. Les chevaliers, d'abord épris de ce genre de combats, désormais étouffés par la fumée ou enterrés par les fourneaux, abandonnèrent ces galeries où une force aveugle et irrésistible, rendait inutile l'adresse dans les armes, et leur valeur brillante y fit place à la bravoure calme et sans éclat du mineur.

141. Tandis qu'on perfectionnait ainsi la défense souterraine, la fortification prenait à la surface du sol une forme nouvelle. Dans les enceintes des anciennes places, les tours rondes ou carrées laissaient à leur pied un espace qui n'était pas vu des tours voisines, et cet espace favorisait l'escalade, l'attache du mineur et l'assaut. Lorsqu'on défendait les tours avec des flèches, ce vice était le même. Mais les effets de la poudre le rendirent plus sensible, et l'on imagina les *bastions*, tours pentagonales dont les flancs découvrent toutes les parties de l'enceinte. Deux demi-bastions unis par une *courtine* formèrent le *front*, ou l'un des côtés symétrique du *corps de place*, et l'on en régla les dimensions, d'après la portée des armes à feu, la pénétration des projectiles, et l'espace qu'exige le service ou les manœuvres de l'artillerie et des troupes. Sous le nom de *dehors*, on plaça devant les bastions et les courtines, des *tenailles*, des *ravelins* ou *demi-lunes*, des *contre-gardes*, des *ouvrages à corne* ou *à couronne* : pièces que l'on peut considérer comme des portions de front ou d'enceinte. Une même *contrescarpe* enveloppa le corps de place et les dehors ; un *parapet en glacis* fut développé tout autour de la forteresse : entre ce parapet et la contrescarpe, un espace libre et caché forma le *corridor* ou *chemin-couvert*. Au-delà du glacis, on établit des *flèches* et des *lunettes*, espèces de ravelins ou d'autres portions de front et d'enceinte ; et pour les distinguer des dehors, on les comprit sous la dénomination commune *d'ouvrages extérieurs*. On réunit tous ces ouvrages par un second glacis qui donna devant la place un *avant-chemin couvert*. Quelquefois même on poussa plus loin de *petits forts*, des *lunettes*, des *redoutes* et d'autres *pièces détachées*. À ces ouvrages on ajouta pendant le siége des *palissades*, des *traverses*, des *coupures*, des *retranchemens* et des lignes de *contre-approche*, espèces de sapes, dans lesquelles l'assiégé marche au-devant de l'ennemi et se porte sur le flanc de ses tranchées.

142. Quand le terrain permit la guerre souterraine, on ménagea,

dans la construction même des ouvrages supérieurs, les *galeries d'écoute* ou *de communication*, et l'on n'eut plus à faire durant le siége, que les derniers *rameaux* des contre-mines. Dans les pays humides, on creusa devant les glacis des *avant-fossés* et des *criques*, fossés pleins d'eau qui découpent en tous sens le terrain. En Italie et dans les Pays-Bas, commença un nouvel art, celui de faire servir les eaux des rivières et de l'Océan même, à la défense des places et des frontières. Les *écluses* à peine inventées couvrent plusieurs fronts d'une *inondation* large et profonde, vident et remplissent tour-à-tour les fossés, et souvent y forment des *chasses* ou des torrens artificiels. Les types de tous ces ouvrages ont été trouvés dans le seizième siècle ou au commencement du dix-septième. Ce fut en 1527 que Jean Michelli bastionna Véronne, et vers 1543, on bâtit Hesdin et Landrecies, places régulières et bastionnées. La ligne de contre-approche fut employée par Villay dans la défense de Rouen contre Henri IV (1592). Le corridor ou chemin-couvert était connu dès 1270. Les dehors, les ouvrages extérieurs, les pièces détachées servirent à prolonger les siéges dans les guerres civiles des Pays-Bas, et dès 1618, Stevin écrivait sur la manière de fortifier les places à l'aide des écluses. Toutes ces découvertes balancèrent dans la défense la force que l'attaque avait reçue de l'invention des bouches à feu et des nouvelles mines. Plusieurs lignes d'ouvrages obligèrent l'ennemi à plusieurs siéges, et pour échapper aux coups de flanc ou de revers des dehors et des pièces extérieures ou détachées, il fut souvent contraint d'envelopper plusieurs fronts dans son attaque. La fortification n'offrait plus à l'œil qu'un amphithéâtre de parapets en terre, et l'on ne put en voir les murailles que du chemin-couvert. Il fallut arriver sur la crête des glacis, ouvrir l'escarpe, passer le fossé, donner l'assaut et se loger sur les brèches, sous la triple action des sorties, des feux, des contre-mines ou des manœuvres d'eau.

143. Lorsqu'on eut trouvé cette foule d'ouvrages, la fortification qui n'avait dans l'antiquité qu'une face unique et constante, prit des formes très-variées, et fut susceptible de recevoir une infinité de figures. Il fallut chercher quelle était la meilleure combinaison des formes dans chaque pièce, et de toutes les pièces dans la place. Afin de pouvoir comparer ces combinaisons et de n'avoir à considérer que la valeur de la fortification en elle-même, on supposa que la place devait être régulière et assise dans une plaine. On régla par des profils les reliefs de l'enceinte et de chaque ouvrage, et l'on n'eut plus qu'à déterminer sur un plan le tracé d'un ou deux fronts. Ces hypothèses applanirent en quelque

sorte le champ d'exercice le plus vaste que la guerre eût encore
offert à l'imagination : les compositions graphiques du front ré-
gulier devinrent non-seulement pour les ingénieurs, mais pour
tous ceux qui, par goût ou par état pratiquaient le dessin géomé-
tral, un sujet d'étude ou de délassement, et l'on vit paraître une
foule de ces types généraux, sous les noms de méthodes ou de
systèmes de fortification.

144. Dans ces méthodes, les esprits se divisèrent également sur le
relief et sur le tracé. Les remparts des anciennes places étaient
des *terrasses* soutenues par un mur d'escarpe, ou des *casemates*,
c'est-à-dire, des souterrains voûtés et percés de créneaux ou
d'embrâsures pour le tir de l'arc et des balistes. Dans la fortification nouvelle, on combina d'abord ces deux genres de relief;
les casemates furent profilées de deux manières : dans les unes
on appuya les voûtes sur des pieds-droits, dont l'un était le mur
d'escarpe ; dans les autres, sur des piles d'équerre à ce mur. La
plupart n'étaient que des galeries adossées aux terres du rempart,
et ne soutenaient que le parapet. Dans ces galeries, la fumée des
armes et des bouches à feu n'avait d'autre issue que les embrâsures, les créneaux et des espèces d'évents ou de cheminées. On fit
des casemates qui occupaient tout le dessous des parapets et du
rempart; elles étaient ouvertes du côté de la place et la fumée y
fut moins incommode ; mais la dépense ne permit guère de
donner ce relief qu'aux flancs bas des bastions ou de quelques
dehors, et aux parties de l'enceinte qui lient les places à leurs citadelles. On adopta les terrasses pour le relief général de la fortification, afin d'avoir plusieurs lignes de feux, on éleva, sous les
noms de *fausses-brayes*, de *faces* et de *flancs-bas*, des parapets à
double et triple étage. Mais les parapets inférieurs étaient inon-
dés de projectiles et favorisaient l'escalade : ils furent supprimés,
et le relief n'offrit plus qu'un rempart surmonté d'un simple parapet. On abandonna quelquefois à leur talus naturel, les terres
des remparts que précédait un fossé large, profond et plein
d'eau : mais cette barrière devint nulle dans une forte gelée, et
l'on voulut presque partout qu'un mur d'escarpe préservât du
moins l'enceinte de l'escalade.

145. Les formes essentiellement différentes des terrasses et des
casemates ne sont pas très-nombreuses, et les limites des profils
restreignent beaucoup les combinaisons du relief. Mais dans le
tracé, comme on peut varier et multiplier à volonté les lignes
qui forment le cadre de chaque ouvrage, et les pièces dont le
nombre et la situation respective déterminent la figure de la place,
rien ne borne sur un plan les méthodes de fortifier. Le front bas-

tionné venait à peine d'être imaginé, qu'on proposa d'y substituer le front à redans composé de deux faces unies par une courtine, et le front à tenaille ou étoilé qui n'a que deux branches ; mais l'angle que ces branches interceptent n'est pas flanqué dans le relief en terrasse, et ne l'est dans le relief casematé que par quelques-unes des embrâsures les plus basses. Dans le front à redans, la courtine n'est défendue que par des feux très-obliques. Le front bastionné prévalut, et loin d'en diminuer les lignes, on en brisa les faces et les courtines, pour avoir plusieurs flancs en crémaillère. Afin de résister encore, même après que l'ennemi aurait pénétré dans la place, on eut l'idée de fortifier l'enceinte contre la ville, et contre les points d'attaque. En d'autres projets, ce fut la ville même que l'on retrancha contre l'enceinte ; mais les opinions ne se heurtèrent sur aucun point plus vivement que sur la disposition des dehors. Si les fossés de ces pièces étaient flanqués par l'enceinte, ils permettaient d'y faire brèche, et le corps de place cessait de voir dès qu'il cessait d'être vu. Les uns se bornèrent à donner aux dehors plus de saillie, des formes et une disposition telles qu'ils pussent prendre des revers sur les brèches de l'enceinte ; les autres enchassèrent leurs dehors l'un dans l'autre, ou les unirent pour en faire des enveloppes continues, et y ménagèrent des espaces vides sous des voûtes, ou bien des parties faciles à démolir avec le canon et la mine. A ces combinaisons se joignirent toutes celles qu'il était possible de former avec les pièces extérieures ou détachées. Lorsque le terrain le permit, on y ajouta diverses dispositions d'écluses ou de contre-mines, et l'on eut aussi des systèmes de fortification hydraulique ou souterraine. Toutes ces idées parurent depuis le commencement du quinzième siècle, jusque vers le milieu du dix-septième. Un grand nombre d'auteurs publièrent sur la fortification des livres pleins de systèmes ingénieux ou bizarres. Les plus célèbres de ces écrivains furent, en Italie : Cataneo, Castriotto, Maggi, Marchi, Delle Valle et Sardi, (de 1564 à 1638) ; en Allemagne et dans les Pays-Bas, Albert Durer, Speckle, Marolois, Stevin, Fritach, Dillichs et Rimpler (de 1527 à 1672) ; en France, Evrard de Bar-le-duc, le chevalier de Ville et le comte de Pagan (de 1595 à 1645). C'est dans un système de Fabre, qu'on trouve pour la première fois l'idée de former l'enceinte de grands côtés, composés chacun de plusieurs fronts en ligne droite ; et de développer aux angles du polygone des ouvrages qui tout à la fois les fortifient et placent les côtés en des rentrans inattaquables. Dans cette multitude de méthodes, les unes étaient impraticables et restèrent ensevelies dans les livres ; on retrouve les autres, du moins en partie, dans les forteresses construites à cette époque.

L'expérience des travaux et des siéges fit justice des unes, apprit à corriger les autres, et consacra les formes ou les combinaisons simples, peu dispendieuses, favorables à la défense.

146. Enfin Vauban parut; et chargé presque à la fois de réduire les places de l'ennemi et de fortifier celles de la France, il créa contre les unes un nouvel art des siéges, et pour les autres une science non moins neuve et profonde, celle d'appliquer la fortification au terrain. Dans le type général de ses ouvrages, il ne fit que perfectionner le système que l'on suivait, lorsqu'il fut, jeune encore (1662), choisi pour construire Dunkerque. L'enceinte, une ligne de dehors, le chemin couvert, dans les grandes places une seconde ligne d'ouvrages extérieurs, et dans certains cas, un fort ou quelques pièces détachées, telle est, en général, la composition de ses places. Dans toutes, les dehors sont surbordonnés à l'enceinte, et le reste aux dehors. Le front bastionné à flancs simples, doubles ou avec *oreillons;* des cavaliers ou des tours bastionnées, la tenaille, la demi-lune simple ou avec réduit, la lunette et la redoute; sur quelques fronts la contre-garde, et sur d'autres des ouvrages à corne ou à couronne, enveloppés tantôt par le chemin couvert, et tantôt développés à la queue des glacis : voilà, dans le tracé, les élémens de ses combinaisons. Le rempart à terrasse, soutenu par un mur d'escarpe, couronné d'un simple parapet, précédé d'une contrescarpe, et caché par un glacis, forme le relief général de ses ouvrages : les tours bastionnées, quelques contre-gardes, et les *risbans* ou les tours des côtes offrent seuls un petit nombre de casemates. Telle est, si l'on fait abstraction du terrain, toute sa fortification. Mais c'est du sol même, qu'elle tire partout sa valeur : son coup-d'œil, rapide et sûr, démêle, élude, ou saisit les défauts ou les avantages de tous les sites : ses ouvrages, dans leur assiette, prennent sous sa main, des formes ou des situations bizarres, et de ces irrégularités mêmes sortent des propriétés inconnues : souvent enfin l'art pour lui ne consiste qu'à diriger les forces de la nature. Ici le choix du site dérobe l'intérieur des ouvrages aux coups directs et leurs branches au ricochet. Là, quelques points fortifiés rendent tout le reste de la place inattaquable. Ailleurs, il ne laisse à l'ennemi pour cheminer qu'un isthme étroit ou des digues, tandis que des escarpemens ou des eaux profondes enveloppent sous la place un vaste camp retranché. Dans le pays où le sol, conquis sur la mer par l'industrie des hommes, est inférieur au niveau des hautes marées, il force l'Océan même à protéger la fortification, et le flux va jusques dans l'intérieur des terres couvrir une place assiégée. Des inondations, des fleuves, des canaux

des chaînes ou des gorges inaccessibles, unissent les forteresses entre elles, et obligent l'ennemi à les renfermer dans une même circonvallation. Les cols, les défilés, les confluens, les nœuds des routes et des canaux, les positions militaires, les ports, les rades et les mouillages, sont pour la distribution même des places ou des forts, ôtés à l'ennemi, assurés à nos armées et à nos flottes. Ce n'est point un site qu'il fortifie : c'est la frontière, c'est l'état.

147. Sans rival dans l'art de prendre les places, Vauban trouva dans Coëhorn un digne émule dans l'art de les fortifier. Ce célèbre ingénieur hollandais proposa trois systèmes, applicables à des terrains plus ou moins élevés au-dessus du niveau des eaux. C'est à Nimègue, à Berg-op-Zoom, et surtout à Manhein qu'il put appliquer une partie de sa méthode. Sa fortification, plus compliquée que celle de Vauban s'adapte avec beaucoup d'art aux sites aquatiques. Mais quelque mérite qu'on reconnaisse à cet ingénieur, une voix unanime a décerné à Vauban la palme de la supériorité.

148. Malheureusement les inventions de Vauban dans l'attaque sont, en général, postérieures à sa fortification. Dunkerque, Ath, Charleroi, la plupart de ses places ont précédé les siéges de Maëstricht et Luxembourg (de 1672 à 1682); et Béfort, Landau, Neuf-Brissac même s'élevaient, quand il acheva, sous Philisbourg, Ath et Brisach (1688, 1697 et 1703), de créer ou de perfectionner l'art des siéges. Toutefois, lors des désastres de Louis XIV, une foule d'exemples prouvèrent combien cette fortification avait de valeur lorsqu'elle était défendue par des guerriers éprouvés. Plus tard, en 1793, quand les puissances alliées tentèrent une seconde fois d'envahir la France à travers la frontière de l'est, les places de Vauban, telles encore qu'il les avait bâties, affaiblies par les progrès de l'art des siéges, et négligées durant quatre-vingts ans de paix longue et profonde ou de guerres faites sur des territoires étrangers; ces mêmes places arrêtèrent de rechef des armées puissantes, victorieuses et favorisées par nos malheureuses dissensions. Et si la coalition occupa deux fois Paris aux époques à jamais désastreuses de 1813 et de 1815, il ne faut l'attribuer qu'à l'état de l'opinion en France qui rendit la résistance de nos places inutile.

149. Cependant, dès le commencement du 18e siècle, la violence des attaques abrégeant toutes les défenses, montrait partout la fortification affaiblie par l'art des siéges, et Vauban, lui-même, dans son dernier ouvrage, avait consigné des vues propres à perfectionner la construction des forteresses. Dans le reste du siècle,

les ingénieurs français se sont appliqués à développer ces vues.
Pour bases de leur méthode, ils ont pris ces maximes : que l'assiégé doit opposer toujours l'art à la force, varier ses feux et ses
sorties, surprendre l'assiégeant et se retirer dès qu'il devient supérieur : n'exposer, hors le temps des actions, que de simples
postes ou des vedettes ; faire succéder sans cesse le repos au travail, au péril la sécurité ; ménager enfin ses vivres, ses munitions,
son artillerie, et surtout la force physique et morale du soldat.
Dans leurs ouvrages, ils ont tâché de choisir le relief, le tracé,
les combinaisons qui s'appliquent le mieux aux sites les plus
avantageux, qui développent en de justes rapports et sans exclusion, l'action des troupes, les feux, les mines, le jeu des eaux,
les chicanes de toute espèce, et qui ne manquent ni à la simplicité, premier caractère d'ouvrages destinés à des soldats, ni aux
lois des constructions qui doivent être présentes à l'esprit dans
le projet même, ni à l'économie indispensable en des travaux
dont le cercle embrasse tout un royaume. En un mot, ils ont
tâché de rendre la résistance simple, prudente, industrieuse,
mais vive et active ; fidèles à ce principe, que la fortification
défend mal une troupe qui ne la défend pas. Dans les projets des
places, ils ont distingué de la fortification permanente, les ouvrages de siège, et compris dans cette classe tous ceux que la
garnison peut elle-même exécuter en quelques jours avec de la
terre et des bois, afin de ne créer d'avance et à grands frais rien
de ce qui peut l'être, à l'instant du besoin, avec les ressources
des lieux du moment, et de subordonner une grande partie de
la dépense à l'événement d'une attaque qui dépend d'une foule de
chances dans la paix et la guerre. Des souterrains, des édifices
voûtés ou des blindages ont offert les abris nécessaires aux blessés
et aux malades, à la partie de la garnison qui se repose, aux munitions de guerre, aux écluses de chasse ou d'inondation. En des
limites prescrites par les régles de la défense ou de l'économie,
des cavaliers et des traverses simples, voûtées ou blindées, ont
diminué sur les fronts d'attaque les ravages de la bombe et du
ricochet : ces mêmes ouvrages, des coupures et quelquefois des
bâtimens crénelés ont servi de retranchemens : un petit nombre
de casemates ménagées dans les flancs des réduits de la demi-lune
et du chemin couvert, ou pratiquées dans les contrescarpes et
protégées par des contre-mines, ont pris des revers sur les
brèches, ou défendu les fossés qu'on n'a pu flanquer par le tracé.
Pour le relief général de la fortification, on a conservé le profil
de Vauban, comme le seul encore qui réunisse à l'économie et à
la simplicité, l'avantage de n'opposer que des terres aux coups
des bouches à feu, et les dimensions qu'exigent, dans le parapet,

la pénétration des projectiles; sur les remparts, la circulation et les manœuvres de l'artillerie et des troupes. Dans le tracé, tous les ouvrages ont été agrandis, afin d'être plus favorables aux manœuvres, de recevoir pendant le siége des traverses ou des blindages et de rendre par l'espace même les coups des projectiles moins dangereux. Sous le nom de *défilement*, on a réduit en régles générales, l'art avec lequel Vauban, situant ses ouvrages en des plans qui passaient au-dessus de toutes les hauteurs, dérobait ses remparts aux coups directs; et l'admirable méthode de lever un terrain par *courbes horizontales* a permis de fortifier d'une manière aussi certaine, dans le silence du cabinet que sur les lieux mêmes. Dans la disposition des dehors et des ouvrages extérieurs ou détachés, on s'est proposé à la fois de soustraire au ricochet les principales lignes de l'enceinte ; de donner aux pièces toute la saillie qu'elles peuvent avoir, en ne cessant pas d'être soumises et liées aux pièces qui les soutiennent ; de ménager entre elles des espaces inattaquables ; de rendre les attaques successives, et surtout de favoriser les sorties de la garnison, et ses retours dans les ouvrages emportés. Enfin, les contre-mines ont été soumises à la fortification et concentrées dans les points où l'assiégeant perd une partie des avantages que lui donnent la suppression du bourage et la violence de ses fourneaux. Telles sont, dans le type général de la fortification, les régles que les Cormontaigne, les Duvignau, les d'Arçon, les Boussmard, les Chasseloup ont déduites de l'expérience des travaux ou des siéges. Ces mêmes ingénieurs français et d'autres, tels que Baudoin, Bonnet et Lafitte-Clavé ont, en des mémoires sur les frontières, cherché les principes de cet art avec lequel Vauban coordonnait partout la fortification à la topographie et à la guerre. Cormontaigne a laissé, dans la double couronne de Belle-Croix un nouveau modèle de fortification appliquée au terrain. Maigret, dans un *Traité sur la défense des états par les forteresses*, a cherché les principes de la composition des frontières (1725) ; et d'Arçon les a développés (en 1794) dans ses *Considérations militaires et politiques sur les fortifications*, ouvrage original et plein de vues neuves et profondes.

150. Mais il est à regretter que malgré des talens si remarquables, tous les efforts de ces hommes justement célèbres, n'aient pu retirer la fortification de l'état d'infériorité dans laquelle l'ont plongée les trop heureuses inventions de Vauban. Vainement les Landsberg (1712 à 1758), les Sturm (1720), les Glasser (1728), les Rosard (1731), les Auguste II (1737), les Belidor (1740), les Filey (1746 à 1762), les Lachiche (1767), les Pirscher, les Virgin

(1771 à 1781), et les Reveroni (1794) cherchèrent, dans leurs opiniâtres travaux, les moyens de rétablir l'équilibre entre la défense et l'attaque. Leurs systèmes variant, entre le tracé à tenailles et celui à bastions, entre les remparts terrassés et les remparts casematés, ont fourni tout au plus quelques détails heureux susceptibles d'application, mais n'ont offert aucune de ces idées vastes et profondes, dont la fécondité signale une phase nouvelle. Parmi les auteurs modernes qui ont mis au jour des systèmes de fortification, le général Montalembert mérite une mention particulière. Sa fortification perpendiculaire qu'il publia de 1773 à 1776, attaquée avec acharnement et défendue avec passion, n'en restera pas moins comme un monument remarquable d'un esprit élevé. Ses batteries casematées à plusieurs étages, à la fois trop coûteuses et trop en prise aux projectiles de l'ennemi, peuvent néanmoins, en les employant avec réserve, être d'une application utile sur certains points d'une grande place, et constituent, sans contredit, la fortification la plus propre aux forts qui défendent les ports et les rades. Carnot prend, comme Montalembert, les feux casematés et couverts pour la base de la projection verticale de son système, et le tracé à tenaille pour celle de la projection horizontale. Des batteries soigneusement dérobées aux coups de l'ennemi pour agir, par des feux courbes, dans l'attaque rapprochée, de larges rampes extérieures pour faciliter les retours offensifs, une enceinte continue, couverte par des couvre-faces et fortifiée de retranchemens intérieurs, tels sont les principaux traits de sa fortification. Malgré l'estime qu'il mérite à tant de titres, Carnot, l'homme le plus honorable peut-être qui ait participé au pouvoir dans ces temps si difficiles de notre révolution, a partagé, à l'égard de ses ouvrages, le sort de Montalembert. Leurs compositions sont déposées dans les bibliothèques du génie : on goûte assez leurs principes, mais on ne les suit pas. Le capitaine Choumara, qui plus récemment encore, a consumé les plus belles années de sa vie à rechercher avec ardeur les moyens de contrebalancer les funestes inventions de Vauban, et qui a développé des idées toutes nouvelles dans des ouvrages écrits avec un talent remarquable, Choumara, que le corps du génie regrette de ne plus compter au nombre de ses membres, ne paraît pas, non plus, destiné à former école. Ses parapets brisés pour échapper au ricochet, ses fossés à glacis intérieur pour rendre les brèches plus difficiles, ses casernes défensives, ses épaulemens variables destinés à couvrir les batteries de la place, iront probablement, quelle que puisse être leur valeur, se confondre sur les rayons d'une bibliothèque, avec tant d'autres inventions également admirées et négligées. Une sorte de fatalité empêche quelquefois les plus belles découvertes de prendre un corps et un existence matérielle. Il ne suffit pas d'être homme de génie, il faut encore avoir la confiance du chef de l'état. Mais les institutions les plus libérales ont presque toujours un côté fâcheux. Autrefois, un souverain, moins gêné dans ses volontés, et ayant à cœur la prospérité de son empire, allait lui-même chercher, pour l'élever, le mérite modeste, jusques dans les rangs les plus obscurs. Aujourd'hui, époque populaire, les rangs sont marqués, plus encore que dans les temps féodaux. Une hiérarchie presque saint-simonienne étouffe tout. Le prince n'ose rien décider par lui-même; et la lumière éclatante d'une lampe vulgaire, devant passer à travers le triple prisme des préjugés, des bureaux et des commissions, n'arrive aux yeux de celui qui gouverne, que faible, terne et décolorée.

151. C'est donc bien vainement qu'un officier inférieur pourrait encore se flatter d'illustrer son nom, en dotant son pays d'une de ces rares découvertes qui sauvent les empires. Si jamais quelque invention moderne rend enfin aux forteresses cette égalité de forces dont la perte les fait considérer par tant de gens comme inutiles, elle ne pourra provenir que d'un de ces hommes d'un rang élevé qui ont seuls le pouvoir et le droit de faire l'application de leurs idées. Heureusement les généraux célèbres qui sont, à notre époque, à la tête du corps du génie, peuvent mieux que personne réaliser cette juste espérance. Déjà d'importantes améliorations, des dispositions nouvelles et heureuses ont été exécutées par leurs ordres sur divers points de la frontière. Une ère plus éclatante semble s'élever pour la fortification. Des principes nouveaux ont besoin de se faire jour. On sent plus que jamais la nécessité de défendre la capitale et les centres de population. Si les discussions sont rebutées, lorsqu'elles partent des rangs inférieurs, elles sont nombreuses, brillantes et animées au sein du comité du génie; et nul doute que de ce foyer de lumières, il ne jaillisse tôt ou tard une de ces vives étincelles qui changent toute une science. Cet espoir doit devenir une certitude lorsqu'on se rappelle qu'au milieu de tant de noms illustres qui composent cette célèbre réunion, on voit dominer ceux plus illustres encore des Rogniat et des Haxo.

CHAPITRE II

École Polytechnique.

FAITS HISTORIQUES.

1. Avant de résumer les faits qui ont donné lieu à la création de l'école polytechnique, disons un mot des écoles spéciales qui existaient à l'époque de sa formation.

2. L'école d'artillerie fut établie à La Fère en 1756, transférée à Bapaume en 1766, supprimée en 1772, et remplacée depuis 1779 par la création de six places d'élèves dans chacune des sept écoles régimentaires. Elle fut rétablie à Châlons-sur-Marne, par un décret de l'assemblée nationale du 15 décembre 1790. On y était admis à l'âge de seize ans. Pour être reçu, il fallait subir un examen de concours sur les matières comprises dans les deux premiers volumes du cours complet de mathématiques que Bezout avait rédigé pour l'usage des officiers d'artillerie. On enseignait à l'école les matières des deux derniers volumes du même ouvrage. On y recevait quelques notions de physique. Il y avait, en outre, un professeur de fortification et un professeur de dessin.

Il n'y avait, du reste, ni cabinet de physique, ni laboratoire de chimie, ni bibliothèque, ni collections d'aucune espèce. Quelques pièces de canon de siége et de campagne composaient tout le matériel de l'instruction. Comme la ville n'était pas fortifiée et qu'elle ne possédait ni garnison, ni établissement militaire, les élèves pouvaient difficilement y prendre des idées nettes sur le service de guerre.

3. L'école du génie militaire, fondée à Mézières, en 1748, jouissait au contraire d'une réputation justement méritée. Elle servit plus tard de modèle pour la formation de l'école Polytechnique. C'est là que le célèbre Monge avait enseigné, pendant plusieurs années, cette ingénieuse géométrie descriptive, dont il était l'inventeur. Pour y être admis il fallait répondre convenablement sur les parties des mathématiques exigées pour l'admission de l'école d'artillerie, et de plus, sur la mécanique et le traité d'hydrodynamique de Bossut. Le cours d'études durait deux années. Les élèves, au nombre de vingt, se renouvelaient tous les ans par moitié. On y enseignait la géométrie descriptive, la coupe des pierres et de la charpente, la perspective et les ombres, la fortification, les levers de terrain, de bâtiment et de machines, les élémens de physique et de chimie. L'école possédait une bibliothèque de cinq à six mille volumes, des modèles en relief tant pour la fortification que pour la coupe des pierres, et un laboratoire de chimie où les élèves avaient la faculté de s'exercer aux manipulations. En 1794, le comité de salut public transféra cette école à Metz, en la privant des objets qui ne concernaient que la théorie et les contructions, lesquels furent rendus à l'école des ponts-et-chaussées, à Paris.

4. L'école des ponts-et-chaussées, fondée en 1747, par le célèbre Perronet, sous le ministère de Trudaine, avait un mode d'admission et un système d'enseignement tout différens de ceux qui étaient en usage dans les écoles dont nous venons de parler. La faveur décidait seule du choix des candidats. Ceux-ci ne subissaient pas d'examen préalable. Aucune condition d'instruction ne leur était imposée. Les élèves recevaient deux sortes d'enseignement, l'un dans l'école, lequel comprenait les mathématiques, la coupe des pierres, dont les épures étaient très-compliquées, le dessin, le lavis, etc.; l'autre, qui se donnait hors de l'école, consistait dans les cours d'histoire naturelle, de physique et de chimie. Ces cours extérieurs étaient faits par des savans de la capitale, chez lesquels on envoyait les élèves à des jours et heures déterminés. L'école n'entretenait aucun professeur. Tous les cours

intérieurs étaient faits par les élèves les plus anciens et les plus forts qui, sous le nom de *gradués*, instruisaient leurs camarades, suivant l'état des connaissances acquises de chacun de ceux-ci. Mais les besoins de la guerre ayant forcé le gouvernement républicain à choisir des officiers du génie parmi les plus forts élèves, les cours se trouvèrent interrompus.

5. L'école des élèves ingénieurs de la marine était établie au Louvre, à côté de l'académie des sciences, dans une salle dite *de la marine*. C'était là que les élèves étaient exercés à la construction des plans et des projections des vaisseaux, sous les yeux d'un habile constructeur. Ils prenaient des leçons de mathématiques et de physique en ville. Plus tard, après des examens, ils étaient envoyés dans les ports et les chantiers de construction pour y apprendre à faire l'application à la pratique de leur art, des principes théoriques qui leur avaient été enseignés à Paris. Il y avait des examens d'entrée et de sortie. Le nombre des élèves était de dix à douze. La salle *de marine* fut enlevée aux élèves, au mois d'août 1793, le jour même où l'on supprima l'académie des sciences.

6. Il avait été créé, quelques années avant la révolution, une école des mines, composée de quelques professeurs et de douze élèves. On y enseignait la chimie et l'exploitation des minéraux. C'était une école toute théorique. Le défaut de pratique la désorganisa entièrement. Les ingénieurs étaient dans une inaction complète, lorsque le comité de salut public, après avoir, par un arrêté du 1er juillet 1794, créé une agence des mines, institua, le 5 du même mois, le personnel du corps dans lequel il comprit quarante élèves. Le 2 septembre suivant, on fixa les conditions d'admission et le mode d'examen. Pour être admis, il fallait connaître les élémens de géométrie et de statistique, l'art des projections, le lever et le dessin des plans, les premières notions de physique et de chimie. Les élèves devaient voyager huit mois de l'année avec les inspecteurs et les ingénieurs; et pendant les quatre mois d'hiver, ils étaient envoyés dans l'une des mines le mieux exploitées de France pour y prendre des leçons de pratique.

7. Le corps des ingénieurs géographes existant avant la révolution n'avait point d'école où les jeunes officiers pussent apprendre leur art. Un décret du 17 août 1791 supprima ce corps et le réunit à celui du génie. Vers le commencement des guerres de la révolution, on sentit la nécessité de le réorganiser. Dans les premiers mois de 1793, on forma, avec quelques jeunes gens instruits, trois brigades d'ingénieurs géographes, chacune de douze sujets;

et on établit à la même époque, au dépôt de la guerre, un cours théorique et pratique pour douze élèves.

8. Telle était au commencement de 1794, la situation des écoles spéciales, lorsque Lamblardie, directeur de l'école des ponts-et-chaussées, privé tout-à-coup de ses meilleurs élèves qu'on lui enlevait pour le service de la guerre, sentit combien il lui serait difficile de former les jeunes gens qui allaient être admis et qui étaient dépourvus de cette instruction première que la destruction récente de tous les etablissemens scientifiques rendait impossible à acquérir. C'est alors qu'il conçut l'idée de fonder une école préparatoire où les aspirans à celle des ponts-et-chaussées pourraient d'abord puiser toutes les connaissances dont ils avaient besoin pour suivre avec fruit les cours de cette dernière école. Bientôt son plan s'agrandit, et il pensa que cette école préparatoire pourrait devenir commune à tous les corps d'ingénieurs, en y enseignant les sciences et les arts qui leur sont d'une égale utilité.

9. L'illustre Monge à qui Lamblardie communiqua le premier ses projets, s'empara de cette idée avec chaleur. Il était alors membre d'une commission consultative de savans, qui servait de conseil au comité de salut public pour tous les travaux dont l'exécution avait quelque rapport avec les sciences exactes ; et le zèle ardent qu'il déployait dans ces occasions importantes où le salut de la patrie dépendait quelquefois de l'heureuse application d'une idée simple mais savante, lui donnait une influence méritée sur l'esprit des chefs de la république.

10. Monge trouva un puissant appui dans deux de ses anciens élèves à l'école de Mézières, Carnot et Prieur-Duvernois de la Côte-d'Or, qui étaient, à cette époque, membres du comité de salut public. Les obstacles semblaient s'aplanir devant lui. Une *commission de travaux publics* fut créée le 11 mars 1794 (11 ventôse an II). Dès lors, les travaux d'un intérêt général n'étant plus disséminés entre plusieurs ministères, il fut plus facile de faire goûter l'idée de la création d'une école centrale préparatoire, qui servirait à former les ingénieurs des diverses branches que cette commission unique devait surveiller et diriger.

11. Il fut résolut que l'école et la commission seraient établies au Palais-Bourbon. Lamblardie et Gasser furent chargés des travaux d'appropriation. Barruel reçut l'autorisation de rassembler les instrumens de physique : Neveu fit le choix des modèles pour le dessin d'imitation et Lesage de ceux d'architecture. On forma

un cabinet des modèles de tout genre, une collection de minéralogie, un laboratoire de chimie et une bibliothèque. La plupart de ces objets avaient appartenu, soit à l'académie des sciences, soit à l'ancien gouvernement, de sorte que les sommes déboursées furent peu considérables.

12. Le rapport sur le projet de loi par lequel on proposait l'établissement d'une *école centrale de travaux publics* fut fait par le célèbre chimiste Fourcroy. Suivant ses conclusions, cette école devait avoir pour but, non-seulement de former des ingénieurs de tous genres, mais même de rétablir l'enseignement des sciences exactes qui avait été suspendu par les crises de la révolution. L'artillerie fut d'abord oubliée, sans doute parce que son nom n'avait rien de ce qui rappelle l'ingénieur et que d'ailleurs ses constructions ont peu de rapport avec celles des autres corps spéciaux. Le cours complet d'instruction devait durer trois années, et par une conséquence naturelle les élèves furent divisés en trois classes. Mais pour mettre de suite l'école en pleine activité, on proposa de faire, en trois mois, des cours rapides sur toutes les parties de l'enseignement, afin de pouvoir, après ce court espace de tems, distribuer les élèves dans les trois classes, suivant leur degré d'instruction.

13. Le projet de Lamblardie n'était que de faire une école préparatoire. Les fondateurs de l'école centrale conçurent l'espoir qu'elle pourrait aussi tenir lieu des écoles spéciales. Ils engagèrent toutefois le gouvernement à ne pas supprimer ces dernières jusqu'à ce que la *nouvelle école eût pris une marche assurée*. Les élèves devaient aussi recevoir un traitement annuel, mais ne pouvaient rester plus de quatre ans à l'école. Ils ne devaient être ni casernés, ni entièrement libres. Mais on proposait de les confier à de bons citoyens qui réuniraient à une excellente réputation de moralité, des sentimens patriotiques bien connus.

14. La loi portant création de *l'école centrale des travaux publics* fut enfin rendue le 28 septembre 1794 (7 vendémiaire an III), sans aucune opposition. Les conditions d'admission étaient les suivantes : Une bonne conduite, l'attachement aux principes républicains, la connaissance de l'arithmétique et des élémens de l'algèbre et de la géométrie, l'âge de seize à vingt ans.

15. L'examen devait avoir lieu, en même temps, du 22 au 31 octobre, dans vingt-deux villes qui étaient : Dunkerque, Amiens, Mézières, Caen, Rouen, Reims, Paris, Metz, Strasbourg, Brest, Rennes, Nantes, Tours, Auxerre, Dijon, Rochefort, Bordeaux,

Bayonne, Toulouse, Montpellier, Marseille et Grenoble. Les élèves devaient être rendus à Paris avant le 30 novembre. Il leur était alloué quinze sous par jour en assignats, ce qui n'en valait alors que quatre en numéraire. Leur traitement était fixé à douze cents livres par an, valant alors en numéraire trois cent soixante-six livres, et qui tombèrent même à la valeur de deux cent quarante livres, un mois après leur entrée à l'école.

16. Les fondateurs de l'école divisèrent l'enseignement en deux branches principales : les *mathématiques* et la *physique*.

17. Les *mathématiques* comprenaient : 1° l'analyse dans toute son étendue; 2° la description graphique des objets. Cette dernière se divisait en deux parties : la géométrie descriptive et l'art du dessin.

18. La géométrie descriptive avait elle-même trois parties : la stéréotomie ou l'art des projections, l'architecture et la fortification.

19. La stéréotomie s'appliquait 1° aux traits de la coupe des pierres ; 2° aux traits de la charpenterie et à l'art de piquer les bois ; 3° aux ombres des corps ; 4° à la perspective linéaire et aérienne; 5° aux cartes et plans, et au nivellement; 6° aux machines simples et aux principales machines composées.

20. L'architecture comprenait tout ce qui concerne : 1° le tracé, la construction et l'entretien des ponts, des canaux et des ports; 2° la conduite des mines ; 3° la construction, la distribution et la décoration des édifices particuliers ou nationaux ; 4° l'ordonnance des fêtes publiques.

21. La fortification devait être considérée sous les rapports les plus étendus. L'enseignement de cet art avait pour objet le tracé, le défilement et la construction des fortifications des postes, des places et des frontières, l'art de miner et contreminer les places de guerre ; l'attaque et la défense des places ; la connaissance de l'ensemble et de la correspondance des différens postes fortifiés sur toute l'étendue des frontières; enfin, les élèves qui avaient suivi le cours complet des études, devaient se transporter devant une place qui leur serait indiquée ; là, se diviser en deux brigades, dont l'une serait chargée des opérations de l'attaque, et l'autre de celle de la défense. Les deux brigades devaient ensuite alterner pour un second simulacre de siége, afin que chacune d'elles eût occasion d'étudier les deux parties, et de pratiquer les leçons reçues à l'école. Deux mois devaient être employés à cet exercice ; mais

ils n'étaient pas compris dans les douze mois de la troisième année, laquelle était ainsi de quatorze mois.

22. L'art du dessin s'apprend principalement en copiant la bosse et la nature. Les élèves devaient être exercés à dessiner la figure, l'ornement et le paysage, et se familiariser avec les régles du goût dans les ouvrages de composition.

23. La *physique* se divisait en physique générale ou physique proprement dite, et en physique particulière ou chimie.

24. La physique générale comprenait: 1° les propriétés générales des corps; 2° les propriétés dont ils jouissent en vertu de l'état solide ou liquide, ou de fluide élastique; 3° les propriétés des substances qui agissent sur tous ou la plupart des corps de la nature, telles que le calorique, la lumière, l'électricité et le fluide magnétique; 4° les propriétés de l'atmosphère; ce qui donnait lieu d'exposer les principaux phénomènes de la météorologie et de l'hygrométrie, la cause des vents, etc.; 5° Tout ce qui est susceptible de généralité dans la chimie, tel que les lois des attractions chimiques et des compositions générales qui en résultent.

25. La physique particulière ou chimie comprenait : 1° les substances salines; 2° les matières organiques, végétales ou animales, 3° les minéraux.

26. Au reste, ces matières furent diminuées ou augmentées par la suite : mais ce qui devait surtout caractériser la nouvelle école, c'est que l'enseignement devait consister dans une alternative habilement combinée de leçons orales et de travaux manuels correspondant à ces leçons. Le nombre des élèves fut fixé à trois cent quatre-vingt-six. Voici les noms des premiers professeurs, directeurs ou employés, et des fonctions qui leur étaient attribuées.

27. *Analyse et mécanique.* — LA GRANGE et PRONY.
Stéréotomie. — MONGE et HACHETTE.
Architecture. — DELORME et BALTARD.
Fortification. — DOBENHEIM et MARTIN DE CAMPREDON, auxquels succédèrent bientôt CATOIRE et SAY.
Physique. HASSENFRATZ et BARRUEL.
Chimie. — 1ᵉʳ année : FOURCROY et VAUQUELIN.
      —   2ᵉ année : BERTHOLLET et CHAPTAL.
      —   3ᵉ année : GUYTON DE MORVEAU et PELLETIER.
Dessin. — NEVEU, instituteur. MÉRIMÉE, LEMIRE jeune et BOSIO, maîtres. — Un quatrième emploi de maître de dessin, d'abord

ajouté aux trois autres, et confié à **Lemire** ainé, fut supprimé la deuxième année.

Directeur, **Lamblardie**, chargé aussi du cours des travaux civils.

Sous-directeurs, **Gasser**, pour l'administration ; **Ch. Gardeur-Lebrun**, pour la police des élèves.

Médecin. — **Chaussier**, chargé de faire un cours de salubrité.

Secrétaire du conseil et bibliothécaire. — P. **Jacotot**.

Substituts du sous-directeur chargés de la police des élèves. — J. **Jacotot**, **Griffet-Labaume** et **Lepère**.

Conservateur de la galerie des modèles, dessins et gravures. — **Lomet**.

Conservateur-adjoint. — **Savart**.

28. Cependant la dépréciation toujours croissante des assignats mit un grand nombre d'élèves dans la nécessité de quitter Paris. Heureusement, toujours éclairé par l'infatigable Prieur de la Côte-d'Or sur l'importance de l'école, le gouvernement vint à leur secours ; et malgré une certaine opposition qui tendait à la supprimer, la convention rendit le 1ᵉʳ septembre 1795 (15 fructidor an III), une loi qui dissipa toutes les inquiétudes à cet égard. C'est cette loi qui imposa à l'école centrale des travaux publics le nom d'*école Polytechnique*.

29. Telle est en substance l'origine de cette célèbre école polytechnique d'où devaient sortir tant d'hommes distingués. Pour ce qui reste à en dire, nous nous bornerons aux principaux faits.

30. Les écoles spéciales languissaient. On s'aperçut enfin que l'école polytechnique ne pouvait pas en tenir lieu. La convention les réorganisa par une loi du 22 octobre 1795 (30 vendémiaire an IV) et régla leurs rapports avec l'école polytechnique. Ce dernier établissement fut placé sous l'autorité du ministre de l'intérieur, et le service de l'artillerie fut ajouté à ceux pour lesquels elle fournit des sujets.

31. Un arrêté, du 1ᵉʳ avril 1796 (12 germinal an IV), statua qu'à l'avenir les élèves des poudres et salpêtres seraient choisis parmi les jeunes gens qui auraient fait au moins un an d'études à l'école polytechnique.

32. Cependant les meilleurs élèves choisissaient le corps des ponts-et-chaussées, où à une vie plus paisible se joignait pour eux l'avantage de pouvoir être employés dans leur propre département et presque au sein de leurs familles. Pour remédier à

cet inconvénient, et à quelques autres qui paraissaient naître du privilége exclusif que possédait l'école de fournir des sujets pour les services publics, le comité des fortifications produisit, le 25 janvier 1797 (6 pluviôse an V) et le 22 mars suivant (2 germinal), deux mémoires où il demanda, 1° que le nombre des élèves fût borné à cent cinquante; 2° que tout citoyen, remplissant d'ailleurs les conditions prescrites, pût se présenter aux examens pour être admis dans une école de service public, sans avoir passé par l'école polytechnique; 3° que les cours des *travaux civils*, de *fortification* et d'*architecture décorative* fussent supprimés; 4° que le cours complet des études fût fixé à deux ans; 5° que les élèves fussent casernés et tenus de porter toujours un uniforme; 6° que l'on augmentât la considération due aux emplois militaires, ainsi que les moyens de les remplir avec aisance et dignité, pour éviter (ce qui avait lieu alors), que les élèves les plus instruits ne se jetassent de préférence sur ceux des ponts-et-chaussées, qui avec moins de périls personnels offraient une foule d'avantages que l'artillerie, le génie et la marine n'avaient pas.

33. La question du privilége fut résolue à l'avantage de l'école. On démontra facilement qu'il y avait des objets qu'on ne pouvait apprendre que dans son sein; mais une partie des modifications proposées furent adoptées. Vers le 10 mai 1797 (21 floréal an V), les trois cours mis à l'index furent supprimés. La dotation annuelle de l'école fut réduite à trois cent mille francs. On enleva tous les objets relatifs au cours de fortification. Plusieurs professeurs et employés furent remerciés. Le cours des études fut fixé à deux ans; le nombre des élèves réduit à deux cent cinquante, et la plus sévère économie introduite dans l'établissement. C'est aussi vers cette époque que l'on eut l'idée de mettre l'art de l'aérostation au nombre des services publics. Les ingénieurs géographes devaient en être chargés, et l'école d'application, établie à Meudon, devait recevoir douze élèves pour ce nouvel art.

34. Vers la fin de l'année 1799, l'école eut à souffrir une persécution d'une espèce nouvelle; les malheurs de la guerre épuisaient toutes les ressources. Les levées en hommes et en argent se faisaient difficilement. Le directoire ne trouva pas de meilleur expédient que de tout soumettre au niveau rigide de l'égalité; en conséquence les élèves conscrits durent quitter l'école et être répartis dans les divers corps. La sollicitude des directeurs de l'école les y suivit; on leur procura les moyens d'y con-

tinuer leurs études. Mais un grand événement qui fit tressaillir la France de joie, vint aussi sauver l'école. Bonaparte était accouru des bords du Nil : à sa suite, marchaient Monge et Berthollet, fondateurs de l'école. Le 18 brumaire eut lieu, et une loi déjà préparée sous le directoire, et modifiée, d'une manière satisfaisante, par le nouveau gouvernement, fut reçue comme un bienfait par tous ceux qui s'intéressaient à l'école polytechnique.

35. D'après cette loi, qui porte la date du 16 décembre 1799 (25 frimaire an VIII), au nombre des services publics qui reçoivent leurs élèves de l'école, on ajoute l'artillerie de marine et on retranche l'aérostation. Le nombre des élèves est porté à trois cents. L'âge des candidats revient de seize à vingt ans. Les élèves admis ont le grade de sergent d'artillerie, et ils en reçoivent le traitement, (0,98 par jour). Une somme de vingt mille francs par an est allouée, pour être distribuée à raison de 18 fr. par mois au plus, aux élèves qui auraient besoin de secours. L'habit uniforme est conservé. On rétablit les cours des travaux civils de la fortification, de l'architecture; on y ajoute les constructions navales et on retranche les travaux d'arsenaux. On établit enfin un conseil de perfectionnement chargé d'observer la marche des études et de les diriger.

36. A la même époque, le conseil de perfectionnement est chargé de revoir tous les programmes des écoles spéciales, de manière que l'enseignement y fût en harmonie, et entièrement coordonné avec celui de l'école polytechnique. Le 8 février 1801 (19 pluviôse an IX), le gouvernement sanctionne un nouveau programme commun aux deux écoles d'artillerie et du génie; et le 4 octobre 1802 (12 vendémiaire an XI), il réunit les deux écoles à Metz, en prescrivant, de plus, qu'à l'avenir les officiers de l'artillerie de marine se recruteront aussi dans ce nouvel établissement.

37. Mais l'école polytechnique devait éprouver bientôt de plus importantes modifications. Quelques symptômes d'indiscipline remarqués parmi les élèves, la facilité que leur donnait leur libre séjour au milieu de la population de Paris pour se mêler aux querelles théâtrales, furent, dit-on, les motifs qui portèrent Napoléon, alors empereur, à former les élèves en corps militaire et à les caserner. Le décret qui ordonne cette nouvelle organisation porte la date du 16 juillet 1804 (27 messidor an XII). Le mode d'admission, le mode et l'objet de l'enseignement ne furent pas changés. La direction de l'école fut confiée à un

gouverneur qui eut sous lui un directeur des études, commandant en second. Les élèves furent armés et équipés comme l'infanterie, et conservèrent la solde de sergent d'artillerie.

38. Cependant en casernant les élèves, on s'aperçut que la somme de cent vingt sept mille francs allouée annuellement, pour leur seul entretien serait loin de suffire, et on se décida à leur faire payer une pension, qui fut fixée, le 9 septembre 1805 (22 fructidor an XIII), à huit cents francs par an. Chaque élève dut en outre se pourvoir d'un trousseau semblable à celui des élèves de l'école militaire, et se fournir, à ses frais, les livres de tout genre, les règles, compas et crayons qui leur étaient personnellement nécessaires. Peu de temps après, le 28 février 1806, Napoléon cédant aux instances du conseil de perfectionnement créa un cours de belles-lettres, et choisit M. Andrieux pour en remplir les fonctions.

39. La translation de l'école polytechnique dans les batimens du collége de Navarre eut lieu le 11 novembre 1805. Dès lors l'école présenta un aspect tout militaire : elle fut placée dans les attributions du ministre de la guerre : chaque élève reçut, avec l'habit d'uniforme, un fusil d'ordonnance et une giberne ; l'école de soldat et de peloton, le maniement des armes, les évolutions, l'exercice à feu, occupèrent une partie du temps des récréations ; les élèves fournirent même un poste de police, avec plusieurs factionnaires, et se gardèrent militairement. Le drapeau qui fut donné au jeune et studieux bataillon, portait cette inscription : *Pour la patrie, les sciences et la gloire.* Les élèves en sentirent la haute valeur. Tous leurs efforts furent employés à en faire une vérité, et l'on peut dire avec justice, que jamais, dans l'ancienne chevalerie, devise ne fut plus religieusement observée.

40. Mais bientôt les désastres de l'empire survinrent. Dès les premiers jours de l'année 1814, les élèves offrirent à Napoléon, d'aller immédiatement combattre dans les rangs de l'armée. Le glorieux, mais alors trop infortuné monarque, répondit *qu'il n'était pas réduit à tuer la poule aux œufs d'or* ; éloge sans prix, lorsqu'on pense à la bouche qui le prononçait ! Plus tard, on organisa les élèves en trois compagnies d'artillerie, pour la défense de la capitale ; on les plaça, le 29 mars, avec vingt-huit bouches à feu à la barrière du Trône, et leur éclatant exemple put dès lors démontrer aux tortueux politiques qui tenaient les fils de la destinée française, qu'il est des nœuds gordiens qu'un

jeune courage saurait mieux démêler que l'égoïste et irrésolue timidité du vieillard.

41. Paris capitula ; les élèves se dispersèrent. Quelques-uns restèrent à Paris, d'autres prirent la route de Blois où se trouvait l'impératrice. Le colonel Greiner, commandant militaire de l'école (en l'absence du gouverneur Lacuée que son devoir avait forcé de quitter Paris), s'adressa à celui qui faisait alors les fonctions de ministre de la guerre, pour faire rentrer les élèves à l'école ; il en revint environ deux cents, et dès le 18 avril, l'enseignement reprit sa marche accoutumée.

42. Peu de temps après, le retour miraculeux de Napoléon, qui semblait présager une nouvelle grandeur à la France, fut au contraire suivi des plus cruels désastres. Toujours fidèles à leur devise, les élèves demandèrent encore à concourir à la défense de la capitale ; on les organisa de nouveau en artilleurs ; mais il n'était pas dans la pensée des puissans intrigans du jour de se défendre. Paris fit une seconde capitulation, et le 3 juillet 1815, les exercices de l'école avaient recommencé.

43. Depuis long-temps les élèves de la première division s'étaient assez malheureusement arrogé le droit d'initier ceux de la seconde à leur entrée à l'école, par certaines épreuves enfantines, fort innocentes d'ailleurs, mais qui avaient quelquefois le défaut de troubler l'ordre établi, et d'exciter des querelles entre les élèves. On avait souvent cherché, mais en vain, à réprimer ces jeux qui se répétaient ordinairement dans tout le cours du premier semestre. Des élèves de la première division ayant été punis à ce sujet, toute la première division, se déclarant également coupable, réclama la même punition ; et sans doute animée par un sentiment louable de confraternité, la seconde division se joignit à la première. Le lendemain, 12 avril 1816, l'école se trouvait en pleine insurrection. Pareille chose avait déjà eu lieu en 1810 et en 1812. Vainement les chefs voulurent faire entendre leur voix paternelle, elle ne fut point écoutée ; d'ailleurs le gouvernement ne voulait plus du régime militaire ; il saisit l'occasion, et le 13 avril les élèves furent licenciés.

44. Cependant le gouvernement s'adoucit en leur faveur. On leur permit plus tard de se présenter aux examens. Soixante-douze furent reçus dans les services publics. Les autres obtinrent, sur leur demande, des sous-lieutenances dans les troupes de ligne, et entrèrent ensuite dans le corps royal d'état-major, pui fut créé quelques mois après.

45. L'école polytechnique fut réorganisée par ordonnance du 4 septembre 1816. Il n'y eut plus d'appareil militaire, et par suite le commandant du bataillon des élèves, les quatre officiers et les deux adjudans, furent supprimés. Le prix de la pension fut porté à mille francs. Il fut établi vingt-quatre bourses. Le chef de l'école reprit le titre de directeur. On supprima le cours d'art militaire; la place d'aumônier, créée en 1814, fut maintenue. L'école fut placée sous la surveillance des ministres de l'intérieur et de la guerre, et sous la protection immédiate du duc d'Angoulême.

46. Cependant, sous ce régime presque entièrement civil, la discipline fut difficile à maintenir. On s'en aperçut chaque jour davantage. On voulut, mais en vain, s'opposer aux épreuves dont nous avons déjà parlé, et que le sol même de l'école semblait inspirer. On ne vit d'autre remède à ces divers maux que de concentrer la haute surveillance de l'école en une seule main. Une ordonnance du 27 septembre 1822, institua pour la direction de l'école un gouverneur et un sous-gouverneur, supprima le conseil d'inspection, et borna les attributions du conseil de perfectionnement à délibérer sur les moyens d'améliorer l'instruction et à proposer les mesures réglementaires qu'il jugerait utiles aux progrès de l'enseignement. Par une autre ordonnance du 20 octobre suivant, on fixa les attributions du gouverneur, et on soumit l'école au régime militaire en tout ce qui concerne la discipline intérieure. Il n'y eut, toutefois, ni fusil ni giberne, et on n'apprit des exercices militaires que ce qu'il est nécessaire de savoir pour se mouvoir, et se poser avec ordre et régularité.

47. L'école était encore dans cet état, lorsque la révolution de juillet 1830 eut lieu. On se rappelle la part que les élèves y ont prise. Leur uniforme, en inspirant de la confiance, les mit naturellement à la tête du mouvement, et ils furent ces généraux de vingt ans dont parle l'hymne national improvisé par Casimir Delavigne. Le nouveau gouvernement qu'ils avaient tant contribué à fonder, voulut leur en témoigner sa reconnaissance en leur donnant sur-le-champ, à tous, le grade de lieutenant; ils remercièrent modestement, et rentrèrent à l'école pour continuer leurs paisibles études. On fit toutefois accepter aux élèves qui passaient à l'école de Metz, le grade de sous-lieutenant à partir du 6 août 1830.

48. Le 13 novembre 1830, une nouvelle organisation parut. L'école fut placée uniquement dans les attributions du ministre de la guerre, et on lui rendit le régime militaire. En ville, indi-

viduellement, les élèves portèrent l'épée. En masse, et à la promenade, ils présentèrent de nouveau l'aspect d'un bataillon d'infanterie. Le chef fut choisi parmi les officiers généraux, soit du génie, soit de l'artillerie, et porta le titre de *commandant de l'école*. On introduisit un cours de langue allemande, et l'étude du dessin fut spécialement recommandée.

49. Une nouvelle réorganisation fut promulguée le 25 novembre 1831. Elle n'apporta pas de changement notable à celle de l'année précédente. On y remarque cependant que le corps des ingénieurs hydrographes est ajouté à ceux qui doivent se recruter à l'école.

50. Dans les premiers jours de juin 1832, des troubles graves éclatèrent à Paris, à la suite des obsèques du général Lamarque. Un parti républicain assez prononcé voulut s'emparer du pouvoir, et quelques élèves de l'école eurent le malheur de se faire remarquer dans les combats qui eurent lieu dans les rues à cette occasion. L'école entière en porta la peine. Elle fut de nouveau licenciée le 6 juin, et réorganisée le 20 juin suivant. Sur deux cent soixante élèves qui étaient présens à l'école lors du licenciement, deux cent sept purent rentrer; soixante furent exclus : mesure sévère, sans doute, mais qui était peut-être nécessaire pour faire perdre aux élèves l'habitude qui pouvait s'enraciner chez eux de s'occuper trop activement des affaires publiques.

51. Une dernière organisation enfin a paru le 30 octobre 1832. Aux corps qui doivent se recruter à l'École polytechnique, on ajouta la marine royale et le corps royal d'état-major (partie de géodésie). Tous les autres changemens ne paraissent porter que sur quelques détails intérieurs. Comme cette organisation est la dernière de trois autres qui se sont succédé d'assez près, sous le même gouvernement, nous devons supposer qu'on y aura apporté toute la maturité convenable, et qu'elle a quelques chances de durée. Nous la donnerons en entier à la fin de ce chapitre.

52. Avant de terminer cet exposé de faits historiques, nous ne pouvons nous dispenser de faire remarquer que, dans tous les temps, l'École polytechnique a eu le malheur de se trouver dans les rangs de l'opposition. Accusée de royalisme sous la république, elle fut républicaine sous l'empire, libérale sous la restauration, et ne parut pas, en juin 1832, goûter beaucoup le système du juste-milieu, puisqu'on se crut obligé de la licencier.

D'où peut provenir cet étonnant esprit de contradiction qui s'est constamment manifesté à tant d'époques diverses, et dans un si grand nombre d'individus, différens de classes et de provinces? L'étude des mathématiques, si calme, si méthodique, peut-elle engendrer des bizarreries? ne serait-ce pas plutôt, que tous les gouvernemens, par le malheur de leur position, sont exposés à faire de magnifiques promesses qu'ils peuvent rarement accomplir, qu'ils ont presque toujours des flatteurs passionnés qui veulent qu'on les loue aveuglément sur tout, et que la froide raison, unie, dans un jeune homme, à une tête ardente, sans s'inquiéter des obstacles matériels qu'elle ne peut apprécier encore, s'indigne de ces contradictions, de ces exagérations, et se jette nécessairement dans le parti frondeur, par amour pour la vérité?.... Je laisse cette question à résoudre aux profonds moralistes du jour.»

53. Une autre question, qui a été long-temps débattue, c'est de décider lequel vaut mieux de caserner les élèves ou de les laisser librement habiter dans Paris. Il y a d'excellentes raisons à dire pour l'un ou l'autre parti. Quant à moi qui ai toujours pensé, d'après l'expérience des siècles, que l'homme libre est celui qui a les armes à la main, et qui voudrais que dans le pays des *Francs* l'on donnât une éducation guerrière, même aux pauvres élèves des instituteurs de village, je n'hésite pas à donner l'avantage au casernement et à l'organisation militaire.

Tableau du nombre *de personnes admises à suivre les cours de l'École polytechnique jusqu'en* 1827.

54. Etrangers, 73.

Officiers du génie, participant à l'enseignement en 1795 et 1796 .... 43. — Hommes remarquables : comte Bertrand; baron Deponthon; vicomte Dode de la Brunerie; baron Haxo; baron Kirgener.

Elèves-ingénieurs des mines, idem .. . 38. — Hommes remarquables : Héricart de Thury; Picot-Lapeyrouse.

Promotion de 1794 (an III) .... 391 élèves. — Hommes remarquables : Berge, A; Bernard, G; Biot, S; Chabrol de Volvic, P; Champy; de Chezy, S; Choron, M; Cottu, C; de Wailly, proviseur; Dinet, S; Francœur, S; Malus, G; Aug. Périer, D; Poinsot, S; baron Rendu; Rogniat, P; Rohault, baron de Fleury, G; comte de Saint-Aulaire, D.

Promotion de 1795 .... 82 élèves.

Promotion de 1796 .... 113 élèves. — Hommes remarquables : Reynaud, S, etc.

Promotion de 1797 .... 108 élèves. — H.R. : Destutt de Tracy, D ; Français, S ; Gay-Lussac, S ; Tholosé, G ; Treussart G.

Promotion de 1798 .... 143 élèves. — H. R. : Comte Anglès, P ; baron de Barante , pair ; Binet, S ; Poisson, S ; Valazé, G.

Promotion de 1799 .... 126 élèves. — Marquis de Clermont-Tonnerre , pair ; baron Gourgaud, A ; marquis d'Hautpoul. A.

Promotion de 1800 .... 75 élèves. — H. R : Boisbertrand, D ; Plana, S.

Promotion de 1801 .... 111 élèves. — H. R. : Augoyat , G ; marquis de Chambray, A ; Dulong, S ; baron Dupin, D ; Fabre (en Russie).

Promotion de 1802 .... 111 élèves. — H. R. Baron Athalin , G ; Bergère , G ; Fabvier, A ; Navier, S.

Promotion de 1803 .... 273 élèves. — H. R. : Arago, S ; Bazaine (en Russie) ; Bernard de Sorrèze ; Mathieu, S ; M. Binet, S.

Promotion de 1805 (an XIV) .... 125 élèves. — H. R. : Cauchy, S ; Damoiseau , S ; Roche, S.

Promotion de 1806 .... 174 élèves. — H. R. : Choumara , G.

Promotion de 1807 .... 144 élèves. — H. R. : vicomte Lahitte , A ; Poncelet, G.

Promotion de 1808 .... 159 élèves.

Promotion de 1809 .... 167 élèves.

Promotion de 1810 .... 167 élèves. — H. R. : Larabit , D ; Liadrères, G, littérateur ; Rocquancourt , G.

Promotion de 1811 .... 165 élèves. — H. R. : Doulcet de Pontécoulant.

Promotion de 1812 .... 184 élèves. — H. R. : Boisgrand, S ; Duvivier , G, passé dans l'infanterie.

Promotion de 1813 .... 227 élèves. — H. R. : Enfantin , chef des saint-simoniens.

Promotion de 1814 .... 75 élèves (licenciés). — H. R. Alexandre Bertrand , S.

Promotion de 1815 .... 98 élèves (licenciés).

Promotion de 1816 .... 77 élèves.

Promotion de 1817 .... 70 élèves.

Promotion de 1818 .... 75 élèves.

Promotion de 1819 ... 82 élèves.

Promotion de 1820 .... 66 élèves. — H. R. : Montalivet, pair.

Promotion de 1821 .... 74 élèves.

Promotion de 1822 .... 101 élèves.

Promotion de 1823 .... 104 élèves.

Promotion de 1824 .... 110 élèves.

Promotion de 1825 .... 122 élèves.
Promotion de 1826 .... 140 élèves.
Promotion de 1827 .... 122 élèves.
Total des élèves depuis l'origine jusqu'à 1827 .... 4442. On n'a pas pu se procurer les mêmes détails, depuis 1827 à 1832. — On peut, au reste, compter au nombre des hommes remarquables la plupart des chefs et officiers supérieurs qui sont sortis de l'école polytechnique.

Nota : Dans le tableau précédent, A signifie artillerie ; C conseiller à la Cour royale ; D députation ; G génie ; M musique : P préfecture ; S sciences.

TABLEAU *indicatif du nombre de leçons et de la quantité proportionnelle de temps affecté à chaque branche de l'enseignement de l'École Polytechnique.*

Nota. Les nombres portés dans les colonnes intitulées *temps* indiquent (pour chaque année) des *centièmes* du temps total d'étude ou de travail attribué à chaque partie par les programmes. — Le temps des leçons y est compris.

PREMIÈRE ANNÉE D'ÉTUDES.	1799.		1801.		1806.		1812.		1818.		1827.	
	NOMBRE de leçons.	TEMPS.	NOMBRE de leçons.	TEMPS.	NOMBRE de leçons.	TEMPS.	NOMBRE de leçons.	TEMPS.	NOMBRE de leçons.	TEMPS.	NOMBRE de leçons.	TEMPS.
Analyse	120 a	25 a	60	16	60	29	55	25	55	22	50	20
Mécanique	(b)	(b)	40	10	35	17	39	18	38	15	35	14
Géométrie descriptive	126	29					82	23	70	20	72	23
Analyse appliquée à la géométrie	»	»	153	40	110	26	12	2	12	1	16	2
Élémens des machines	27	7	»	»	»	»	»	»	»	»	»	»
Physique	(c)	(c)	25	8	25	5	20	7	30	10	33	12
Chimie théorique	60	16	54	10	36	9	»	»	»	»	»	•
Chimie générale et appliquée aux arts	»	»	»	»	»	»	36	12	36	14	36	13
Grammaire et belles lettres	»	»	»	»	36	2	34	2	34	8	»	»
Histoire et belles lettres	»	»	»	»	»	»	»	»	»	»	34	6
Dessin topographique	27 (d)	6	»	»	»	4	»	4	»	4	35	4
Dessin de la figure et du paysage	120	17	100	16	75	8	70	7	70	6	65	6

(a) Y compris l'analyse appliquée à la géométrie.

(b) Le cours de mécanique était tout entier dans la deuxième année.

(c) Il n'y avait pas d'études de physique. Les leçons avaient lieu dans la matinée du cinquième jour de chaque décade, que nous n'avons pas compris dans le temps total.

(d) Y compris les levés sur le terrain et le lavis.

DEUXIÈME ANNÉE D'ÉTUDES.	1799.		1801.		1816.		1812.		1818.		1827.	
	NOMBRE de leçons.	TEMPS.	NOMBRE de leçons.	TEMPS.	NOMBRE de leçons	TEMPS.	NOMBRE de leçons,	TEMPS.	NOMBRE de leçons.	TEMPS.	NOMBRE de leçons.	TEMPS.
Analyse.	48	12	48	11	50	18	45	20	45	17	45	17
Mécanique.	72	17	54	12	60	22	55	25	55	20	50	19
Géométrie descriptive.	»	»	»	»	»	»	»	»	10	2	»	»
Analyse appliquée à la géométrie.	»	»	17	4	20	3	15	2	15	4	»	»
Fortification.	54	13	60	15	30	6	»	»	»	»	»	»
Travaux publics (civils) ou constructions.	54	13	42	10	30	6	»	»	»	»	»	»
Travaux des mines.	27	6	15	4	10	2	»	»	»	»	»	»
Art militaire.	»	»	»	»	»	»	30	8	»	»	»	»
Machines.	»	»	»	»	»	»	10	2	15	5	22	7
Géodésie.	»	»	»	»	»	»	16	3	16	8	28	10
Arithmétique sociale.	»	»	»	»	»	»	»	»	»	»	6	2
Physique.	(a)	(a)	25	5	25	7	14	5	18	4	28	7
Chimie appliquée aux arts.	60	16	54	20	36	9	36	11	»	»	»	»
Chimie expérimentale ou manipulatoire.	60		34		»		»		36	12	36	13
Chimie générale et appliquée aux arts.	»	»	»	»	»	»	34		»	»	»	»
Architecture.	45	10	30	7	50	13	38	9	38	7	38	8
Grammaire et Belles-Lettres.	»	»	»	»	36	2	36	2	»	»	»	»
Histoire et Belles-Lettres.	»	»	»	»	»	»	»	»	34	9	34	6
Dessin topographique ou lavis.	»	»	»	»	56	6	»	3	»	6	35	4
Dessin de la figure et du paysage.	120	13	75	12	75	6	75	7	70	6	70	7
Études et Travaux graphiques.	»	»	»	»	»	»	»	3	»	»	»	»

(a) Il n'y avait pas d'études de physique. Les leçons avaient lieu comme dans la première année.

TABLEAU *indicatif des commandans en premier et en second de l'École polytechnique.*

56. DIRECTEURS : Lamblardie; Deshautschamps ; Monge. — GOUVERNEURS : Lacuée ; Déjean.—DIRECTEURS: Baron Bouches.— GOUVERNEURS : Comte de Bordessoulle. — COMMANDANS DE L'ÉCOLE : Comte Bertrand ; Tholozé.

SOUS-DIRECTEURS : Gasser ; Ch. Gardeur-Lebrun ; Lecamus ; Lermina. — COMMANDANT EN SECOND, DIRECTEUR DES ÉTUDES : Gai de Vernon ; Malus. — DIRECTEUR DES ÉTUDES : Durivau (conjointement avec le) COMMANDANT MILITAIRE : Greiner. — INSPECTEUR DES ÉTUDES : J. Binet. — SOUS-GOUVERNEURS : Baron Rohault de Fleury ; vicomte Paithon, etc., etc.

PROGRAMME *des connaissances exigées pour l'admission à l'École polytechnique* (1832).

57. L'arithmétique complète, comprenant la théorie des proportions, des progressions, des logarithmes et l'usage des tables ; l'exposition du nouveau système métrique :

La géométrie élémentaire, comprenant les propriétés des triangles sphériques :

L'algèbre, comprenant la résolution des équations des deux premiers degrés, celles des équations indéterminées du premier degré, la théorie des exposans fractionnaires et des exponentielles, la démonstration de la formule du *binome de Newton*, dans le cas seulement des exposans entiers positifs, la composition générale des équations, la règle des signes de *Descartes*, la détermination des racines commensurables, celle des racines égales, la résolution des équations numériques par approximation, l'élimination des inconnues entre deux équations d'un degré quelconque à deux inconnues :

La trigonométrie rectiligne, et l'usage des tables de Sinus :

La statique démontrée d'une manière synthétique appliquée à l'équilibre des machines les plus simples, telles que le levier, la poulie, le plan incliné, le coin, le treuil, la vis, la machine funiculaire, les moufles, les roues dentées et la vis sans fin :

La discussion complète des lignes représentées par les équations du premier et du second degré à deux inconnues, et les propriétés principales des sections coniques.

Un exemple de résolution de triangle est proposé à chaque candidat, pour constater qu'il sait se servir des tables de logarithmes ; les calculs doivent être faits avec des tables à sept décimales.

Les candidats traduisent, sous les yeux de l'examinateur, un morceau d'un auteur latin de la force de ceux qu'on explique en rhétorique , et traitent par écrit, en français, un sujet de composition donné. Leur écriture doit être lisible et leur orthographe correcte.

Ils copient enfin une académie en partie ombrée au crayon , d'après un des dessins qui leur sont présentés par l'examinateur.

Les élèves doivent avoir été exercés , avant leur entrée à l'école, à construire , avec la règle et le compas , quelques problèmes de géométrie élémentaire et de géométrie descriptive.

Tous ces articles sont également obligatoires.

Nota. Les candidats ne sont examinés que sur les connaissances exigées par le programme : On a cependant égard aux connaissances élémentaires de physique et de chimie qu'ils possèdent.

Les examens ont lieu ordinairement du 1er avril au 1er octobre. Le programme est publié vers le 1er avril de chaque année : les candidats doivent se faire inscrire avant le 10 juin à la préfecture du département où est fixé le domicile de leurs parens. Les villes d'examen sont (en 1832) : Amiens , Angers , Avignon , Besançon , Bordeaux , Bourges , Brest, Caen , Cahors , Clermont, Dijon , Douai , Grenoble , la Flèche , Limoges , Lorient , Lyon , Marseille , Metz , Montpellier, Moulin , Nancy, Nantes , Nîmes , Orléans , Paris , Pau , Poitiers , Pontivy , Reims , Rennes , Rodez, Rouen , Strasbourg , Toulouse , Tours et Versailles. La pension annuelle est de 1000 francs : le trousseau coûte environ 750 fr. La pension doit être payée par trimestre. Au reste , toutes les conditions d'admission sont publiées , avec le programme , chaque année.

ORDONNANCE *du roi portant nouvelle organisation de l'École Polytechnique.*

58.   A Paris, le 30 octobre 1832.

LOUIS-PHILIPPE, Roi des Français.

A tous présens et à venir, salut.

Considérant que l'organisation de l'École polytechnique réclame encore plusieurs améliorations, spécialement en ce qui concerne l'administration. et voulant coordonner les nouvelles dispositions dont il s'agit avec les principes mêmes de l'institution de cette école et les règles qui en sont la conséquence ;

Vu 1° la loi du 7 vendémiaire an 3 ;

2° La loi du 15 fructidor an 3 et celle du 30 vendémiaire an 4 ;

3° La loi du 25 frimaire an 8 ;

4° Le décret du 27 messidor an 12 et celui du 22 fructidor an 13,

5° L'ordonnance du 4 septembre 1816, celles des 17 septembre et 20 octobre 1822 ;

6° L'ordonnance du 13 novembre 1830 et celle du 25 novembre 1831;

Sur le rapport de notre Ministre secrétaire d'État au département de la guerre, président du Conseil,

Nous avons ordonné et ordonnons ce qui suit:

TITRE Ier.

INSTITUTION DE L'ÉCOLE.

ART. 1. L'École polytechnique est spécialement destinée à former des élèves pour les services

De l'artillerie de terre et de mer,

Du génie militaire et du génie maritime;

De la marine royale et des ingénieurs hydrographes,

Des ponts et chaussées et des mines,

Des poudres et salpêtres,

Du corps royal d'état-major, partie de géodésie ;

Enfin, des autres services publics qui exigeraient des connaissances étendues dans les sciences physiques et mathématiques, telles que l'enseignement même de ces sciences.

2. Le programme d'admission fait connaître chaque année le nombre des élèves à admettre et celui présumé des emplois dans les services publics qui pourront leur être accordés.

3. L'École polytechnique est placée dans les attributions de notre ministre secrétaire d'état au département de la guerre.

TITRE II.

PERSONNEL DE L'ÉCOLE.

§ Ier. *État-major.*

4. Il est attaché à l'École polytechnique un état-major composé

D'un officier général avec le titre de commandant de l'École ;

D'un officier supérieur commandant en second :

De quatre capitaines, inspecteurs des études ;

D'un capitaine-instructeur;

De quatre adjudans.

5. L'officier général et l'officier supérieur doivent avoir été élèves de l'École polytechnique.

Ils sont pris spécialement dans les corps militaires qui s'alimentent à l'École.

Ils ne peuvent pas être de la même arme.

L'officier général n'a pas d'aide-de-camp.

6. Le général commandant l'École exerce une haute surveillance sur toutes les branches du service ; il est chargé d'assurer l'exécution des ordonnances, réglemens et décisions concernant cet établissement.

Il a la présidence de tous les conseils.

Il rend compte, pour tout ce qui concerne l'instruction, la police et l'administration de l'École, à notre ministre secrétaire d'état de la guerre.

7. Le commandant en second exerce, sous l'autorité du commandant en chef, une surveillance journalière sur toutes les parties du service, particulièrement en ce qui concerne la police et la discipline.

Il est membre permanent de tous les conseils.

Il remplace le commandant en cas d'absence ou de maladie, dans toutes ses fonctions, excepté dans la présidence du conseil de perfectionnement.

8. Les capitaines inspecteurs des études sont pris parmi les anciens élèves, et dans les corps militaires qui s'alimentent à l'école.

Leurs fonctions spéciales sont d'assurer l'exécution journalière des réglemens concernant la police et l'instruction, de surveiller les travaux des élèves et leurs exercices militaires, de les commander sous les armes.

9. Le capitaine-instructeur a la direction immédiate des exercices militaires ; il est chargé, en outre, du service de l'habillement, de l'armement et du casernement.

Lorsque le bataillon est réuni sous les armes, il remplit les fonctions d'adjudant-major.

Cet officier est pris parmi les capitaines des corps d'infanterie.

10. Les adjudans veillent aux détails de la police intérieure et des exercices militaires, et prennent rang dans les compagnies lorsqu'elles sont sous les armes.

Ils sont pris indistinctement dans tous les corps de l'armée.

11. Néanmoins les militaires en retraite des armes désignées aux

articles précédens peuvent être appelés à des fonctions et emplois militaires à l'École.

Dans ce cas, le paiement de leur pension de retraite serait suspendu, et ils jouiraient du traitement intégral attribué à leurs fonctions, sans que le temps de service passé dans l'exercice de leurs emplois à l'École puisse donner lieu ultérieurement à l'augmentation de leur pension militaire ainsi suspendue.

12. Le général commandant et le commandant en second sont nommés par nous, sur la présentation de notre ministre secrétaire d'état de la guerre.

Les autres officiers de l'état-major et les adjudans sont nommés par le ministre.

§ II. *Examinateurs.*

13. Il y a quatre examinateurs d'admission des élèves à l'École polytechnique.

Leurs fonctions sont temporaires. Ils sont nommés chaque année par le ministre de la guerre, sur la présentation du conseil d'instruction de l'École.

Toutefois les quatre examinateurs actuels d'admission restent titulaires de ces emplois.

14. Les examens, tant pour le passage des élèves des cours de la première année d'études à ceux de la seconde, que pour leur admission dans les services publics, sont confiés à deux examinateurs permanens et à deux examinateurs temporaires.

Les examinateurs permanens prennent connaissance, dans le cours de l'année, des progrès des élèves. Ils sont nommés par nous, sur la proposition de notre ministre secrétaire d'état de la guerre, d'après la présentation du conseil d'instruction de l'École et celle de l'Académie des sciences.

Les examinateurs temporaires sont nommés chaque année par notre ministre secrétaire d'état de la guerre, sur la présentation du conseil d'instruction de l'École.

§ III. *Directeurs des études, Professeurs, Maîtres et Répétiteurs.*

15. Le personnel attaché à l'enseignement est composé ainsi qu'il suit :
    Un directeur des études,
    Deux professeurs d'analyse et de mécanique,
    Un professeur de géométrie descriptive,
    Un professeur de physique,
    Deux professeurs de chimie ,

Un professeur de géodésie, topographie, machines et arith-
    métique sociale,
Un professeur d'architecture.
Un professeur de composition française,
Un professeur de langue allemande,
Un professeur de langue anglaise,
Quatre maîtres pour le dessin de la figure ou du paysage,
Un maître pour le dessin topographique,
Deux répétiteurs du cours d'analyse et de mécanique,
Un répétiteur de géométrie descriptive,
Un répétiteur de physique,
Deux répétiteurs de chimie,
Un répétiteur de géodésie, machines, etc.
Un répétiteur d'architecture,
Un répétiteur pour les travaux graphiques,
Un répétiteur du cours de composition française,
Un répétiteur de langue allemande,
Un répétiteur de langue anglaise.

16. Tous les détails de l'instruction sont sous la surveillance
spéciale du directeur des études, qui, en outre, assure l'exécution des programmes d'enseignement et des réglemens particuliers relatifs aux études, et rend compte, à ce sujet, au commandant de l'École.

Le directeur des études est membre permanent de tous les
conseils.

Il est nommé par nous sur la proposition de notre ministre
secrétaire d'état de la guerre, d'après la présentation du conseil
d'instruction de l'École et celle de l'Académie des sciences.

17. Les professeurs et maîtres sont nommés par notre ministre
secrétaire d'état de la guerre, sur la présentation du conseil
d'instruction de l'École, et sur celle des académies de l'Institut
de France ; savoir :

Les professeurs des sciences mathématiques et physiques, sur
la présentation de l'Académie des sciences ;

Le professeur d'architecture et les cinq maîtres de dessin, sur
celle de l'Académie des beaux-arts ;

Le professeur de composition française, sur celle de l'Académie française ;

Les professeurs de langues allemande et anglaise, sur celle de
l'Académie des inscriptions et belles-lettres.

18. Les répétiteurs sont nommés annuellement par le ministre
de la guerre, sur la proposition du conseil d'instruction de
l'École.

§ **IV**. *Fonctionnaires et agens de l'administration.*

19. Sont attachés à l'École :
   Un administrateur,
   Un caissier garde des archives ,
   Un bibliothécaire,
   Un médecin chirurgien ,
   Un chirurgien sous-aide,
   Un garde général du matériel,
   Trois conservateurs des collections scientifiques.

20. Ces emplois sont à la nomination de notre ministre secrétaire d'état de la guerre.

L'administrateur, le caissier et le garde général du matériel, sont nommés sur la présentation du conseil d'administration;

Le bibliothécaire et les trois conservateurs, sur la présentation du conseil d'instruction de l'École.

Il est présenté deux candidats pour chacun de ces emplois.

21. Le caissier et le garde général du matériel sont pécuniairement responsables. En conséquence, ils sont tenus de fournir en numéraire ou en effets publics des cautionnemens fixés , savoir :
   Pour le caissier , à dix mille francs ;
   Et pour le garde général du matériel , à six mille francs.

TITRE III.

MODE D'ADMISSION DES ÉLÈVES A L'ÉCOLE POLYTECHNIQUE.

22. On ne peut être admis à l'École polytechnique que par voie de concours.

23. Tous les ans , à partir du 1er août , il est ouvert , tant à Paris que dans les principales villes du royaume qui sont désignées , un concours public pour l'admission des élèves à l'École polytechnique.

Les matières sur lesquelles doit porter l'examen sont indiquées dans un programme arrêté par notre ministre de la guerre, sur la proposition du conseil de perfectionnement, et qui est publié chaque année à l'époque du 1er avril au plus tard.

24. Les candidats se font inscrire avant le 10 juin à la préfecture du département où est fixé le domicile de leurs parens.

25. Il est assigné un arrondissement à chaque ville où l'examen doit se faire.

Les aspirans ne peuvent être examinés que dans l'arrondissement d'examen où le domicile de leur famille est établi, ou dans
celui où ils ont achevé leur première instruction, pourvu qu'ils
y aient étudié au moins une année.

La voie du sort détermine dans quel ordre ils sont examinés.

26. Nul ne peut être admis au concours, s'il n'a justifié,

1° Qu'il est français,

2° Qu'il a été vacciné ou qu'il a eu la petite vérole,

3° Qu'il a eu plus de seize ans ou moins de vingt au 1er janvier de l'année courante.

Toutefois, aux termes de l'article 4 de la loi du 14 avril 1832,
les militaires des corps réguliers peuvent y être admis jusqu'à
l'âge de vingt-cinq ans; mais cet âge ne doit pas être accompli
avant le jour de l'examen.

Ils ne peuvent d'ailleurs être placés à leur sortie de l'École que
dans les services militaires, à moins qu'ils n'aient accompli le
temps de service voulu par la loi, dans lequel est compris le
temps passé à l'École.

27. La répartition des arrondissemens d'examen entre les examinateurs d'admission, et l'ordre dans lequel les tournées doivent
être faites, sont réglés, chaque année, par notre ministre de la
guerre.

28. Tous les ans, vers le 1er octobre, il est formé à Paris un
jury chargé de prononcer sur l'admission à l'École des candidats
examinés dans tout le royaume.

Il se compose du commandant de l'École, président; du commandant en second, du directeur des études, des deux examinateurs permanens et des quatre examinateurs d'admission.

29. Ce jury dresse une liste, par ordre de mérite, de tous les
aspirans susceptibles d'être admis à l'École. Il la forme au moyen
des listes partielles fournies par les examinateurs et en prenant
dans chacune d'elles le nombre d'aspirans jugés admissibles
qu'elle contient.

Les listes d'admission présentées par chaque examinateur sont,
avant tout, discutées et arrêtées par le jury.

30. Notre ministre de la guerre expédie les lettres d'admission
des élèves suivant l'ordre de la liste générale des admissibles,
jusqu'à concurrence des places à remplir.

31. A leur arrivée à l'École, les élèves sont soumis à une visite
du médecin, qui a pour objet de constater qu'ils n'ont aucun vice
de conformation ni aucune infirmité qui les mettraient hors
d'état d'être admis aux cours de l'École, ou qui les rendraient

impropres aux services publics dans le cas où ils s'y destineraient exclusivement.

32. Lors de leur rentrée à l'École, les élèves doivent avoir produit un acte par lequel leurs parens ou répondans s'engagent à payer pour eux une pension annuelle de mille francs et leur trousseau.

33. Vingt-quatre pensions ou places gratuites, susceptibles d'être partagées en demi-pensions, sont instituées en faveur des élèves peu aisés de l'École polytechnique.

Huit de ces places sont attribuées au département du commerce et des travaux publics,

Quatre au département de la marine,

Douze au département de la guerre.

34. Nul ne peut obtenir une pension ou demi-pension, si sa famille n'a justifié être hors d'état d'en supporter les frais, et si d'ailleurs il ne fait partie des deux premiers tiers de la liste générale d'admission des élèves.

Cette faveur est retirée aux élèves qui, par leur conduite, en seraient déclarés indignes par le conseil de discipline de l'École, et d'après les règles établies ci-après pour ce conseil.

TITRE IV.

INSTRUCTION.

§ Ier. *Enseignement.*

35. La durée du cours complet d'instruction à l'École polytechnique est de deux ans.

Cependant les élèves peuvent y passer une troisième année dans les cas spécifiés ci-après (art. 62), et jamais au-delà.

36. L'instruction donnée aux élèves par les dix professeurs (art. 15) comprend les cours

D'analyse ,

De mécanique,

D'analyse appliquée à la géométrie.

De géométrie descriptive et ses applications,

De géodésie, topographie et machines ,

D'arithmétique sociale ,

De physique, chimie et manipulations ,

D'architecture ,

De composition française (pendant la première année) ,

De langues allemande et anglaise (pendant la seconde année),

37. Pendant les deux années d'études, les élèves sont exercés en outre, aussi souvent que possible, sur le dessin géométrique, le lavis, le dessin topographique, le dessin de la figure et du paysage au crayon et au lavis.

38. Les matières de l'enseignement, leur répartition entre les professeurs, ainsi que l'ordre à établir pour les divers cours et pour les études des élèves, sont déterminés conformément aux programmes discutés chaque année dans le conseil d'instruction, arrêtés par le conseil de perfectionnement et approuvés par le ministre de la guerre.

§ II. *Conseil d'Instruction.*

39. Tout ce qui est relatif à l'enseignement et aux études des élèves, entre dans les attributions du conseil d'instruction.

Ce conseil se réunit au moins une fois par mois sur la convocation du commandant de l'École.

Il propose, à la fin de chaque année, les changemens qu'il juge utile d'apporter dans les programmes d'enseignement et d'examen, et, dans ce cas, ses propositions sont soumises à la discussion du conseil de perfectionnement.

40. Le conseil d'instruction est composé ainsi qu'il suit :
    Le commandant de l'École, président,
    Le commandant en second,
    Le directeur des études,
    Les dix professeurs,
    Un maître de dessin, délégué chaque année par les cinq maîtres,
    Le bibliothécaire, remplissant les fonctions de secrétaire.
Pour délibérer, la moitié plus un des membres du conseil, est nécessaire.

§ III. *Conseil de Perfectionnement.*

41. Ce conseil s'occupe de perfectionner l'instruction et de la diriger dans l'intérêt pratique des services publics.

Il rédige et rectifie, s'il y a lieu, les programmes d'examen et d'enseignement; il coordonne l'enseignement de l'École polytechnique avec celui des écoles d'application qu'elle alimente, il discute les réglemens particuliers relatifs à l'instruction et à la police intérieure, et propose les modifications qui lui paraissent utiles pour maintenir l'ordre, l'assiduité des élèves, et pour assurer le meilleur emploi du temps.

Après la révision des programmes et des règlemens, il fait, sur l'instruction de l'École et sur les résultats qu'elle aura présentés, un rapport dont il nous est rendu compte par notre ministre de la guerre.

Il se réunit chaque année après les examens de classement et de sortie ; dans les cas extraordinaires, il s'assemble sur la convocation du ministre de la guerre.

42. Les membres composant le conseil de perfectionnement sont :

Le commandant de l'École, président ;

Le commandant en second ,

Le directeur des études ,

Les quatre examinateurs de classement et de sortie ,

Trois membres de l'Institut de France ,

Trois professeurs ,

Un membre de chacun des services publics qui s'alimentent à l'École polytechnique.

Le conseil désigne un de ses membres pour remplir les fonctions de secrétaire.

En cas d'absence du commandant de l'École, le conseil désigne également un de ses membres pour présider la séance.

Le conseil ne peut délibérer qu'autant que la moitié plus un de ses membres est réunie.

43. Les trois membres de l'Institut sont désignés par l'Académie des sciences, et pris parmi ceux de ses membres qui s'occupent plus spécialement des sciences mathématiques et physiques.

Les délégués des services publics sont nommés par ceux de nos ministres dans les attributions desquels sont placés lesdits services.

Les trois professeurs sont désignés par le conseil d'instruction.

Les membres amovibles du conseil de perfectionnement ne sont nommés que pour un an.

TITRE V.

RÉGIME DE L'ÉCOLE.

§ Ier. *Tenue des Élèves.*

44. L'École polytechnique est soumise au régime militaire.

Les élèves sont casernés.

Leur tenue est uniforme.

Lorsqu'ils sortent individuellement dans la ville, ils portent l'épée.

§ II. *Exercices, Police et Discipline.*

45. Les élèves sont partagés en quatre compagnies, ils sont exercés deux fois au plus par semaine, pendant les heures de récréation, au maniement du fusil et à la marche.

46. Les élèves qui, par leur rang de promotion, se trouvent chefs de salles d'études, portent le titre et les galons de sergent-major et de sergent; ils en remplissent les fonctions sous les armes.

47. Quatre tambours, remplissant les fonctions de garçons de salle, sont attachés aux compagnies.

Un garçon armurier est spécialement chargé de nettoyer et entretenir les armes des élèves.

Deux garde-casernes sont chargés de maintenir l'ordre et la propreté dans les chambres et dortoirs, et de veiller à tous les détails de police à l'École.

48. Les punitions qui peuvent être infligées aux élèves sont :

La censure particulière,

Les arrêts,

Le blâme public,

La mise à l'ordre de l'École,

La prison intérieure,

La prison militaire,

Le renvoi de l'École qui replace l'élève sous la loi du recrutement.

49. Un règlement particulier de police détermine les cas donnant lieu à ces punitions, et en fixe la limite pour chaque fonctionnaire ayant droit de les infliger.

Ce règlement, rédigé par les soins du commandant de l'École, discuté ensuite dans le conseil de perfectionnement, est soumis à l'approbation du ministre de la guerre.

50. Au commandant de l'École seul est attribué le droit de faire conduire un ou plusieurs élèves à la prison militaire; mais il rend compte immédiatement au ministre des motifs de cette punition en demandant ses ordres.

§ III. *Conseil de Discipline.*

51. Un conseil de discipline est spécialement institué pour prononcer sur le compte des élèves qui auraient commis une faute assez grave pour encourir le renvoi de l'École, ou pour être privés de la pension ou demi-pension dont ils seraient en possession.

Ce conseil ne peut s'assembler que sur la convocation du commandant de l'École, d'après l'ordre du ministre de la guerre.

52. Le conseil de discipline est composé de neuf membres, savoir :

Le commandant de l'École, président ;

Le commandant en second, vice-président,

Le directeur des études,

Deux professeurs désignés par le conseil d'instruction,

Deux capitaines inspecteurs des études, choisis à tour de rôle et par rang d'ancienneté de grade,

Le capitaine instructeur,

L'administrateur.

53. Le conseil de discipline est toujours au complet lorsqu'il s'agit de prononcer sur le sort d'un élève.

Les membres absens sont remplacés par des fonctionnaires du même ordre, désignés d'avance en qualité de suppléans.

Les membres amovibles sont changés tous les ans.

54. L'élève inculpé doit toujours être entendu ; l'exclusion ne peut être prononcée qu'à la majorité de cinq voix et n'est définitive qu'après avoir obtenu l'approbation de notre ministre secrétaire d'état de la guerre.

Les élèves renvoyés ou exclus de l'École n'y sont plus admissibles, sauf dans le cas énoncé à l'article 4 de la loi du 14 avril 1832.

TITRE VI.

EXAMENS DE CLASSEMENT ET DE SORTIE.

55. Chaque année, après la clôture des cours, tous les élèves subissent des examens publics.

Les ministres dans les attributions desquels sont placés les différens services qui s'alimentent à l'École polytechnique, désignent des fonctionnaires de ces services pour y assister.

Les examens de la première année d'étude ont pour objet de s'assurer si les élèves peuvent être admis à suivre les cours de la seconde année.

Les examens de seconde année font connaître les élèves admissibles dans les services publics.

56. Les matières sur lesquelles les élèves doivent être examinés à la fin de la première et de la seconde année, sont divisées entre les examinateurs, conformément aux programmes.

L'analyse et la mécanique formant la première partie sont confiées aux deux examinateurs permanens ; les autres parties , qui sont les arts graphiques, la physique, la chimie , etc., aux examinateurs temporaires.

57. Après les examens , le commandant en second , le directeur des études et les quatre examinateurs, se réunissent en jury sous la présidence du commandant de l'École, pour former ,

1° La liste générale par ordre de mérite des élèves jugés admissibles aux cours de la seconde année ;

2° La liste générale par ordre de mérite des élèves de seconde année reconnus admissibles dans les services publics.

Le conseil de perfectionnement détermine d'avance la proportion suivant laquelle chaque examen , chaque nature de travail , et les notes des élèves , tant sur l'instruction que sur la conduite dans le courant de l'année , entreront pour leur classement sur ces listes.

58. Les élèves de seconde année , qui se destinent aux services publics , déclarent, après le dernier examen , à quel service ils se destinent de préférence , et suivant quel ordre leur choix se porterait sur d'autres services , à défaut de place dans celui qu'ils préfèrent.

Pour les guider dans ce choix, on leur fait connaitre le nombre de places qui sont disponibles dans chaque service.

59. Les élèves que le jury a déclarés admissibles dans les services publics , et qui se destinent à ces services y sont répartis dans la proportion des besoins de chaque service , et placés suivant le rang de mérite qu'ils occupent sur la liste générale dans le service qu'ils ont demandé, ou , à défaut, dans l'un de ceux auxquels ils se sont subsidiairement destinés d'après l'ordre de leur déclaration.

Les listes particulières pour chaque service, formées également par rang de mérite et arrêtées par le jury, sont adressées, ainsi que la liste générale des élèves , au ministre de la guerre , qui transmet les listes particulières des autres services aux ministres qu'elles concernent.

60. Les élèves , reconnus admissibles dans les services publics, mais qui , à raison de leur rang dans la liste générale , n'ont pu être placés dans un service de leur choix , sont susceptibles, conformément aux dispositions de l'article 3 de la loi du 14 avril 1832 sur l'avancement dans l'armée , d'être placés comme sous-lieutenans dans les corps de l'armée qui ne s'alimentent pas à l'École polytechnique.

Ces mêmes élèves ont droit d'être reçus à l'École forestière, ou d'être admis comme élèves libres à suivre les cours des écoles civiles d'application qu'ils désignent, et ils jouissent dans ces écoles, sous le rapport des études, des mêmes avantages que les élèves du gouvernement.

61. Dans aucun cas les élèves déclarés admissibles dans les services publics ne peuvent être maintenus une troisième année à l'École.

62. Les élèves jugés inadmissibles à la fin de la première ou de la seconde année d'études, ne peuvent également être maintenus à l'École, à moins que des circonstances graves qui leur auraient occasioné, durant l'année, une suspension forcée de travail, ne leur donnent une excuse légitime. Le conseil d'instruction en est juge.

TITRE VII.

ADMINISTRATION.

§ I⁰ʳ. *Dépenses et Traitemens.*

63. Toutes les dépenses de l'École polytechnique sont à la charge du budget du département de la guerre.

64. Le traitement des officiers de tout grade, faisant partie de l'état-major de l'École, est payé sur les fonds du budget de la solde.

Les officiers, autres que le général commandant, jouissent, en sus du traitement d'activité de leur grade, et à titre d'indemnité pour service extraordinaire, du tiers en sus de leurs appointemens.

L'officier général commandant l'École reçoit, à titre de frais de représentation, un traitement supplémentaire de six mille francs.

65. Les appointemens des fonctionnaires civils et agens de l'École, compris les adjudans, sont acquittés sur les fonds du budget de cet établissement.

Il sont fixés ainsi qu'il suit :

Le directeur des études. . . . . 10,000 f.

Les quatre examinateurs d'admission (non compris les frais de poste pour tournée). } à 3,000 f. 12,000

Les deux examinateurs permanens. . . . . . à 6,000   12,000

Les deux examinateurs temporaires.. . . . . à 2,500   5,000

Les professeurs des sciences mathématiques et physiques. . . . . Le professeur d'architecture.	à 5,000	40,000
Le professeur de composition française. . . Le professeur de langue allemande. . . . . Les professeurs de langue anglaise.	à 3,000	9,000

Quatre maîtres pour le dessin de la figure et du paysage, dont :

Les deux plus anciens, à chacun	2,000	4,000
Les deux autres *idem*.	1,500	3,000
Le maître pour le dessin topographique.		2.000

Les sept répétiteurs des sciences mathématiques et physiques . . . . , . Le répétiteur d'architecture. . . , ...	à 2,000	16,000
Le répétiteur pour les travaux graphiques.		2,500
Le répétiteur du cours de composition française. Le répétiteur de langue allemande, ...	à 1,500	4.500
Le répétiteur de langue anglaise.		
L'administrateur.		6,000
Le caissier garde des archives. . . . . , . . .		4,000
Le bibliothécaire. . . . . ,		4,000
Le médecin-chirurgien.		3,000
Le garde général du matériel. . . , ...		3,000
Les trois conservateurs des collections scientifiques. ,	à 1,500	4,500
Les adjudans. . -	à 1,300	5,200

66. Les fonctionnaires désignés dans l'article précédent, dont l'emploi se trouverait, en vertu du tarif ci-dessus, moins rétribué qu'il ne l'était précédemment, n'éprouvent aucune diminution sur leur traitement actuel, tant qu'ils demeureront attachés à l'École avec les mêmes fonctions.

67. Ceux de ces mêmes fonctionnaires qui jouissent d'une pension de retraite, subissent sur leur traitement à l'École, une réduction égale au montant de ladite pension, sauf les exceptions autorisées par la loi.

68. Il est exercé sur les appointemens des fonctionnaires et employés permanens de l'École, non militaires, les retenues déterminées par l'ordonnance du 26 mai 1832, au moyen desquelles ils ont droit à des pensions dont la quotité est réglée d'après les dispositions de l'ordonnance du 25 février 1816.

§. II. *Conseil d'administration.*

69. L'administration de l'École polytechnique est confiée à un

conseil dont les attributions et la responsabilité sont analogues à celles des conseils d'administration des corps de troupes

70. Ce conseil est composé ainsi qu'il suit :
Le commandant de l'École, président ;
Le commandant en second, vice-président ;
Le directeur des études,
Deux professeurs désignés par le conseil d'instruction ,
Deux inspecteurs des études, pris à tour de rôle par rang d'ancienneté à l'École ;
L'administrateur, en qualité de rapporteur, et ayant pouvoir du conseil ;
Le caissier, remplissant les fonctions de secrétaire.
Ces deux agens ont voix consultative.

71. Ce conseil tient deux séances chaque mois ; il se réunit en outre sous la convocation de son président, chaque fois que les besoins du service l'exigent.

Pour délibérer, la présence de la moitié plus un de ses membres ayant voix délibérative est indispensable.

72. Les membres amovibles du conseil d'administration sont renouvelés par moitié chaque année.

§. III. *Comptabilité.*

73. La comptabilité des dépenses de l'École polytechnique est réglée d'après les dispositions de l'ordonnance du 14 septembre 1822 , de l'instruction réglementaire du 30 novembre 1824 , et de la nomenclature du 25 décembre 1826.

74. L'officier général commandant l'Ecole et président du conseil d'administration est ordonnateur secondaire pour les dépenses de cet établissement.

75. Le conseil d'administration établit le budget des dépenses de l'École , qu'il soumet à l'approbation de notre ministre secrétaire d'état de la guerre, et il en règle et dirige l'emploi d'après la même autorisation.

76. Toute dépense non comprise au budget , et que le ministre n'aurait pas préalablement autorisée , reste à la charge du conseil d'administration.

77. Ce conseil d'administration établit par trimestre l'état des pensions dues par les élèves de l'Ecole et dont le recouvrement est effectué par les agens du trésor public.

78. Le montant ou partie du trousseau non fourni en nature par

les élèves, est versé immédiatement par les parens ou tuteurs à la caisse de l'Ecole.

Le conseil d'administration rend un compte particulier de l'emploi de ces fonds à notre ministre de la guerre.

79. Il est fait, sur la partie du budget affectée à l'entretien des élèves, un prélèvement destiné à l'entretien de la chaussure et autres menus objets. Le décompte de cette masse, dont le montant est fixé chaque année par le ministre sur la proposition du conseil d'administration, est faite chaque trimestre aux élèves.

80. L'intendance militaire est chargée de l'inspection administrative de l'Ecole polytechnique. Elle l'exerce d'après les règles établies par l'ordonnance du 19 mars 1823.

TITRE VIII.

Dispositions générales.

81. Les employés et agens subalternes nécessaires au service de l'Ecole sont nommés par le commandant de l'Ecole.

Le nombre de ces employés, leurs fonctions et leur traitement sont déterminés chaque année par un réglement discuté dans le conseil d'administration et soumis à l'approbation du ministre secrétaire d'état de la guerre.

82. Sont tenus de résider dans l'intérieur de l'établissement,
 1° Le commandant de l'Ecole,
 2° Le commandant en second,
 3° Le directeur des études,
 4° Les inspecteurs des études,
 5° Le capitaine instructeur,
 6° Les adjudans,
 7° L'administrateur,
 8° Le caissier,
 9° Le bibliothécaire,
 10° Le médecin-chirurgien,
 11° Le chirurgien sous-aide,
 12° Le garde général du matériel,
 13° Les gardes-casernes.

Le logement de chacun de ces fonctionnaires et agens est, en conséquence, désigné par le commandant de l'Ecole, d'après une base de répartition arrêtée par le conseil d'administration et approuvée par le ministre de la guerre.

Les autres agens et employés dont le service exige une présence continuelle, sont aussi logés dans l'établissement, autant que l'étendue des bâtimens peut le permettre.

83. Le logement du commandant est seul pourvu des meubles nécessaires, lesquels sont laissés à son usage, conformément aux dispositions de l'article 8 de l'ordonnance royale du 26 décembre 1827.

84. Un réglement de détail, ayant pour base les dispositions de la présente ordonnance, et arrêté par notre ministre de la guerre, détermine, d'une part, tout ce qui est relatif aux fonctions des divers agens et employés de l'Ecole, et, de l'autre, tout ce qui concerne l'administration en général, les dépenses et la comptabilité de cet établissement.

85. Toutes les dispositions contraires aux dispositions de la présente ordonnance sont révoquées.

36. Nos ministres de la guerre, du commerce et des travaux publics, de la marine et des finances, sont chargés, chacun en ce qui le concerne, de l'exécution de la présente ordonnance.

Signé **LOUIS-PHILIPPE.**

Par le Roi :

Le Président du Conseil, Ministre secrétaire d'État de la guerre,

Signé M^{al} Duc de Dalmatie.

CHAPITRE III

École d'application d'Artillerie et du Génie établie à Metz.

1. L'École du génie fut fondée à Mézières en 1748 ; elle fut transférée à Metz en 1794. L'École d'artillerie établie à Châlons fut réunie à celle du génie à Metz le 4 octobre 1802. Voyez pour les autres détails les divers faits rapportés dans le chapitre précédent. La meilleure manière de faire connaître ce bel établissement c'est de rapporter ici textuellement la dernière ordonnance qui en complète l'organisation.

ORDONNANCE *du roi relative à l'organisation de l'École d'application de l'artillerie et du génie.*

2.   Paris, le 5 juin 1831.

LOUIS-PHILIPPE, ROI DES FRANÇAIS,

A tous présens et à venir, salut.

Voulant apporter dans l'organisation de l'Ecole d'application de l'artillerie et du génie les améliorations dont cet établissement a été reconnu susceptible;

Vu, 1° l'arrêté du 12 vendémiaire an 11;

    2° le réglement général du 26 mars 1807;

    3° l'ordonnance du 8 août 1821;

    4° l'ordonnance du 12 mars 1832;

Sur le rapport de notre ministre secrétaire d'état au département de la guerre,

Nous avons ordonné et ordonnons ce qui suit:

TITRE PREMIER.

ÉTABLISSEMENT DE L'ÉCOLE.

ART. 1. Les élèves de l'École polytechnique qui auront été reconnus admissibles dans le service public par le jury d'examen de cette École, et qui se destineront à l'artillerie ou au génie, entreront à l'École d'application établie à Metz, pour y recevoir l'instruction spéciale propre à ces deux armes.

2. Notre ministre secrétaire d'État au département de la guerre déterminera, chaque année, le nombre des élèves à recevoir pour chacune des deux armes, d'après les besoins présumés du service.

TITRE II.

PERSONNEL DE L'ÉCOLE.

§. Iᵉʳ.—*État-major.*

3. Il sera attaché à l'Ecole d'application un état-major composé de:

Un maréchal de camp commandant en chef;

Un colonel ou lieutenant-colonel commandant en second, directeur des études;

Un chef d'escadron d'artillerie;

Un chef de bataillon du génie;

Trois capitaines d'artillerie de première ou deuxième classe;

Trois capitaines du génie *idem;*

Un chirurgien-major (docteur en médecine).

4. Le commandant en chef sera pris alternativement dans l'artillerie et dans le génie.

Le commandant en second sera choisi dans l'arme dont le commandant en chef ne fera pas partie.

Le commandant en chef et le commandant en second ne pourront pas rester à l'Ecole plus de six ans; il en sera de même de tous les autres officiers des deux armes attachés à l'état-major de l'Ecole.

Lorsque le commandant en chef de l'Ecole passera d'un arme à l'autre, la mutation du commandant en second s'ensuivra, et sera effectuée dans les six mois.

5. Le maréchal de camp commandant en chef sera spécialement chargé de l'exécution des ordonnances, réglemens et instructions concernant l'Ecole d'application. Son autorité s'étendra sur toutes les parties du service et de l'instruction. Il correspondra directement avec notre ministre secrétaire d'état au département de la guerre.

Le commandant en second sera chargé, sous l'autorité du commandant en chef, de la direction des études, de la surveillance, de la police et de la discipline des élèves; de la surveillance des ateliers de modèles et d'instrumens, et généralement de tous les détails du service et de l'administration de l'Ecole.

Les autres officiers de l'état-major, sous les ordres immédiats du commandant en second, seront chargés des différens détails du service, de l'instruction militaire pratique, de la police et de la discipline des élèves.

6. Le commandant en chef et le commandant en second seront nommés par nous, sur la présentation de notre ministre secrétaire d'état au département de la guerre.

Les autres officiers de l'état-major seront nommés par notre ministre secrétaire d'état au département de la guerre.

§. II. — *Professeurs.*

7. Le personnel attaché à l'enseignement sera composé ainsi qu'il suit :

1° Un professeur, pour l'application des sciences mathématiques à l'artillerie et aux constructions militaires ;

2° Un professeur de mécanique appliquée aux machines ;

3° Un professeur de fortification permanente, d'attaque et défense des places ;

4° Un adjoint ;

5° Un professeur d'art militaire et de fortification passagère ;

6° Un professeur d'architecture et de constructions militaires ;

7° Un professeur de géodésie et de topographie ;

8° Un maître de dessin pour tous les genres ;

9° Un professeur des sciences physiques et chimiques appliquées aux arts militaires ;

10° Un professeur de langue allemande ;

11° Un professeur d'hippiatrique et d'équitation ;

12° Un adjoint.

Le cours de nomenclature et de construction du matériel d'artillerie sera fait par un des officiers d'artillerie attachés à l'état-major de l'Ecole.

8. Les professeurs adjoints et maîtres seront nommés par notre ministre secrétaire d'état au département de la guerre.

Les professeurs de fortifications seront choisis parmi les officiers de l'état-major du génie en activité de service. Tous les autres professeurs de sciences appliquées, seront choisis parmi les officiers des deux corps d'artillerie et du génie.

10. Les professeurs, dans leurs cours, se conformeront à la marche prescrite par les programmes arrêtés par notre Ministre secrétaire d'état au département de la guerre.

Ils prendront, par l'entremise du commandant en second, les ordres du commandant en chef de l'Ecole, pour le temps et l'objet de l'enseignement, dans tous les cas non prévus par les réglemens.

§. III. — *Employés.*

11. Notre ministre secrétaire d'état au département de la guerre nommera les principaux employés attachés à l'Ecole d'application qui seront, autant que possible, choisis dans les deux armes ; savoir :

Un bibliothécaire-archiviste (pris parmi les anciens officiers des deux armes);

Un trésorier ;

Un artiste mécanicien en instrumens de mathématiques ;

Un adjoint ;

Un garde d'artillerie;

Un garde du génie.

12. Les employés subalternes nécessaires au service de l'École seront nommés par les deux conseils d'instruction et d'administration réunis, qui détermineront leur nombre et leur traitement. L'état de ces nominations et de ces traitemens sera soumis à l'approbation de notre ministre secrétaire d'état au département de la guerre.

TITRE III.

MATÉRIEL DE L'ÉCOLE.

13. Le bâtiment militaire de Saint-Arnoult restera affecté au service de l'École.

14. Notre ministre secrétaire d'état au département de la guerre fera établir ultérieurement le logement des élèves sur les terrains dépendans de Saint-Arnould.

Jusqu'à ce que de nouvelles constructions soient terminées, les pavillons de la Haute-Seille continueront d'être affectés au logement des élèves.

15. L'établissement de l'École comprendra:

Les logemens du commandant en chef, du commandant en second, du bibliothécaire et du trésorier;

Des pavillons pour loger au moins cent cinquante élèves, avec une infirmerie et des salles de bains;

Une bibliothèque militaire des sciences et arts;

Un local muni de tous les instrumens nécessaires pour les observations géodésiques;

Un cabinet de physique;

Un laboratoire de chimie;

Un cabinet d'histoire naturelle des minéraux et des végétaux susceptibles d'être employés dans les arts militaires;

Un cabinet de modèles et reliefs contenant les objets les plus importans pour le service des deux armes;

Une lithographie complète;

Les salles et ateliers propres aux travaux, essais, constructions, etc.;

Des hangards et salles d'exercice;

Un manège avec toutes ses dépendances;

Les magasins et parcs nécessaires;

Les instrumens, machines, outils et matériaux nécessaires aux travaux et expériences.

Une collection d'armes de divers genres, offensives et défensives, modernes et anciennes ;

Les machines et objets de tout genre servant aux manœuvres et aux transports.

16. Les polygones des Écoles régimentaires de l'artillerie et du génie serviront pour les manœuvres et exercices des élèves de l'École d'application.

TITRE IV.

ADMISSION DES ÉLÈVES A L'ÉCOLE.

17. Dans la première semaine du mois de décembre de chaque année, après l'expédition des brevets d'admission à l'École d'application, notre ministre secrétaire d'état au département de la guerre enverra au commandant en chef de l'École, l'état nominatif des élèves nouvellement reçus, d'après les examens de sortie de l'École polytechnique. Il joindra à cet état le signalement de chacun d'eux, et les procès-verbaux de leurs examens.

18. Les élèves seront rendus à l'École d'application au plus tard le 28 janvier de chaque année.

19. Les élèves resteront au moins deux ans, et trois ans au plus à l'École d'application. Ils y seront classés en deux divisions. La première division sera composée des élèves qui suivent les cours de la deuxième année ; la seconde division sera formée des élèves nouvellement admis, et de ceux qui n'auront pas pu passer à la première division

20. Les élèves, en arrivant à l'École, auront le rang de sous-lieutenant, et ils porteront les marques distinctives de ce grade. Ils n'en auront le brevet et ne seront classés définitivement dans leurs armes respectives, qu'après qu'ils auront satisfait aux examens de sortie et selon leur ordre de mérite.

TITRE V.

INSTRUCTION.

§. Ier — *Base de l'Enseignement.*

21. L'instruction qui sera donnée aux élèves de l'École d'artillerie et du génie comprendra :

1° L'instruction commune aux deux armes ;

2° L'instruction spéciale pour l'artillerie ;

3° L'instruction spéciale pour le génie.

22. L'instruction commune aux deux armes aura pour objet :

1° L'art militaire, la fortification passagère, la castramétation, la construction des ponts militaires ;

2° Un cours de machines ;

3° La chimie et la physique dans leur application aux arts militaires ;

4° L'architecture et les constructions militaires ;

5° Un cours sur la poussée des terres, la poussée des voûtes et la résistance des matériaux ;

6° La balistique ;

7° Le cours et la première partie du projet de fortification permanente, l'attaque et la défense des places ;

8° La géodésie, la topographie et le dessin ;

9° La langue allemande ;

10° Les exercices et manœuvres d'infanterie, de cavalerie et d'artillerie, ainsi que les travaux pratiques des deux armes ;

11° L'équitation et l'hippiatrique.

23. L'instruction spéciale pour l'artillerie comprendra :

1° La nomenclature raisonnée et les levers du matériel de l'artillerie.

2° Un cours sur les différentes parties du service d'artillerie,

3° Le tracé raisonné des bouches à feu et voitures.

24. L'instruction spéoiale pour le génie comprendra :

1° La deuxième partie du projet de fortification permanente ;

2° Le projet d'amélioration d'une place de guerre ;

3° Le complément des mines.

25. Les programmes généraux et particuliers des cours, travaux et exercices seront arrêtés par notre ministre secrétaire d'état au département de la guerre, d'après l'avis d'une commission mixte, composée d'officiers généraux et supérieurs des deux armes, et de l'examinateur civil de l'École. Tous les changemens et modifications qui pourront être proposés par le conseil d'instruction à ces programmes, devront être également soumis à l'examen d'une commission mixte des deux armes, et à l'approbation du ministre de la guerre.

26. Aucune personne étrangère à l'École ou au corps d'artillerie et du génie ne pourra participer à l'instruction ni aux exercices des élèves, sans notre autorisation spéciale.

§. II. — *Cours, Études et Exercices.*

27. L'ouverture des cours et exercices de l'École aura lieu le 1er

février de chaque année, pour la promotion arrivant de l'École polytechnique.

28. Les élèves seront habituellement occupés, au moins pendant six heures par jour, dans les salles d'instruction ou dans divers lieux qui leur seront assignés, non compris le temps des exercices et manœuvres.

Les jours de travaux ou exercices sur le terrain, le nombre d'heures sera fixé par le commandant de l'École.

29. Il y aura toujours un officier de service pour la surveillance des salles d'études de chaque division, les jours de travaux. Ceux des professeurs et adjoints que ces travaux concerneront y seront toujours présens.

Les jours de travail extérieur, le nombre des officiers de l'état-major de service sera augmenté, selon les besoins.

30. Le commandant en second fera, le 15 de chaque mois, l'inspection des travaux pour juger de leur état et de leur avancement.

Le commandant en chef fera, toutes les fois qu'il le jugera à propos, l'inspection des travaux des élèves.

§. III. *Conseil d'instruction.*

31. Il sera formé dans l'École un conseil d'instruction.

Ce conseil sera composé ainsi qu'il suit :

Le commandant en chef, président ;

Le commandant en second, directeur des études, vice-président ;

Le chef d'escadron d'artillerie ;

Le chef d'escadron du génie ;

Trois professeurs.

Un des capitaines employés à l'état-major de l'École remplira les fonctions de secrétaire, sans voix délibérative ; il sera nommé, chaque année, par l'inspecteur général, sur la proposition du commandant en chef. Le même officier pourra être désigné de nouveau.

Deux des professeurs, membres du conseil d'instruction, seront toujours pris : l'un parmi les professeurs qui sont chargés des cours des sciences mathématiques appliquées, l'autre parmi les professeurs de fortification.

32. Tous les ans, à l'époque de l'inspection générale, le conseil d'instruction sera renouvelé dans sa partie amovible. A cet effet, le lieutenant général, président du jury, présentera à notre mi-

nistre de la guerre, la liste des trois professeurs qui devront faire partie de ce conseil pendant la session suivante. Les mêmes membres pourront être nommés de nouveau.

Les autres professeurs et les adjoints, ainsi que les officiers d'état-major, pourront y être appelés par le président, et ils y auront voix consultative.

33. Le conseil sera chargé :

1° D'arrêter les programmes particuliers des énoncés et données de problèmes, et des projets que devront traiter les élèves, en se conformant aux programmes généraux prescrits par l'art. 26 ;

2° De proposer aux programmes généraux tous les perfectionnemens que l'expérience indiquera ;

3° De déterminer, sur la proposition des professeurs, la série des expériences ou manipulations que les élèves seront chargés de faire ;

4° D'arrêter l'état des travaux qui seront exécutés dans les ateliers de l'École, pour la construction des instrumens et des modèles ;

5° Du choix des livres, cartes et mémoires à acquérir pour la bibliothèque de l'École ;

6° De proposer la répartition des fonds annuels et extraordinaires, et des matières de consommation, à toutes les parties de l'instruction ;

7° De former à la fin de chaque année, une liste de classement provisoire des élèves de chaque arme, et l'état des notes individuelles ; dans ce dernier cas, tous les professeurs seront appelés au conseil d'instruction avec voix délibérative.

34. Le conseil adressera à notre ministre secrétaire d'état au département de la guerre, les observations qui lui paraîtront utiles dans l'intérêt de l'enseignement et de la discipline. Il se réunira toutes les fois que le commandant en chef le jugera convenable, et, de droit, au moins une fois tous les deux mois, pour entendre le rapport qui lui sera présenté par le commandant en second, sur le mode et les progrès de l'instruction, ainsi que les comptes que chaque officier ou professeur rendra de la partie d'enseignement dont il sera chargé.

35. A la fin de chaque semestre, le conseil d'instruction de l'École rendra compte à notre ministre secrétaire d'état au département de la guerre, de l'état des travaux faits par les élèves, ainsi que de leur conduite en faisant connaître les causes légitimes du retard de ceux qui ne seraient pas au courant. Les éloges ou les reproches, et même les punitions auxquels ces communi

cations pourront donner lieu de la part du ministre seront mis à l'ordre de l'Ecole.

36. Chaque année , avant la réunion du jury d'examen, le conseil d'instruction tiendra une session extraordinaire , dont tous les officiers et professeurs feront partie , et dans laquelle ils présenteront par écrit, leurs observations sur toutes les parties de l'enseignement, ainsi que les propositions auxquelles elles donneront lieu , pour être examinées et discutées par ce conseil.

37. L'époque où les élèves de la deuxième division seront appelés à passer dans la première , le conseil d'instruction rendra compte au jury de l'instruction acquise par les élèves pendant la première année d'études , ainsi que de leur conduite. Le jury procédera à leur égard , ainsi qu'il est dit aux art. 58 et 59 de la présente ordonnance.

38. Les délibérations du conseil d'instruction seront consignées sur un registre. Les procès-verbaux de ses séances seront adressés à notre ministre secrétaire d'état de la guerre par le commandant en chef dans la semaine qui suivra celle de la séance.

Une copie des procès-verbaux de la session extraordinaire de la fin d'année , sera remise au jury d'examen qui pourra également prendre connaissance des délibérations et des avis consignés au registre des délibérations du conseil.

39. Les délibérations du conseil qui ne comporteront que les dispositions relatives au service courant, recevront de suite leur exécution ; celles qui contiendront des propositions et projets de changemens de quelque nature que ce soit, ne pourront avoir leur effet que lorsqu'elles auront été approuvées par notre ministre secrétaire d'état de la guerre, après avoir été soumises à l'examen d'une commission mixte des deux armes.

TITRE VI.

TENUE , POLICE ET DISCIPLINE.

40. L'uniforme des élèves sera, habit , paremens, revers et collet bleus , passepoil et doublures rouges , grenades d'or aux pans ; gilet et pantalons bleus, bottines noires, schakos et épée, pompon et aigrette des compagnies d'élite, épaulettes d'or, bouton jaune timbré d'un canon et d'une cuirasse ; redingote bleue pour la petite tenue.

41. Pour les manœuvres et exercices , les élèves seront sans épaulettes d'officier et sans épée, l'armement et l'équipement des-

tinés à cet usage seront réunis dans une salle d'armes et soignés par un employé de l'administration de l'Ecole.

42. La police de l'Ecole est confiée aux officiers de l'état-major, sous la surveillance particulière du commandant en second et sous l'autorité du commandant en chef.

43. La surveillance du commandant et des officiers d'état-major sur les élèves, s'étendra, en tout temps, au dedans et au dehors de l'Ecole.

44. Le commandant en chef et le commandant en second pourront seuls ordonner la salle de police ou la prison. La consigne au pavillon pourra être ordonnée par tous les officiers attachés à l'École.

Les lois pénales et de police militaire seront au surplus observées en tout point.

45. L'exclusion d'un élève de l'Ecole ne pourra être prononcée que par nous, sur le rapport de notre ministre secrétaire d'état de la guerre, après qu'il aura pris l'avis du comité de l'arme à laquelle appartiendra l'élève.

L'élève inculpé sera entendu dans sa défense.

46. Notre ministre secrétaire d'état de la guerre arrêtera les réglemens de détails relatifs à la police et à la discipline de l'Ecole, en prenant pour bases les bases de la présente ordonnance, et celles des réglemens militaires actuellement en vigueur.

TITRE VII.

EXAMEN ET SORTIE DES ÉLÈVES.

47. Il sera formé un jury pour procéder aux examens de sortie des élèves composant la première division de l'École d'application de l'artillerie et du génie.

Il sera composé,

D'un lieutenant-général, président du jury, lequel sera pris alternativement dans l'un et l'autre corps, et sera chargé en même temps de l'Inspection générale de l'École ;

D'un maréchal de camp d'artillerie ;

D'un maréchal de camp du génie ;

D'un officier supérieur d'artillerie, } examinateurs ;
D'un officier supérieur du génie, }

D'un examinateur civil, pour les sciences physiques et mathématiques appliquées, lequel sera l'un des deux examinateurs de l'artillerie ou du génie.

48. Les officiers généraux et supérieurs attachés à l'École ne pourront faire partie de ce jury.

49. Les membres du jury seront désignés, chaque année, par notre ministre secrétaire d'état de la guerre.

50. Le jury d'examen s'assemblera, chaque année, à Metz, le 1er janvier.

51. Les examens se feront successivement par les trois examinateurs et en présence du jury.

Lorsque les examens seront terminés, le jury procédera au classement définitif des élèves. A cet effet, il se fera représenter le registre des notes sur chacun des élèves, ainsi que les tableaux d'évaluation des travaux, et le classement provisoire qui aura été arrêté par le conseil d'instruction de l'École, pour y avoir égard, en faisant intervenir dans le classement définitif des élèves, les notes et le classement provisoire de l'Ecole.

52. Les élèves que le jury jugera suffisamment instruits, seront admis dans l'arme à laquelle ils sont destinés, et y seront classés définitivement, suivant l'ordre déterminé par le jury d'examen.

53. Les élèves qui n'auraient pas complété leurs travaux, et que le jury d'examen reconnaîtrait néanmoins posséder une instruction suffisante pour être admis dans l'artillerie ou le génie, seront classés dans la promotion sortante; mais ils resteront à l'École jusqu'à ce qu'ils aient terminé leurs travaux arriérés, sans cependant que ce délai puisse s'étendre au-delà du 1er avril.

54. Les élèves dont l'instruction serait incomplète, pour cause de maladie ou autres motifs excusables, ce qui devra être constaté par une déclaration du jury d'examen, resteront de droit une troisième année à l'École.

55. Les élèves qui, pour motif d'inconduite ou de négligence, ne seront pas reconnus admissibles par le jury d'examen, ne pourront être autorisés à passer une troisième année à l'Ecole, que sur la demande spéciale du jury.

56. Les élèves qui, n'ayant pas été jugés admissibles après deux ans d'études à l'Ecole d'application, y auront passé une troisième année, concourront avec les élèves de la promotion sortant cette même année, pour être classés et prendre rang avec eux. La date de leur nomination au grade de sous-lieutenant sera fixée à la

même époque que pour les élèves de cette promotion sortante.

57. Les élèves qui, après avoir passé trois années à l'École d'application seront déclarés inadmissibles par le jury d'examen, ne pourront pas entrer, comme officiers, dans les corps de l'artillerie et du génie.

58. Lorsque, conformément à l'article 37 de la présente ordonnance, des élèves de la deuxième division auront été signalés à l'attention du jury d'examen, pour retard dans leurs travaux par défaut de zèle ou de conduite, leurs travaux seront examinés par le jury, qui décidera, s'il y a lieu, de proposer au ministre l'admission de ces élèves dans la première division, ou de les faire rester dans la deuxième division, avec la promotion nouvelle, auquel cas ils prendront leur rang d'ancienneté, concourront avec cette promotion, et seront soumis aux mêmes chances que les élèves entrans, sans toutefois que leur séjour à l'École puisse avoir une durée de plus de trois années.

59. Lorsque le jury d'examen proposera au ministre le redoublement de la première année d'études, pour un élève de la seconde division, il fera connaître, avec détail, les motifs de sa proposition.

60. Le jury constatera les opérations relatives aux examens par un procès-verbal qui sera adressé par le lieutenant-général président à notre ministre secrétaire d'état de la guerre.

61. Les élèves, à leur sortie de l'École, auront un congé jusqu'au 1er avril.

62. En conséquence du temps consacré par les élèves à leur instruction, tant pour les études à l'École polytechnique, que pour celles antérieures à leur admission à cette École, il sera compté à chacun d'eux, soit pour la retraite, soit pour l'obtention des décorations militaires, quatre années de service d'officier à l'instant de son admission à l'École d'application.

63. Indépendamment des opérations relatives aux examens, le jury délibérera sur le procès-verbal et le rapport de la session extraordinaire annuelle du conseil d'instruction. Il examinera les propositions qui y seront faites et y joindra ses observations, ainsi que celles qu'il croira devoir faire sur les méthodes d'enseignement suivies ; il proposera les perfectionnemens que l'état des arts et des sciences rendraient nécessaires.

TITRE VIII.

ADMINISTRATION.

§ Ier. *Conseil d'administration.*

64. L'École aura un conseil d'administration composé ainsi qu'il suit :

Le commandant en second , président ;
Le chef d'escadron d'artillerie ;
Le chef de bataillon du génie ;
Un capitaine (lequel sera pris dans l'arme dont ne fera pas partie le commandant en second) ; Un professeur; } Désignés par le lieutenant-général inspecteur.
Le trésorier-secrétaire (sans voix délibérative).

65. Ce conseil est chargé :

1° Des détails de l'administration et de la comptabilité ;

2° D'après les propositions du conseil d'instruction (art. 33), de faire la répartition des fonds reçus , aux dépenses à faire , et celle des matières de consommation aux différentes parties du service ;

3° De faire les marchés , acquisitions et réceptions ;

4° De faire dresser, de reconnaître et arrêter les inventaires.

66. Ce conseil rendra compte des dépenses à notre ministre secrétaire d'état au département de la guerre , suivant les règles de la comptabilité du génie.

67. Le conseil d'administration pourra être assemblé d'après l'ordre du commandant en chef, toutes les fois qu'il le jugera convenable.

Le commandant en second , président de ce conseil , pourra également le convoquer, toutes les fois qu'il sera nécessaire , en prévenant le commandant en chef.

68. Les séances du conseil seront consacrées à la vérification de la comptabilité , à arrêter le registre de caisse , à s'assurer que les fonds ont reçu la destination qui leur aura été assignée par les états de répartition , et à vérifier la comptabilité des matières de consommation.

69. Le procès-verbal de chaque séance du conseil d'administration sera consigné sur un registre particulier.

§ II. — *Comptabilité.*

70 La caisse sera tenue par le trésorier.

71. Les projets de dépense annuelle seront de deux sortes :
1° Les projets de dépenses ordinaires , soit fixes , soit variables ;
2° Les projets de dépenses extraordinaires.

72. Les fonds annuels et ordinaires seront applicables aux articles de dépenses ci-après :
1° Traitemens des employés autres que ceux soldés sur revue ;
2° Entretien des bâtimens ;
3° Entretien du mobilier à l'usage de tout l'établissement ;
4° Entretien courant de la bibliothèque , consistant en abonnemens aux ouvrages périodiques des sciences et des arts , achats de livres , cartes et mémoires , reliure et entretien de livres ;
5° Fourniture gratuite du papier, plumes , crayons , encre , couleurs et menus objets de bureau , aux élèves et à l'administration , impression des programmes des cours , travaux , etc., et règlemens à délivrer aux élèves.
6° Achats de substances et ustensiles nécessaires aux expériences et enseignemens physico-mathématiques et chimiques ;
7° Construction des instrumens et modèles dans les ateliers de l'École ;
8° Chauffage et éclairage de l'École et de l'administration ;
9° Travaux extérieurs pour les exercices pratiques , les levers , les constructions de batterie , simulacres de siège , etc. (Les outils et la poudre seront fournis par les directeurs d'artillerie et du génie , sur la demande du commandant en second , approuvée par le commandant en chef) ;
10° Pansement et ferrage des chevaux de l'École , et entretien de la sellerie. (La nourriture des chevaux sera tirée des magasins militaires , comme pour les chevaux de troupes) ;
11° Dépenses courantes de l'infirmerie ;
12° Menus frais d'administration.

73. Les projets de dépenses extraordinaires et demandes de fonds seront faits séparément pour chaque article , et appuyés de mémoires et procès-verbaux des délibérations du conseil d'instruction ou du conseil d'administration , suivant la nature de la dépense.

§ III. — *Appointemens.*

74. Les officiers généraux, supérieurs et autres, faisant partie l'état-major de l'École, ou chargés des fonctions de professeurs, ainsi que le chirurgien-major et les employés militaires, jouiront du traitement d'activité de leur grade ; et, en outre, à titre d'indemnité pour service extraordinaire, du tiers en sus de leurs appointemens.

75. Le traitement des professeurs et employés civils est fixé de la manière suivante :

Pour les professeurs des sciences. . . . . 4,000 fr.
Pour les adjoints. 2,400
Pour le professeur de langue allemande. . . . 2,000
Pour le professeur d'équitation, la solde et les indemnités d'un capitaine d'artillerie à cheval ;
Pour l'adjoint au professeur d'équitation, la solde et les indemnités d'un lieutenant d'artillerie à cheval ;
Pour le bibliothécaire. . . . . 2,400 fr.
Pour l'artiste mécanicien. 2,000
Pour son adjoint. 1,200
Pour le trésorier. 2,500

76. Les professeurs et leurs adjoints, l'artiste et son adjoint, après dix ans révolus de l'exercice de leurs fonctions, jouiront d'une augmentation qui sera

1/5ᵉ en sus de leur traitement, de 10 à 15 ans ;
1/3   *Idem* ,   de 15 à 20 ans ;
1/2   *Idem* ,   au-dessus de 20 ans.

77. Les officiers remplissant les fonctions de professeurs ou d'adjoints, dont les appointemens, avec le tiers en sus, ne s'éleveraient pas au *minimum* du traitement des professeurs civils ou de leurs adjoints, recevront, sur les fonds de l'École, une indemnité qui élève leurs appointemens à ce taux. Ils auront droit à l'augmentation progressive spécifiée dans l'article précédent.

78. Les élèves jouiront de la solde annuelle de 1,300 francs.

79 Les employés militaires et civils de l'École jouiront, selon qu'ils y auront droit, de l'indemnité de logement ou d'ameublement, qui leur est allouée suivant leur grade, et d'après les réglemens militaires.

TITRE IX.

DISPOSITIONS GÉNÉRALES.

80 Les programmes des cours et travaux, ainsi que le texte de ces cours, qui sont imprimés ou lithographiés, seront distribués gratuitement aux officiers de l'état-major, aux professeurs et adjoints, et aux élèves ; tous les officiers des deux armes qui en feront la demande, les obtiendront moyennant le remboursement des frais d'impression, d'après un tarif arrêté par le conseil d'administration.

81. La garde et le service militaire de l'École seront confiés aux régimens d'artillerie et du génie en garnison à Metz.

82. Le commandant en chef s'entendra avec le commandant des écoles régimentaires de l'artillerie et du génie, pour qu'au besoin les élèves soient assistés dans leurs travaux ou exercices par un nombre suffisant de sous-officiers et canonniers, sapeurs ou mineurs, et pour que les élèves, lorsqu'ils se rendront en corps au polygone, ou aux autres lieux d'exercices généraux, soient précédés de tambours.

83. Notre ministre secrétaire d'état au département de la guerre fera connaître sans retard, au commandant en chef de l'École, les innovations importantes qui seraient introduites soit dans le matériel de l'armée, soit dans les règlemens généraux ou dans les règlemens particuliers de l'artillerie ou du génie. Il lui enverra les modèles, au fur et à mesure qu'ils seront arrêtés.

84. Nonobstant les dispositions des articles 9 et 11 de la présente ordonnance, les professeurs et adjoints actuellement à l'École, et qui ne font pas partie des deux corps de l'artillerie et du génie, continueront à remplir les fonctions dont ils sont titulaires.

Il en sera de même des employés à divers titres qui ne sont pas compris dans la nouvelle organisation.

85. Toutes dispositions contraires à la présente ordonnance sont et demeurent abrogées.

86. Notre ministre secrétaire d'état au département de la guerre est chargé de l'exécution de la présente ordonnance.

Signé LOUIS-PHILIPPE.

Par le Roi :

Le Ministre secrétaire d'État de la guerre.
Signé M^{al} DUC DE DALMATIE.

CHAPITRE IV

Corps du Génie.

FAITS HISTORIQUES.

1. La fortification des places dans le moyen-âge n'avait rien qui la distinguât de l'architecture, et les seigneurs ou les officiers du prince en dirigeaient la construction. Dans les sièges, les machines de guerre qui n'étaient pas comprises dans la classe des artilleries, portaient le nom d'*engins*, en latin celui d'*ingenia*, mots synonimes dans les deux langues au propre et au figuré. Telles étaient les machines que l'on construisait sur place, toutes les

machines, et par extension, tous les travaux de brèche et d'approche. Il y avait à la suite des armées des mineurs ou *minours*, des *picteurs*, des *fossiers*, des charpentiers et d'autres ouvriers militaires ; leurs chefs se nommaient *engigneurs*, *engignours* ou maîtres *d'engins* : ils avaient au-dessus d'eux le *sire des engigneurs*, qui prenait les ordres du grand-maître des arbalestriers.

2. Après l'invention de la poudre, les bouches à feu seules, et de loin, ouvrant toutes les brèches, l'artillerie suffit dans les siéges et les engigneurs disparurent. Avec la fortification moderne, on vit paraître sous le nom d'*ingénieurs* des hommes qui se vouaient aux travaux des places ou des siéges. Tels étaient les chevaliers Relogio, les deux Marini et d'autres Italiens qui suivirent en France Catherine de Médicis : ils bâtirent Brouage et dirigèrent les travaux dans les belles défenses de Perpignan, de Saint-Dizier et de Metz : plusieurs y périrent avec gloire. Émules ou disciples de ces braves étrangers, des ingénieurs français conduisirent, dans ce même temps, les attaques d'Orléans et de Chartres : Charamond seconda Bayard et Montluc : Cressan et Chinon furent tués sous la Rochelle et Poitiers. Depuis cette époque on vit les ingénieurs se multiplier et former un corps militaire dont les accroissemens suivirent ceux des frontières et des armées. Assimilés pour les grades et les récompenses au reste des militaires, ils ont été, pour le service, divisés en trois classes, sous les titres d'intendans, de commissaires ou de directeurs des fortifications, de sous-directeurs ou d'ingénieurs en chef, d'ingénieurs du roi et d'officiers du génie. Depuis on a, dans cette arme, comme dans les autres, créé des inspecteurs-généraux. A la tête des ingénieurs, on voit, dès 1552, un surintendant des fortifications. M. Serré avait ce titre au siége d'Orléans ; Sulli, le marquis de Bethune, Abel Servien, Sublet-Desnoyers, le Tellier et Louvois, l'exercèrent ensuite, (1610-66). Depuis Sublet, cette place fut remplie par les secrétaires d'état de la guerre, et se perdit sous Louvois, dans leurs attributions. On la rétablit, sous le rapport de l'art, dans l'office du commissaire-général des fortifications. Vauban, dans cet emploi, succéda au chevalier de Clerville, et n'eut point de successeur, (1662-79-1707). Après la mort de Louvois, les fonctions administratives de la surintendance furent données, avec le titre de directeur-général des fortifications, à M. Lepelletier de Souzé et après lui au maréchal d'Asfeld (1693-1715-1743). Dans le reste du siècle le corps du génie demeura sous les ordres immédiats du ministre de la guerre. On lui rendit ensuite, comme à l'artillerie, un chef pris dans son sein, et la charge de premier inspecteur-général du génie devint un grand office de la couronne.

3. Pour les travaux des places, l'ingénieur trouve dans les ouvriers et les matériaux du pays, tous les moyens d'exécution. Mais les sapes et les mines exigent dans les sièges une troupe exercée, et des outils particuliers. L'artillerie fut chargée de fabriquer ces outils, comme la poudre et les armes portatives, de les distribuer et de payer les travaux des sièges sur les certificats des ingénieurs. On entretenait quelques mineurs ; le reste et les sapeurs étaient pris à l'instant du besoin parmi les soldats les plus intelligens ; mais il fallait pour chaque siège en former de nouveaux. Vauban proposa, en 1668, de lever un régiment de *sapeurs*. Deux ans après, on en créa une compagnie : mais elle fut attachée au premier régiment des fusiliers, et s'appliqua, comme ce corps, au service de l'artillerie. Après le siège de Philisbourg (1668), Vauban réclama, de nouveau, avec instance, des sapeurs voués aux seuls travaux des sièges. Malgré toute l'autorité de son nom, la mort de Louvois, le désordre des finances et les malheurs de la guerre, firent encore avorter ce projet qui fut enfin réalisé en 1671. La création des *mineurs* éprouva moins d'obstacles. Des ingénieurs distingués tels que Mesgrigné (1673), Goulon (1693), Esprit (1697), en formèrent plusieurs compagnies ; elles furent placées pour le service, sous les ordres du commissaire-général des fortifications ; pour les détails de l'administration on les mit à la suite de l'artillerie ; celles d'Esprit et de Mesgrigni en 1697 et 1705 ; les autres à l'époque même de leur formation. Elles se mêlerent à ce corps : leurs officiers y furent pris ; plusieurs y reçurent des emplois, et Vallière, élève et successeur de Goulon dans les mineurs, fut porté par son talent et ses services à la tête de l'artillerie. En 1720, les sapeurs et les mineurs furent réunis entre eux et confondus avec les canonniers dans le régiment royal d'artillerie. Neuf ans après, on les remit en compagnie, les mineurs à la suite, et les sapeurs dans les régimens (1729) ; mais c'est le service et non le titre qui fait la troupe : les sapeurs devinrent des ouvriers d'artillerie, aussi étrangers à la sape que les grenadiers au jet des grenades. Les mineurs, moins dépendans, conservèrent leurs exercices, mais ils ne réglèrent point assez leur sytême sur la fortification, et les ingénieurs, dans les projets des places et des sièges, commencèrent à négliger les ressources ou les les lois de la guerre souterraine. Dans les sièges, les mineurs et les sapeurs commandés par des chefs pris dans l'artillerie, ne passaient qu'avec peine sous les ordres du commandant des ingénieurs, et ces officiers manquaient à la fois de l'habitude et de l'autorité qu'exige le commandement des troupes.

4. Cependant ces relations, et celles qu'exigeait la distribution

des outils et le paiement des travaux, mêlaient au service d'un certain nombre d'officiers d'artillerie, quelque chose du service de l'ingénieur. A ces points de contact se joignaient ceux que forment entre les deux cops, l'emplacement des batteries dans les sièges, la construction des ponts, et les projets de quelques bâtimens, tels que les magasins à poudre et les arsenaux; alors se manifesta, entre ces corps, une rivalité utile ou préjudiciable à l'état, selon qu'elle eut pour objet la perfection du service, ou le nombre des attributions. Il importait de conserver cette émulation, et d'en corriger l'excès. Le remède était simple et naturel; il ne s'agisait que de mieux distribuer les fonctions, et de régler les rapports des deux armes, en prenant pour base la nature de leur service principal. Mais les mesures les plus simples ne sont presque jamais celles qui s'offrent les premières à l'esprit, ou qui s'accordent avec l'intérêt et les passions des hommes. On réunit les deux corps, en décembre 1756. Les travaux de l'artillerie et de la fortification demeurèrent séparés sur les frontières : à l'armée et dans les sièges, les officiers furent indistinctement chargés des deux services. Les généraux se plaignirent bientôt de toutes les fautes que peuvent commettre des officiers vieillis dans un art et tout à coup forcé d'en exercer un autre. La mesure avait elle-même des vices essentiels et qui ne dépendaient ni du temps, ni du mode d'exécution. Si l'on considère les analogies et les différences de tous les services, on voit que leurs sphères se touchent, mais ne se confondent pas : et la marche de tous les arts prouve qu'au lieu de se réunir, ils se divisent à mesure qu'ils se perfectionnent, et trouvent, dans leur division même, une source de nouveaux progrès. Les deux corps furent séprarés, (en mars 1758). On rendit même les mineurs et les sapeurs au corps du génie : mais on ne prit aucune mesure pour lier entre eux ces élémens si long-temps divisés ; et ces troupes furent une seconde fois attachées à l'artillerie (1760-61).

5. Malgré des dispositions si contraires au but primitif de Vauban, on sentait tellement le besoin d'un corps de troupes spécialement destiné aux travaux militaires, soit de paix soit de guerre, qu'on se vit obligé de créer, en 1776, des bataillons de *pionniers* qui, à peu de chose près, eurent les mêmes attributions que nos sapeurs actuels. Ils furent fondus dans les douze bataillons de *sapeurs* que la Convention créa par décret du 25 frimaire an XI (15 décembre 1793), et qu'elle attacha définitivement au corps du génie, qu'ils ont illustré depuis par tant de faits d'armes éclatans.

6. En 1814 (12 mai), on réorganisa le corps du génie, dispersé

comme les autres débris de cette héroïque armée qui fut vaincue,
non par l'Europe, mais par l'indifférence et la lassitude de ses
concitoyens. Il fut composé d'un état-major, de trois régimens
de sapeurs et mineurs, à six compagnies par chacun des deux
bataillons, d'une compagnie d'ouvriers, d'une compagnie du train
du génie, d'une école d'élèves, de trois écoles régimentaires et
des gardes du génie. A son retour de l'île d'Elbe, Napoléon
blâma cette organisation par régiment. Il n'y fit toutefois aucun
changement pendant sa courte administration des cent jours. Le
6 septembre 1815, on licencia les troupes du génie et on fixa les
bases de leur organisation. Les places fortes privées d'officiers du
génie, tombaient dans le désordre administratif; Louis XVIII
sentit la nécessité de ce corps dont il croyait avoir à se plaindre,
mais qu'il ne pouvait remplacer. Une ordonnance du 22 septembre 1815 réorganisa l'état-major. Depuis cette époque, diverses
modifications peu importantes ont eu lieu. L'état-major réduit à
350 officiers en 1817, fut reporté à 400 en 1824. Le 27 octobre de
cette même année, chacun des trois régimens du génie dut être
composé de trois bataillons et d'une compagnie de dépôt; son pied de
paix fut fixé à 2,604 hommes, et son pied de guerre à 3,756; mais les
troisièmes bataillons ne furent jamais formés, et la dernière organisation de ce corps (13 décembre 1829), consacre de nouveau le principe des deux bataillons par régiment.

7. C'est ainsi, qu'après plusieurs tâtonnemens, le corps du génie est enfin devenu l'une des quatre armes dont le mélange, dans
le système de guerre moderne, constitue l'armée. Les régimens
de sapeurs mineurs sont instruits aux travaux des sièges : ces régimens forment la troupe, et les ingénieurs, l'état-major d'un seul
et même corps. Sous le nom de gardes du génie, des sous-officiers de mineurs et de sapeurs s'exercent aux manœuvres d'eau,
conduisent les ateliers et veillent à la conservation du domaine
militaire de l'état. D'utiles institutions, des écoles, des examens,
des exercices et des simulacres de sièges établis vers le milieu
du XVIIIe siècle (1748), ont été perfectionnés et préparent au
service des armées et des places, les officiers et la troupe. Leur
distribution aux armées est coordonnée à l'ordre de bataille. Un
train et des équipages d'outils donnent aux sapeurs et aux mineurs
le matériel de leur service : ces soldats industrieux et braves,
chargés d'un fusil et d'un outil chacun, se distinguent dans les
passages de rivières et des défilés, l'attaque et la défense des retranchemens et des places : à leur tête, les ingénieurs se forment
aux manœuvres et au commandement des troupes, et apprennent
à ne point séparer la fortification de la guerre.

8. Toutefois, quelques officiers instruits ont trouvé plusieurs choses à blâmer dans l'organisation actuelle. Il semble, par exemple, que dans la séparation qui a eu lieu avec l'artillerie, on aurait pu tracer plus nettement la ligne de démarcation qui existe entre les attributions des deux armes. Lorsqu'il s'agit d'établir de grands ponts pour lesquels un matériel considérable est transporté, à grands frais à la suite de l'armée, c'est à l'artillerie qu'on en confie l'exécution. Si au contraire, les matériaux ne sont pas préparés d'avance, qu'il faille improviser un pont par tous les moyens possibles, on a recours au corps du génie. Pourquoi employer deux armes au même but, lorsqu'une seule peut suffire? Sans prétendre jeter aucune espèce de défaveur sur le corps si éminemment distingué de l'artillerie, ne serait-il pas permis de faire observer qu'en général le génie est destiné à *créer* ou à *surmonter* les obstacles *matériels*, et que dès lors le passage des rivières semble devoir rentrer totalement dans ses attributions.

9. D'une autre part, on s'est élevé souvent, et peut-être avec juste raison, sur ce que l'organisation actuelle par régiment, en tenant les troupes du génie constamment agglomérées en trois corps, les rend inutiles en temps de paix. Ces troupes dont l'objet primitif devait être d'exécuter les travaux de place et de guerre, ne remplissent, en effet, que ce dernier but. Quinze ans de paix ne sont pour elles que quinze ans d'école, pendant lesquels on les voit sans cesse occupées à faire et à défaire les mêmes travaux. On a voulu avoir des régimens, par la seule raison que l'infanterie en avait. On a divisé les bataillons en six ou en huit compagnies, toujours par un simple calcul d'imitation. On a trop négligé de se rendre compte du but spécial de l'institution des troupes du génie, et on a trop oublié que lorsqu'elles sont réellement utiles, soit à l'armée, soit dans les places, elles servent, non par grandes masses, mais presque toujours isolées.

10. Si ces reproches sont fondés, peut-être y aurait-il un moyen de concilier l'intérêt de la discipline et de l'instruction, qui ne peuvent être satisfaites qu'au milieu des grandes agglomérations, avec les besoins réels du service qui exigent que ces troupes soient disséminées. Supposons que la France ait deux armées sur les frontières de l'Est, une sur les frontières d'Espagne et une armée de réserve. Chaque armée se divise assez habituellement en trois corps, il y aura douze corps d'armées qui suffiront, dans les cas ordinaires, soit pour l'offensive soit pour la défensive. Si nous voulons fournir à ces corps l'élément de l'arme du génie qui leur est nécessaire, il nous faudra donc douze bataillons. Mais, d'après leur importance relative et les vrais besoins du service,

nous les composerons seulement de trois compagnies de sapeurs et d'une compagnie de mineurs, chacune ayant cent cinquante hommes en tout temps, et nous obtiendrons ainsi, sans effort, ce qui a lieu presque toujours à l'armée où l'on voit rarement plus de quatre compagnies de sapeurs marcher ensemble. En temps de paix nous répartirons ainsi les bataillons, tant pour les exigences du moment que pour les prévisions de la guerre : deux à Bayonne, un à Perpignan, un à Toulon, deux à Grenoble, un à Besançon, un à Strasbourg, deux à Metz, un à Mezière, un à Lille. Les trois écoles du génie seraient établies sous la surveillance et l'autorité de trois colonels, dans les places de Bayonne, de Grenoble et de Metz, qui contiendraient également les trois compagnies du train. Ce seraient là les foyers d'où sortiraient les bonnes méthodes; et les chefs de bataillon des corps détachés, ne seraient pris que parmi les officiers qui y auraient servi assez long-temps pour s'en bien pénétrer. Les troupes du génie travailleraient aux fortifications des villes de guerre d'après de réglemens établis à cet effet. Les bataillons alterneraient entre eux ou se répartiraient dans les places, grandes et petites, suivant les besoins du service, et toujours dans un certain rayon de la même place centrale d'*école*. De Bayonne dépendraient trois bataillons, de Grenoble quatre, et de Metz cinq. Quant à la comptabilité, il faudrait qu'en tout temps, chaque compagnie, indépendante, s'administrât à part; et que le chef de bataillon, image en cela du colonel lui-même, chef suprême en tout ce qui concernerait l'ordre du travail, la discipline et la guerre, ne fût, à cet égard, qu'une sorte d'inspecteur qui tient la main à ce que les réglemens soient exécutés.

11. C'est là un projet dont l'exécution pourrait bien avoir son degré d'utilité. Nous pensons toutefois qu'il est inutile de le développer davantage ; on en sentira aisément la raison.

ORGANISATION. (Ordon. du 13 décembre 1829.)

12. *Composition.* Le corps royal du génie est composé :

1° D'un état-major, comprenant :

- 12 officiers généraux ;
- 400 officiers de l'état-major (24 septembre 1831), les élèves du génie, un examinateur des élèves ;
- 9 professeurs des écoles régimentaires ;
- 506 gardes du génie et ouvriers d'état.

2° Des troupes du génie, savoir :
{
3 régimens du génie,
1 compagnie d'ouvriers,
1 compagnie de vétérans. (19 novembre 1831.)
}

15. *État-major.* Les douze officiers-généraux sont :

    1 Lieutenant-général, président du comité des fortifications ;

    3 Lieutenans-généraux, membres du comité.

    8 Maréchaux-de-camp, membres du comité.

Ils comptent dans le cadre de l'état-major général de l'armée.

Les quatre cents officiers de l'état-major se composent de (2 septembre 1831) :

    25 Colonels ,

    25 Lieutenans-colonels ,

    72 Chefs de bataillon ,

    140 Capitaines de 1re classe ,

    138 Capitaines de 2e classe et lieutenans.

    Total. . . 400

Les officiers de l'état-major sont pris exclusivement parmi les officiers sortis de l'École d'application.

Chaque année, le ministre de la guerre détermine, en raison du nombre présumé des vacances à remplir dans le corps, le nombre d'élèves de l'École polytechnique qu'on doit admettre à l'École d'application avec le grade de sous-lieutenant.

Les élèves sous-lieutenans du génie subissent des examens de sortie après deux ans d'étude à l'École d'application : ceux qui font preuve des connaissances exigées sont classés dans les corps, suivant leur rang de mérite constaté par l'examen ; ils sont ensuite admis dans les régimens du génie pour y remplir les fonctions de lieutenant de seconde classe. A cet effet, les deux tiers des emplois de ce grade qui vaquent dans ces régimens leur sont dévolus.

Ceux des élèves du génie qui, n'ayant pas été jugés admissibles dans le corps du génie après deux ans d'étude à l'école d'application, y ont passé une troisième année, concourent avec les élèves de la promotion sortant la même année, pour être classés et prendre rang avec eux, suivant leur ordre de mérite constaté par l'examen, et ils n'ont droit au brevet de lieutenant qu'à la même époque que ces élèves : ceux qui, après leur second examen de sortie, sont jugés inadmissibles dans le corps du génie, sont renvoyés de l'école.

Les officiers des troupes du génie, autres que ceux admis dans le corps en vertu des dispositions précédentes, sont susceptibles d'être reçus directement à l'école d'application jusqu'à l'âge de trente ans, après avoir subi l'examen dont le programme est arrêté par le ministre de la guerre.

L'examinateur des élèves du génie est nommé par le roi, sur la présentation du ministre de la guerre.

Les professeurs des écoles régimentaires du génie sont nommés par le ministre de la guerre, sur la proposition d'un inspecteur général du génie, après avoir subi un examen devant une commission présidée par cet inspecteur.

Les gardes, au nombre de cinq cents, sont répartis en trois classes, savoir :

$$120 \text{ de } 1^{re} \text{ classe,}$$
$$180 \text{ de la } 2^e \text{ classe,}$$
$$200 \text{ de la } 3^e \text{ classe.}$$

Total. . .   500

Le ministre de la guerre nomme les gardes du génie, sur la proposition des inspecteurs-généraux du génie, en les prenant exclusivement : ceux de la troisième classe, parmi les sous-officiers des troupes du génie ayant au moins six ans de service; ceux de la deuxième classe, parmi les gardes de troisième classe, ayant au moins trois ans de service dans leur classe : et ceux de première classe, parmi les gardes de deuxième classe, ayant au moins trois ans de service dans leur classe.

Les ouvriers d'état, formant une escouade composée d'un chef, d'un sous-chef et de quatre ouvriers, sont nommés par le ministre de la guerre, d'après les conditions prescrites dans une ordonnance du 24 avril 1822.

14. *Régimens*. Chacun des trois régimens du génie est formé, 1° de deux bataillons : chaque bataillon composé de sept compagnies de sapeurs et d'une compagnie de mineurs (17 novembre 1830); 2° d'une compagnie hors rang; 3° d'une compagnie du train (28 juin 1832.)

En temps de guerre, il sera formé un dépôt de deux cadres de compagnie par régiment.

Les hommes destinés aux régimens du génie doivent être forts, bien constitués et avoir au moins la taille d'un mètre six cent quatre-vingt millimètres (cinq pieds deux pouces) ; ils sont pris :

$5/30$ parmi les ouvriers en bois ;

$3/30$ parmi les ouvriers en pierre ;

$2/30$ parmi les ouvriers en fer ;

$20/30$ parmi les terrassiers.

15. L'organisation des troupes des *sapeurs-mineurs* est fixée ainsi qu'il suit :

	PIED DE GUERRE.		PIED DE PAIX.	
	Officiers.	Sous-officiers et soldats	Officiers.	Sous-officiers et soldats
ÉTAT-MAJOR.				
Colonel commandant.	1	»	1	»
Lieutenant-colonel.	1	»	1	»
Chefs de bataillon.	2	»	2	»
Major.	1	»	1	»
Adjudant-major (17 novembre 1830)	2	»	2	»
Trésorier.	1	»	1	»
Officier d'habillement.	1	»	1	»
Aumônier.	1	»	1	»
Chirurgien-major.	1	»	1	»
Aide-major.	1	»	1	»
Adjudans sous-officiers.	»	2	»	2
Tambour-major.	»	1	»	1
Tambour-maître.	»	1	»	1
Musiciens, dont un chef.	»	9	»	9
Maître tailleur	»	1	»	1
Maître cordonnier.	»	1	»	1
Maître armurier.	»	1	»	1
	12	**16**	**12**	**16**
COMPAGNIE DE MINEURS OU SAPEURS.				
Capitaine de première classe.	1	»	1	»
Capitaine de deuxième classe.	1	»	1	»
Lieutenant de première classe.	1	»	1	»
Lieutenant de deuxième classe.	1	»	1	»
Sergent-major.	»	1	»	1
Sergens.	»	8	»	6
Fourrier.	»	1	»	1
Caporaux.	»	12	»	8
Maîtres ouvriers.	»	6	»	4
Mineurs ou sapeurs { de prem. classe	»	60	»	40
Mineurs ou sapeurs { de deux. classe	»	60	»	40
Tambours.	»	2	»	2
TOTAL	4	150	4	102
Enfans de troupes des régimens et des gardes.	»	2	.	2
A ajouter : Quatre chevaux de caisson, en temps de guerre seulement.				

16. L'organisation de la *compagnie hors rang* est ainsi fixée, (28 juillet 1831) :

Officiers.......	L'officier d'habillement (commandant)......	1
Petit État-major du régiment compris dans la compagnie hors rang pour l'administration seulem.	Adjudans sous-officiers....................	1
	Tambour-major.........................	1
	Caporal-tambour.......................	1
	Musiciens, dont un chef et un caporal........	27
		31
Sergent-major. ..	Le moniteur général de l'école régimentaire...	1
Sergens	Le vaguemestre (ayant rang de sergent-major)..	
	Le premier secrétaire du trésorier...........	
	Le garde-magasin de l'habillement...........	
	Le maître d'escrime....................	7
	———— armurier....................	
	———— tailleur....................	
	———— cordonnier....................	
Fourrier........	Nouvel emploi.	1
Caporaux.......	Le deuxième secrétaire du trésorier.	
	Le garde-magasin de l'armement............	
	Le premier ouvrier armurier.	
	Les deux premiers ouvriers tailleurs........	8
	Les deux premiers ouvriers cordonniers..	
	Le caporal chargé des détails de l'infirmerie...	
Soldats........	Ouvriers armuriers.......................	2
	Ouvriers tailleurs......................	24
	Ouvriers cordonniers.	20
	Le secrétaire du colonel.	
	Celui du major, celui de l'officier de l'habillement et le troisième secrétaire du trésorier.	4
	Total de la compagnie........	67
	Petit état-major.	31
	Total.	98

Lorsque plusieurs compagnies d'un même régiment du génie devront marcher ensemble et sous le même commandement, il pourra être détaché près d'elles une fraction de la compagnie hors rang.

Les dispositions de l'art. 2, sauf ce qui se rapporte à la composition de la compagnie hors rang, et celles des articles 6, 7 et 9 de l'ordonnance du 7 mai 1831, sont applicables aux régimens du génie.

17. La composition de la *compagnie du train* est ainsi fixée. (28 juin 1832.)

	PIED DE GUERRE.		PIED DE PAIX.	
	Hommes	Chevaux.	Hommes	Chevaux.
Capitaine commandant.	1	3	»	»
Lieutenant en premier.	1	2	1	1
Lieutenant en second.	1	2	1	1
Total pour les officiers.	3	7	2	2
Maréchal-des-logis chef.	1	1	1	
Maréchaux-des-logis.	4	4	2	3
Fourrier.	1	1	1	
Brigadiers.	6	6	4	
Soldats de première classe.	44	188	12	12
Soldats de deuxième classe.	62		48	
Vétérinaire.	1	1	»	»
Maréchaux-ferrans.	2	2	1	»
Bourreliers.	2	2	1	»
Trompettes.	2	2	2	1
	122	207	42	16
Enfans de troupe.	2	»	2	»

Les officiers, sous-officiers et soldats des compagnies du train du génie continueront à recevoir la solde et les accessoires attribués aux escadrons du train des parcs d'artillerie.

L'habillement des compagnies du train ne différera de celui des compagnies de sapeurs qu'en ce que l'habit des sous-officiers et soldats sera à courtes basques, et le pantalon sera garni de peau de veau entre les jambes.

18. La composition d'un *cadre de compagnie de dépôt* est ainsi fixée :

	PIED DE GUERRE.		PIED DE PAIX.	
	Officiers.	Sous-officiers et soldats	Officiers.	Sous-officiers et soldats
Capitaine de première classe..........	1	»	»	»
Capitaine de deuxième classe..........	1	»	»	»
Lieutenant de première classe........	1	»	»	»
Lieutenant de deuxième classe........	1	»	.	»
Sergent-major......................	»	1	»	»
Sergens...........................	»	4	»	»
Fourrier...........................	»	1	»	»
Caporaux..........................	»	4	»	»
Tambours..........................	»	2	»	»
Totaux..............	4	12	»	»

19. La *compagnie d'ouvriers* est formée conformément au tableau ci-après :

	PIED DE GUERRE.		PIED DE PAIX.	
	Officiers.	Sous-officiers et soldats	Officiers.	Sous-officiers et soldats
Capitaine de première classe..........	1	»	1	»
Capitaine de deuxième classe.........	1	»	1	»
Lieutenant de première classe........	1	»	1	»
Lieutenant de deuxième classe........	1	»	1	»
Sergent-major	»	1	»	1
Sergens...........................	»	8	»	6
Fourrier...........................	»	1	»	1
Caporaux..........................	»	12	»	8
Maîtres-ouvriers...................	»	6	»	4
Soldats de première classe..........	»	60	»	40
Soldats de deuxième classe..........	»	60	»	40
Tambours..........................	»	2	»	2
	4	150	4	102

Les hommes de la compagnie d'ouvriers doivent satisfaire, pour la taille, aux mêmes conditions que les sapeurs et mineurs; ils sont pris : 5/8 parmi les ouvriers en fer, 3/8 parmi les ouvriers en bois.

20. La compagnie des *vétérans des troupes du génie* est formée conformément au tableau ci-après : (19 novembre 1831.)

	Officiers.	Sous-officiers et soldats	Total.
Capitaine en premier.	1	»	
Capitaine en second.	1	»	
Lieutenant en premier.	1	»	4
Sous-lieutenant ou lieutenant en second.	1	»	
Sergent-major.	»	1	
Sergens.	»	6	
Fourrier.	»	1	
Caporaux.	»	12	134
Vétérans.	»	112	
Tambours.	»	2	
	4	134	138
Enfans de troupe.		4	

Cette compagnie est destinée à être employée dans les places de guerre, suivant les besoins du service du génie.

Il peut y avoir, en temps de paix comme en temps de guerre, à la suite de cette compagnie quatre sergens et six caporaux.

Les sous-officiers et soldats des régimens et des compagnies d'ouvriers du génie concourent au recrutement de la compagnie de vétérans : mais ils ne sont susceptibles d'y être admis qu'après avoir accompli le temps de service voulu par la loi, ou lorsque, par suite de blessures ou d'infirmités, ils ne peuvent plus être conservés dans les corps auxquels ils appartiennent, et sont néanmoins reconnus être encore propres au service de la compagnie de vétérans des troupes du génie.

Peuvent également être admis dans cette compagnie les anciens sous-officiers et soldats des troupes du génie, libérés de tout service militaire, qui, ayant au moins huit ans de service effectif, n'auraient pas plus de quarante ans d'âge.

Nul ne peut être reçu dans la compagnie de vétérans des troupes du génie sans être lié au service par un engagement ou un rengagement.

Les officiers, sous-officiers et soldats ne peuvent être admis dans ladite compagnie avec un grade supérieur à celui qu'ils occupaient dans l'armée active; ils ne peuvent également y obtenir de l'avancement.

L'emploi de capitaine en premier sera donné aux chefs de bataillon et aux capitaines en premier ayant dix ans de grade. L'emploi de capitaine en second aux capitaines ayant six ans de grade; celui de lieutenant en premier aux capitaines et aux lieutenans ayant servi au moins quatre ans dans ces derniers grades ; celui de lieutenant en second ou de sous-lieutenant, respectivement aux lieutenans et aux sous-lieutenans ayant au moins quatre ans dans ce dernier grade.

Les sous-officiers doivent avoir au moins deux ans de service en cette qualité pour exercer ce grade dans la compagnie de vétérans. Les caporaux, un an de service comme tels, pour y être placés en la même qualité.

Il ne peut être fait d'exception aux dispositions des deux articles précédens qu'en faveur des officiers, sous-officiers et caporaux que des blessures ou infirmités contractées au service ne permettraient pas de maintenir dans les corps actifs de l'arme du génie.

La compagnie de vétérans des troupes du génie est assimilée en tous points pour la solde, la haute-paie, les masses et les autres détails de l'administration, aux compagnies de canonniers vétérans.

L'uniforme de la compagnie de vétérans des troupes du génie est le même que celui des régimens du génie, à l'exception de la plaque des schakos, qui ne porte pas de numéro, et du bouton qui a pour légende : *Vétérans des troupes du génie.*

21. D'après les détails qui précèdent, *l'effectif des troupes du génie est réglé ainsi qu'il suit, tant sur le pied de guerre que sur le pied de paix :*

	PIED DE GUERRE.				PIED DE PAIX.			
	Officiers.	Troupe.	Total.	Chevaux de troupe.	Officiers.	Troupe.	Total.	Chevaux de troupe.
Pour un régiment. État major.........	12	16	28	»	12	16	28	»
Seize compagnies..	64	2400	2464	64	64	1632	1696	»
Compagnie du train	3	122	125	207	2	42	44	16
Cadre de deux compagnies de dépôt	8	24	32	»	»	»	»	»
Enfans de troupe..	»	34	34	»	»	34	34	»
Total pour un régiment	87	2596	2683	271	78	1724	1802	16
Et pour trois régimens. ..	261	7788	8049	813	234	5172	5406	48
La compagnie d'ouvriers..	4	150	154	»	4	402	406	»
La compagnie de vétérans.	4	138	142	»	4	138	142	»
Totaux généraux......	269	8076	8345	813	242	5442	5654	48

22. *Écoles régimentaires.* Il y en a trois ; elles sont à la suite des régimens , et sous la direction des colonels. Elles sont composées ordinairement , quant au personnel , d'un chef de bataillon commandant de l'école, d'un capitaine adjoint , de trois professeurs et de deux gardes.

23. *Arsenal du génie.* Il se compose d'un lieutenant-colonel, directeur, d'un garde du génie, d'un chef ouvrier d'état , d'un sous-chef ouvrier d'état , et de deux ouvriers d'état.

24. *Brigade topographique.* Un capitaine la commande. Il a sous ses ordres neuf gardes du génie ; ils sont employés spécialement à dessiner , niveler et lever des plans.

UNIFORME.

25. Pour *l'état-major :* chapeau bordé en ruban de poil de chèvre, triple torsade au bouton, habit bleu de roi, collet, revers et parement en velours noir , passe-poil et retroussis en drap écarlate ; pantalon bleu de roi, sans aucune bande ; cravate ou col noir , épée , bottes sans éperons ; les épaulettes d'or comme dans les autres corps de l'armée. Un petit uniforme boutonné de neuf boutons par devant est permis.

26. Pour *les gardes :* même habit que le petit uniforme des officiers de l'état-major du génie , avec des galons au collet indiquant la classe ; le reste semblable. — Point d'épaulettes.

27. Pour les *troupes du génie :* même habit que pour l'état-major ; le schako au lieu du chapeau ; l'épée pour les officiers et les sous-officiers ; le sabre-poignard pour les soldats ; une bande rouge au pantalon.

28. Pour le *train* et les *vétérans* du génie, voyez les numéros 17 et 20 du présent chapitre.

MODE D'AVANCEMENT.

29. Le tiers des emplois de lieutenant en second qui vaquent dans les régimens du génie, appartiennent aux sous-officiers de sapeurs et mineurs ; les deux tiers sont dévolus aux élèves sous-lieutenans du génie qui sortent de l'école d'application de Metz (13 décembre 1829). Les officiers sortis des sous-officiers, continuent leur avancement dans les régimens, suivant les réglemens adoptés pour l'armée. Les officiers sortis de l'école passent successivement lieutenans en premier de sapeurs , lieutenans d'état major , capitaines en second d'état-major , capitaines en second de sapeurs , capitaines en premier de sapeurs , capitaines en pre mier d'état-major, après quoi ils avancent dans les hauts grades suivant la hiérarchie ordinaire (11 mai 1832.).

30. Pour l'avancement des gardes, voyez le numéro 13 du présent chapitre.

RÉSIDENCE DES TROUPES.

31. Les garnisons des régimens et écoles régimentaires du génie sont Arras, Metz et Montpellier. Avant la restauration, c'étaient Arras, Metz et Grenoble.

32. Les ouvriers, les vétérans et l'arsenal sont à Metz.

33. Une partie de la brigade topographique reste à Paris ; l'autre partie est envoyée successivement dans les places où il y a quelque grand lever à faire.

RÉSIDENCES ET POSITIONS DIVERSES DES OFFICIERS.

34. *Au bureau du génie du ministère de la guerre :* Un lieutenant-colonel du génie, chef du bureau ; un chef de bataillon, adjoint ; trois gardes.

35. *A Paris :* Tous les officiers-généraux sont membres du comité des fortifications, et résident habituellement dans la capitale.

36. *Aides-de-camp du roi :* En ce moment, deux généraux remplissent ces fonctions.

37. *Aides-de-camp du duc d'Orléans :* un général.

38. *Officiers d'ordonnance :* deux capitaines dont l'un auprès du roi, l'autre auprès du duc d'Orléans.

39. *Commission des lits en fer :* un capitaine.

40. *Dépôt des fortifications :* un lieutenant-colonel, deux capitaines, neuf gardes.

41. *Galerie des reliefs :* un ancien capitaine du génie.

42. *Ecole du corps royal d'état-major :* un chef de bataillon, professeur.

43. *Ecole militaire de St-Cyr :* un colonel, deux gardes.

44. *Ecole militaire de la Flèche :* un garde.

45. *Ecole polytechnique :* deux capitaines.

46. *Ecole de Metz :* un lieutenant-colonel, un chef de bataillon, trois capitaines, un garde ; *et en qualité de professeurs :* trois chefs de bataillon, un capitaine.

47. *Ecoles régimentaires , arsenal et brigade topographique :* voyez les numéros 22 , 23 et 24 du présent chapitre.

48. Le sol de la France est divisé en vingt-trois *directions* du génie. Il y a, en outre, une direction en Corse et une à Alger. En général . chaque *direction* est commandée par un colonel qui réside au chef-lieu et qui a sous ses ordres immédiats les ingénieurs en chef des *places* de sa direction. Ceux-ci , qui peuvent être du grade de lieutenant-colonel , de chef de bataillon et de capitaine, selon l'importance de la place, ont quelquefois sous leurs ordres des officiers d'un grade inférieur, et un ou plusieurs gardes du génie.

Voici quelle était, en 1832 , la distribution des chefs de place et de leurs inférieurs , dans les résidences diverses qui font partie des vingt-cinq directions :

Nota. Les villes de casernement sont en caractères italiques. On a compris dans cet état la direction des colonies et les travaux de Paris et de Lyon qui sont régis à part. On a marqué par un astérisque *, les places de première et de deuxième classe.

	INGÉN. EN CHEF ET AUTRES.			GARDES DU GÉNIE.		
	Lieuten.-colonels.	Chef. de bataillon	Capitaines , etc.	De 1re classe.	De 2e classe.	De 3e classe.
1re DIRECTION DE St-OMER.						
St-Omer* et canal de l'Aa	»	1	1	2	1	2
Dunkerque et fort Louis*	»	1	2	»	3	2
Bergues et fort Français*	»	»	1	»	1	1
Gravelines.........*	»	»	1	»	»	2
Calais et fort Nieulay. *	1	»	1	»	1	2
Ardres...........	»	»	»	»	»	3
Aire et fort St-François*	»	1	1	»	1	2
St-Venant..........	»	»	»	»	1	»
2e DIRECTION D'ARRAS.						
Arras.............*	»	1	3	1	2	2
Béthune..........*	»	»	1	»	1	1
Bapaume..........*	»	»	1	»	»	1
Montreuil.........*	»	»	1	»	1	1
Boulogne et côtes.....	»	»	»	1	2	»
Hesdin...........*	»	1	»	1	2	»
3e DIRECTION D'AMIENS.						
Amiens (citadelle). . . *	»	1	1	1	»	1
Doulens (idem) . . . . . *	»	»	»	»	2	»
A reporter......	1	6	14	6	18	20

	INGÉN. EN CHEF ET AUTRES.			GARDES DU GÉNIE.		
	Lieuten.-colonels.	Chefs de bataillon	Capitaines, etc	De 1re classe.	De 2e classe.	De 3e classe.
Report...	1	6	14	6	18	20
Abbeville............	»	»	1	»	2	1
Péronne.............	1	»	2	1	2	3
Lafère.	»	»	1	»	1	1
Ham.	»	»	»	»	»	1
Compiègne...........	»	1	»	1	»	»
Beauvais.	»	»	»	»	»	1
4° DIRECTION DU HAVRE.						
Le Havre............	»	1	1	»	2	1
Dieppe (château)...	»	»	1	»	1	»
Rouen et Vernon.....	»	»	1	»	»	2
Évreux.............	»	»	»	»	»	1
Le Mans............	»	»	1	»	1	1
Alençon.	»	»	»	»	»	1
Caen et Bayeux.......	»	1	»	»	1	1
5° DIRECT. DE CHERBOURG.						
Cherbourg et dépendances...	»	1	2	1	2	2
Saint-Lô.	»	»	1	»	»	»
La Hougue.	»	»	»	1	1	»
Carentan...........	»	»	»	»	»	1
Granville...........	»	»	1	1	2	»
St-Malo et dépendances	1	»	1	1	3	»
Rennes.............	»	1	1	1	»	2
Laval, Fougères et Vitré	»	»	1	»	»	»
6° DIRECTION DE BREST.						
Brest et dépendances .	»	1	5	1	2	3
Quelern et Rade.....	»	»	»	»	»	1
Le Conquet, Bertheaume, Ouessant, côtes....	»	»	»	»	1	»
Morlaix, château du Taureau et côtes...	»	»	1	»	1	»
St-Brieux, île du Bréhat, Sept Iles.	»	»	»	»	1	»
Guingamp...........	»	»	»	»	»	1
Concarneau et iles...	»	»	1	»	»	1
Quimper.	»	»	»	»	»	1
7° DIRECTION DE NANTES.						
Nantes.............	»	1	1	1	1	1
A reporter...	3	13	37	15	42	47

	INGÉN. EN CHEF ET AUTRES.			GARDES DU GÉNIE.		
	Lieuten.-colonels.	Chefs de bataillon	Capitaines, etc.	De 1re classe.	De 2e classe.	De 3e classe.
Report...	3	13	37	15	42	47
Lorient et forts...... *	»	1	1	1	»	»
Port-Louis et Croix... *	»	»	»	»	1	»
Pontivy.............	»	»	»	»	1	»
Vannes, *Auray*.......	»	»	1	»	1	1
Quib. (F. Penthièvre) *	»	»	»	»	»	1
Belle-Ile............ *	»	1	»	»	2	»
Angers, *Cholet et Beau-préau*............	»	»	1	»	1	»
Ancenis............	»	»	»	»	»	»
Saumur............	»	1	»	»	1	»
Tours.	»	1	»	»	1	»
Noirmoutiers, Ile-du-Pilier............	»	»	»	»	»	1
Les Sables...........	»	»	1	»	1	»
Bourbon-Vendée......	»	»	»	»	»	1
Ile d'Yeu.	»	»	»	1	»	»
8° DIRECTION DE LA RO-CHELLE.						
La Rochelle......... *	»	1	1	»	2	2
Rochefort et forts de la Charente......... *	»	»	1	»	»	2
Ile d'Aix. .... *	»	»	1	»	1	»
Ile de Ré. (St.-Martin.) *	1	»	»	1	1	»
Ile d'Oleron, *Chapus, Brouage*...........	1	»	»	1	»	1
Blaye et dépendances. *	»	»	1	»	1	»
Poitiers............	»	1	»	»	»	1
Limoges et Guéret.	»	»	»	»	1	»
Angoulême..........	»	»	1	»	»	1
Saintes, St-Jean d'An-gély.	»	»	»	»	»	1
Niort, Bressuire......	»	»	1	1	»	»
Saint-Maixent	»	»	»	»	»	1
Fontenay...........	»	»	»	»	»	1
Libourne...........	»	1	»	»	1	»
Périgueux..........	»	»	»	1	»	»
Bordeaux..........	»	1	»	1	»	»
9° DIRECTION DE BAYONNE.						
Bayonne. .... *	»	1	4	»	2	5
A reporter...	5	22	54	22	60	66

	INGÉN. EN CHEF ET AUTRES.			GARDES DU GÉNIE.		
	Lieuten.-colonels.	Chefs de bataillon.	Capitaines, etc.	De 1re classe.	De 2e classe.	De 3e classe.
Report...	5	22	54	22	60	66
Dax et Socoa.........	»	»	»	»	»	1
Pau...............	»	»	1	»	»	1
Navarreins.......... *	»	»	»	»	1	»
St-Jean-Pied-de-Port.. *	»	»	1	»	»	1
Tarbes, château de Lourdes. * *Barréges.*	»	1	»	»	1	»
Auch.	»	»	»	»	»	1
Agen	»	»	»	»	1	»
10° DIRECT. DE PERPIGNAN.						
Perpignan, *château de Salses.*	»	1	3	»	2	3
Collioure et dépend.. *	»	»	1	1	»	2
Bellegarde.......... *	»	»	1	1	»	1
Pratz-de-Mollo. ..... *	»	»	1	»	»	1
Fort-les-Bains. ...... *	»	»	»	»	»	1
Villefranche........ *	»	»	»	»	1	»
Mont-Louis. .... *	»	»	1	»	»	1
Narbonne et côtes.....	»	»	1	»	»	1
Carcassonne.	»	»	»	»	»	1
Toulouse, Montauban. .	»	»	2	»	2	»
Foix.	»	»	»	»	1	»
11° DIRECTION DE MONT-PELLIER,						
Montpellier.......... *	»	1	»	1	2	1
Cette (forts)........ *	»	»	1	»	»	1
Agde et Brescou, Béziers	»	»	»	»	1	1
Pont-St-Esprit, * *Uzès*, *Alais*, *Mende.*	»	»	1	1	»	»
Nismes, Lunel........	»	»	1	1	1	»
Aigues-Mortes, * fort Peccais.	»	»	»	»	»	1
Castres, Cahors, Alby, Tulles et Aurillac....	»	»	1	»	»	2
12° DIRECTION DE TOULON.						
Toulon. .... *	»	1	5	2	1	4
Iles d'Hières......... *	»	1	»	»	»	2
Saint-Tropez (cit.).... *	»	»	»	»	»	1
Antibes, fort Carré.. *	1	»	1	1	1	»
Iles Ste-Marguerite... *	»	»	»	»	»	1
A reporter...	6	28	73	29	75	95

	INGÉN. EN CHEF ET AUTRES.			GARDES DU GÉNIE.		
	Lieuten.-colonels.	Chefs de bataillon	Capitaines, etc.	De 1re classe.	De 2e classe.	De 3e classe.
Report...	6	28	73	29	75	95
Entrevaux.........*	»	»	1	»	1	»
Marseille et forts......*	»	1	1	»	2	1
Aix..............*	»	»	1	»	»	1
Avignon...........*	»	»	1	2	»	»
Tarascon...........*	»	»	»	»	1	»
13° DIRECTION D'EMBRUN.						
Embrun...........*	»	»	1	»	1	1
Gap...........*	»	»	»	»	»	1
Seyne,*St-Vincent....*	»	»	1	»	1	»
Colmars...........*	»	»	»	»	»	1
Sisteron...........*	»	»	1	»	»	1
Mont-Dauphin......*	»	»	1	»	»	2
Gueyras...........*	»	»	»	»	1	»
Briançon...........*	»	1	1	1	»	2
14° DIRECT. DE GRENOBLE.						
Grenoble...........*	»	1	9	4	1	4
Valence, Romans, Montélimart, Vienne......	»	»	1	»	1	1
Clermont, Lepuy......	»	»	1	»	1	»
Montbrisson.........	»	»	»	1	»	»
Mâcon..............	»	»	»	»	»	»
Fort Barrault........*	»	»	1	»	1	1
Pierre-Chatel, Pont de Beauvoisin........	»	»	1	»	»	1
Fort l'Ecluse.* Bourg..	»	1	1	»	1	»
Lyon (fortifications commandées par un maréchal-de-camp). ...	»	4	17	»	1	8
15° DIRECT. DE BESANÇON.						
Besançon...........*	1	»	4	2	1	3
Canal de Besançon....	»	»	1	»	2	1
Salins,*Lons-le-Saulnier.	»	1	1	1	1	1
Fort de Joux,*Pontarlier	»	»	1	1	»	»
Auxonne...........*	»	1	1	2	1	»
Dole.............	»	»	»	»	»	1
Dijon.............	»	»	1	»	1	1
Châlons-sur-Saône.....	»	»	»	»	1	1
Gray..............	»	»	»	»	1	»
A reporter...	7	38	122	43	96	128

	INGÉN. EN CHEF ET AUTRES.			GARDES DU GÉNIE.		
	Lieuten.-colonels.	Chefs de bataillon	Capitaines, etc.	De 1re classe.	De 2e classe.	De 3e classe.
Report...	7	38	122	43	96	128
Chaumont............	»	»	1	»	»	2
Langres.............	»	»	»	»	2	»
Bourbonne-les-Bains....	»	»	»	»	»	1
16° DIRECTION DE BELFORT.						
Belfort.............	1	»	8	»	5	3
Montbéliard, Blamont.	»	»	»	»	»	»
Huningue............	»	»	1	»	»	1
Colmar.............	»	»	»	»	»	1
Neuf-Brisack, fort Mortier.............	»	1	1	»	1	2
Schelestadt..........	»	»	1	»	1	1
Epinal..............	»	»	1	»	1	»
Vesoul et Faverney....	»	»	»	1	»	»
17° DIRECT. DE STRASBOURG.						
Strasbourg..........	1	»	5	5	2	1
La Petite Pierre, Sarrebourg.............	»	»	1	»	1	»
Phalsbourg..........	»	»	»	»	1	1
Lichtemberg.........	»	»	»	»	1	»
Bitche. (château)...	»	»	1	1	»	1
Weissembourg.......	»	»	1	»	1	»
Lauterbourg.........	»	»	»	»	1	»
Hagueneau, fort Louis.	»	1	»	»	1	»
18° DIRECTION DE METZ.						
Metz...............	1	»	4	4	3	1
Sarreguemines, St-Avold	»	»	1	»	»	1
Marsal, Vic.........	»	»	1	»	2	»
Nancy..............	»	»	1	1	1	»
Pont-à-Mousson......	»	»	»	»	1	»
Lunéville...	»	»	1	»	1	1
Toul...............	»	»	2	»	2	1
Thionville...........	»	1	1	1	2	»
Sierck.............	»	»	»	»	»	»
19° DIRECT. DE VERDUN.						
Verdun.............	»	1	4	2	1	3
Longwy............	»	1	»	1	»	2
Montmédy...........	»	»	1	1	2	»
Stenay.............	»	»	»	1	»	»
A reporter...	10	43	159	61	129	151

	INGÉN. EN CHEF ET AUTRES.			GARDES DU GÉNIE.		
	Lieuten.-colonels.	Chefs de bataillon	Capitaines, etc.	De 1re classe.	De 2e classe.	De 3e classe.
Report...	10	43	159	61	129	151
St-Mihiel, Bar-le-Duc..	»	»	1	»	»	»
Commercy............	»	»	»	1	»	»
Vitry-le-Français..... *	»	1	1	»	»	»
Châlons-sur-Marne....	»	»	»	»	1	»
20° DIRECT. DE MÉZIÈRES.						
Mézières, * Charleville..	»	1	1	2	1	1
Rocroy.............. *	»	»	1	1	»	1
Givet et Charlemont.. *	»	1	»	1	1	1
Laon .... *	»	»	»	»	»	»
Sédan*, Donchery, Mouzon, Carignan......	1	»	4	»	2	3
Soissons............ *	»	1	3	2	1	1
21° DIRECT. DE CAMBRAY.						
Cambray .... *	»	1	2	»	1	5
Landrecies......... *	»	»	2	»	2	»
Guise. (château) .... *	»	»	»	»	»	1
Le Quesnoy......... *	»	1	»	»	»	2
Avesnes............ *	»	1	3	2	»	2
Maubeuge. .... *	1	»	2	1	1	2
22° DIRECTION DE LILLE.						
Lille............... *	1	»	4	2	1	3
Douay , fort de Scarpe *	1	»	3	1	1	2
Condé. .... *	»	1	»	»	1	1
Valenciennes........ *	»	1	2	2	2	1
Bouchain........... *	»	1	»	1	»	1
23° DIRECTION DE PARIS.						
Paris (casernement)....	»	1	5	6	4	1
Paris (administration).	1	»	1	5	»	»
Paris (extra-muros : St-Denis , Courbevoie , Ruelle, Sèvres et St-Cloud).............	»	»	1	3	2	»
Versailles............	1	»	1	1	»	2
Saint-Germain.... ...	»	»	»	1	»	»
Melun...............	»	1	»	1	»	»
Fontainebleau.	»	»	»	1	»	»
Meaux..	»	»	»	1	»	»
Moulins.............	»	»	1	1	»	»
Nevers..............	»	»	»	»	1	»
Bourges.............	»	»	»	»	»	1
A reporter...	16	55	197	97	151	182

	INGÉN. EN CHEF ET AUTRES.			GARDES DU GÉNIE.		
	Lieuten.-colonels.	Chefs de bataillon	Capitaines, etc.	De 1re classe.	De 2e classe.	De 3e classe.
Report...	16	55	197	97	151	182
Orléans, *Châteauroux*..	»	»	1	»	»	1
Vendôme, *Montoire*....	»	»	1	1	»	»
Blois..............	»	»	»	»	1	»
Joigny, *Troyes*, *Auxerre*	»	»	1	»	1	»
Provins............	»	»	»	»	1	»
Chartres.	»	»	1	1	»	»
Chateaudun.........	»	»	»	»	1	»
Paris (fortifications commandées par un lieutenant-général).....	»	1	7	1	1	4
Vincennes...........	»	»	1	»	1	2
24° DIRECT. DE LA CORSE.						
Ajaccio, *Vico et Vizzanova*..............	»	1	1	1	2	1
Corte, Vivario-Pontenovo.............	»	»	1	»	»	1
Cervione, Aleria, *Campoloro*............	»	»	1	»	»	1
Bastia, Cap Corse, etc.*	»	1	1	»	1	1
St-Florent et côtes....*	»	»	1	»	»	1
Calvi,* Ile Rousse, *Algajola* et Girolata.....	»	»	1	»	1	»
Bonifacio,* Porto-Vecchio, *Sartène*......	»	»	1	1	»	1
25° DIRECTION D'ALGER.						
Alger...............	»	»	6	»	1	6
Oran...............	»	1	1	»	»	2
Bone..............	»	»	»	»	»	»
COLONIES.						
Nota. Le directeur réside à Paris ; il y a un sous-directeur à la Guadeloupe et un autre à la Martinique.						
La Guadeloupe.......	»	1	2	2	1	1
La Martinique........	»	»	3	»	1	»
Le Sénégal.	»	»	»	»	1	»
Cayenne............	»	»	»	»	2	»
Madagascar.	»	»	»	»	»	»
Ile Bourbon....... ...	»	»	»	»	»	1
TOTAUX.... ...	16	60	228	104	167	205

Nota. On observera que l'état ci-dessus, tout en faisant connaître les résidences des officiers et gardes du génie, présente également le tableau des places fortes et des villes de casernement. C'est surtout ce dernier motif qui nous a engagé à l'insérer en entier. Le nombre et la qualité des officiers employés dans chaque place donne une idée assez exacte de son importance actuelle.

SOLDE DES OFFICIERS ET EMPLOYÉS.

49, *Etat-major du génie.* (Traitement annuel) : Colonel directeur, 6,250 fr. — Lieutenant-colonel, 5,000 fr. — Chef de bataillon, 4,500. — Capitaine de 1re classe, 2,800 fr. — Capitaine de 2e classe, 2,400 fr. — Lieutenant, 1,700 fr. — Garde principal, 1,800 fr. — Garde de 1re classe, 1,500 fr. — Garde de 2e classe, 1,200 fr. — Garde de 3e classe, 900 fr.

50. *Troupes du génie.* (Traitement annuel) : Comme ci-dessus jusqu'au grade de lieutenant qui correspond à celui de lieutenant en 1er. — Lieutenant en 2e, 1,500 fr.

51. *Vétérans du génie.* (Traitement annuel) : Capitaine de 1re classe, 2,400 fr. — Capitaine de 2e classe, 2,000 fr. — Lieutenant en premier, 1,600 fr. — Lieutenant en second et sous-lieutenant, 1,300 fr.

52. *Train du génie.* (Traitement annuel) : Chef d'escadron, 1,500 fr. - Adjudant-major, 2,500 fr. — Trésorier, 1,400 fr. — Capitaine, 2,500 fr. — Lieutenant, 1,700 fr. — Sous-lieutenant, 1,450 fr.

52. Pour la solde des troupes du génie, on peut voir le tarif inséré au journal militaire, 1er sémestre 1830, page 128 ; pour celle du train du génie, le tarif inséré à la page 125, du 1er sémestre 1830, augmenté de 0 fr. 10 c. par jour pour les soldats seulement, par l'ordonnance du 3 avril 1831 ; et pour celle des vétérans du génie, le tarif inséré aux pages 283 et 284 du 2e sémestre 1831.

53. Nous ne finirons pas cet article sur la solde sans faire remarquer que ce n'est que depuis 1829 seulement que le sort des officiers inférieurs du génie a été amélioré. Depuis long-temps on le réclamait, et ce n'était pas à tort (1). On ne contestera proba-

---

(1) Si justice a été rendue aux officiers, les gardes du génie l'attendent encore. Vainement a-t-on démontré cent fois qu'étant dix fois plus occupés que les gardes d'artillerie, c'était bien le moins qu'ils eussent un égal traitement. L'absurde différence n'en existe pas moins.

blement pas qu'en général les officiers du génie ne forment un des corps les plus instruits de l'armée. S'ils apportaient cette instruction dans toute autre carrière, nul doute qu'avec le tems ils ne pussent acquérir une fortune bien supérieure à celle qui les attend. On n'ignore pas non plus que de tous les officiers, ce sont les plus occupés. C'est donc bien vainement que des esprits peu réfléchis ont crié au privilége, lorsqu'on a parlé de leur donner un traitement supérieur à celui des officiers d'infanterie. Il faut en tout considérer le résultat. A égalité de solde, au lieu de pâlir nuit et jour sur des plans, il est beaucoup plus agréable, après deux heures d'exercice le matin, de pouvoir disposer à son gré du reste de la journée, et d'avoir même à espérer un plus rapide avancement. Les jeunes gens savent raisonner, et leur avantage futur les dirige bien plus qu'on ne croit. Il résulterait de cette égalité que les élèves les plus remarquables, s'ils ne pouvaient pas entrer dans une partie civile, préféreraient l'artillerie ou même l'infanterie, et que le corps du génie serait dédaigné. C'est, au reste, ce qui est déjà arrivé. Mais pour ne pas parler seulement d'un seul corps, ajoutons un mot en faveur de toute l'armée.

54. Il n'est pas rare, lorsqu'on parle économie, à propos du budget, d'entendre la voix de quelques millionnaires proposer, dans l'une des chambres, des réductions aux traitemens déjà si chétifs des officiers. A les entendre, *les braves défenseurs de la patrie se croient déjà assez payés par l'honneur de mourir ou de vaincre pour elle ; ils ont pour eux l'admiration et la reconnaissance des citoyens : La gloire les couvre de lauriers.* C'est ainsi qu'avec deux ou trois phrases bien ronflantes, on espère faire illusion et donner un démenti à l'expérience. Rétablissons les faits. Lorsqu'à la suite d'un Alexandre, d'un César, d'un Mahomet ou d'un Napoléon, des soldats, électrisés par l'honneur de combattre avec ces rares prodiges dont la nature est si avare, se consacrent à l'accomplissement des grandes choses qu'ils ont méditées, nul doute que la gloire leur suffit. Leur vie s'écoule dans les camps : là, ils ne voient qu'eux et des vaincus ; ils vivent sobrement, mais ils commandent. Un simple soldat prend hardiment le pas sur la noblesse : le moindre chef vaut mieux qu'un roi. Qu'ont de commun avec cette vie toute de gloire et de domination nos temps vulgaires, où deux ou trois combats sont, pour ainsi dire, noyés dans quinze ans de paix ; où l'on a presque honte d'un siége ou d'une bataille ; où, à côté de vastes royaumes qui ont doublé depuis quarante ans, et qui ont constamment favorisé chez leurs voisins la propagation des principes despotiques qui les régissent,

on croit se montrer fort sages en proclamant hautement qu'on ne veut, dans l'occasion, ni conquêtes, ni guerres de principes ? comme si les guerres de principes, de domination ou d'existence n'étaient pas les seules qui puissent enflammer un cœur généreux, et le porter à faire avec joie le sacrifice de sa vie ! Concluons ; (car j'ai hâte d'en finir avec un sujet qui pourrait engendrer des volumes, tant l'action militaire est mal comprise aujourd'hui). Il faut à l'officier de la considération pour que l'armée ne soit pas avilie. Or, cette considération ne s'acquiert que par trois moyens : le pouvoir, la gloire ou l'argent. Tout conquérant (peuple ou roi) donne de la gloire, puis du pouvoir, puis des richesses. Vous qui, plus modestes dans vos penchans, et moins tranchans en politique, ne pouvez tout au plus concéder que l'une de ces trois choses ; propriétaires, marchands, avocats, qui nous gouvernez, cessez de réclamer sur le tarif des besoins de ces hommes qui vous protègent lors même qu'ils ne combattent pas. Vous ne voulez pas leur donner du pouvoir, car jusqu'à ce jour ils n'ont que des devoirs à remplir, et point de droits consacrés par la loi : vous ne pouvez leur donner de la gloire, car toute entreprise hardie et profitable à l'Etat vous paraît une mer sans rivages ; ne leur plaignez donc pas quelque peu d'argent !

CHAPITRE V

Service de Paix.

ATTRIBUTIONS.

1. En temps de paix, les officiers du génie sont répartis dans les places de l'intérieur de la France et dans les diverses colonies qui en dépendent. Voici leurs principales attributions :

1° Continuer la correspondance et maintenir les relations personnelles qui ont lieu entre les directeurs et chefs du génie et diverses autorités civiles et militaires ;

2° Établir et tenir au courant les divers inventaires et registres concernant les papiers, les meubles, les outils et les matériaux qui sont sous la surveillance spéciale du génie de la place ; acheter les objets nécessaires ; céder, pour être vendus à l'administration des domaines, les objets hors de service ;

3° Représenter le gouvernement, conjointement avec l'intendant militaire pour les acquisitions ou les ventes et cessions de terrains et de bâtimens militaires, ainsi que pour la fixation des limites des propriétés militaires ; affermer ces propriétés, en prendre d'autres à loyer au compte de l'état ; poursuivre le paiement des dégradations faites aux terrains et aux bâtimens militaires ;

4° Surveiller tout ce qui a rapport aux servitudes militaires ; les établir dans les places où la circonscription n'est pas encore fixée ; empêcher les particuliers, les communes et administrations quelconques de construire d'autres bâtisses que celles qui sont autorisées par la loi ;

5° Faire les plans et levers des places fortes et de leurs environs ; rédiger des mémoires sur les places et sur la défense des frontières voisines ; faire des projets généraux pour l'amélioration des places ; dresser des plans topographiques et faire des reconnaissances militaires ; établir, de concert avec les ingénieurs des ponts et chaussées, les procès-verbaux relatifs aux constructions que ces derniers se proposent de faire exécuter, sur la zone frontière, et dont l'autorisation dépend d'une commission mixte composée des principaux chefs des deux corps ;

6° Faire les plans des bâtimens militaires ; dresser les états qui en font connaître l'emploi ou la contenance ;

7° Établir les devis et analyse concernant les travaux ; passer les marchés ; faire exécuter les travaux ordonnés, soit aux fortifications, soit aux bâtimens militaires ; en tenir la comptabilité et en envoyer les comptes généraux au ministre de la guerre, lorsqu'ils sont terminés ; faire à la fin de chaque année les projets pour les travaux à exécuter dans l'exercice qui suit.

RELATIONS PERSONNELLES.

2. Il y a dans chaque place un *chef du génie* ou *ingénieur en chef*, ayant sous ses ordres un ou plusieurs gardes, un ou plusieurs concierges des bâtimens militaires et quelquefois des officiers d'un grade inférieur au sien. Comme tout le travail roule sur le chef du génie, c'est par rapport à lui que nous allons décrire succinctement les fonctions et relations diverses de ses supérieurs et de ses inférieurs.

3. Les chefs du génie sont seuls responsables de ce qui se fait dans la place qu'ils commandent. Leurs inférieurs sont responsables à leur égard ; néanmoins lorsqu'il s'agit de projets , l'officier qui les rédige , les signe , quel que soit son grade, et en partage l'honneur ou la responsabilité avec le chef du génie qui les adopte en y apposant son *visa*.

4. Les chefs du génie ne correspondent pas directement avec le ministre de la guerre. Toutes les écritures et les plans qui sont relatifs à leur service sont adressés d'abord au directeur des fortifications qui réside au chef-lieu de la direction : cet officier supérieur les fait parvenir au ministre avec ses notes ou apostilles ; et les décisions du ministre reviennent par la même voie aux chefs du génie.

5. Les directeurs des fortifications sont donc destinés spécialement , 1° à éclairer de leurs conseils et de leur expérience les chefs du génie ; 2° à lever , de leur propre autorité , la plupart des difficultés qui peuvent se rencontrer dans l'administration des travaux et pour lesquelles la décision du ministre serait trop lente ou moins éclairée ; 3° à instruire exactement le ministre de tout ce qui concerne la défense des frontières ; 4° à servir d'intermédiaire entre le ministre et les chefs du génie.

6. Il suit de l'évidente utilité des directeurs des fortifications , qu'en général, tout travail élaboré dans le bureau d'un chef du génie doit être fait en triple expédition , une pour la place , une pour la direction , une pour le ministre.

7. Le directeur du génie doit faire par an , au moins deux visites des places de sa direction ; la première au printemps, pour l'établissement des ouvrages ordonnés , et la seconde en automne, pour en voir l'exécution , arrêter et viser les toises , et convenir avec l'officier en chef du génie , des projets à présenter pour l'année suivante. Lorsque les travaux d'une place sont peu considérables , le directeur se contente ordinairement de faire une seule tournée en automne.

8. Chaque année , la France est divisée en inspections du génie , et le roi désigne les généraux du génie qui doivent remplir les fonctions d'inspecteur. Les inspections ont lieu ordinairement dans les mois d'août et de septembre.

9. Chaque inspecteur général parcourt successivement les places comprises dans les directions qui font partie de son inspection. Il examine avec soin dans chaque place : si la correspondance du chef du génie est tenue convenablement , et renferme les

ordres aux entrepreneurs pour les achats de matériaux et approvisionnemens quelconques ; si celle du ministre ne fait pas
mention de quelque objet utile dont il faudrait s'occuper ; si le
registre des archives coïncide bien avec la masse des papiers existans dans la place ; si la comptabilité des matériaux en magasin
est tenue selon les formes voulues par le réglement ; et s'il
n'y a pas d'objets manquans ; s'il existe un plan du domaine militaire, et quelles sont les contestations qui peuvent avoir lieu
au sujet de la limite du terrain militaire ou de la propriété des
bâtimens ; s'il y a un plan d'affermage, et quels sont les terrains
affermés ; si tout ce qui concerne les servitudes militaires se fait
rigoureusement d'après les règles fixées par les ordonnances.
L'inspecteur général prend également connaissance sur les lieux
des projets les plus importans concernant les communications de
la frontière, et dont la solution dépend de la commission mixte
des travaux publics ; il se fait représenter les états de casernement, et examine en détail les bâtimens militaires. Il porte une
sérieuse attention sur tous les objets de comptabilité, et se fait
représenter les carnets et les registres. non seulement de l'année
courante, mais même ceux des années précédentes, s'il n'y a
pas eu d'inspection : il prend connaissance des prix du marché.
Si les ouvrages se font par gérence ; il visite la caisse et s'assure
des motifs qui ont fait renoncer au mode d'entreprise. Il encou-
rage les perfectionnemens apportés dans la confection du mortier et autres objets concernant les constructions. Il rejette, s'il
y a lieu, les dépenses indûment faites, et en rend compte au
ministre ; il indique enfin au chef du génie les ouvrages qu'il lui
paraît indispensable de présenter pour l'exercice qui suit. Avant
son départ, il laisse, par écrit, ses ordres au chef du génie,
dans un registre particulier ouvert à cet effet, et à son arrivée à
Paris il rédige un rapport particulier sur chacune des places
qu'il a visitées et l'adresse au ministre de la guerre.

10. Sous les ordres du chef du génie, les officiers d'un grade
inférieur lèvent les plans ou surveillent les travaux dont l'exécution leur est confiée. Leur service n'étant qu'une délégation de
celui du chef du génie, tout ce que nous dirons sur ce dernier
service devra leur être appliqué.

11. En entrant en fonction dans une place, les gardes du génie doivent, sans retard, prêter serment au tribunal de première instance dont la place ressort ; ils font enregistrer et viser
leur commission, tant à ce tribunal qu'à la mairie : les frais relatifs à ces formalités ne doivent pas s'élever au-delà de 5 francs.

Le but de cette prestation de serment est de rendre valables les procès-verbaux qu'ils peuvent être obligés de dresser par la suite.

12. Le service d'un garde du génie dans une place se compose de cinq parties bien distinctes, savoir :

Celui de garde des fortifications, pour la conservation des ouvrages et de tout ce qui en dépend, des plantations, des herbages, et pour la répression des délits qui peuvent s'y commettre ; pour le maintien des droits des fermiers des terrains militaires, pour la surveillance des bâtisses dans les zones de servitudes, etc.

Celui de chef d'atelier sur les ouvrages en construction ou en réparation sous les ordres d'un officier du génie, pour tracer, profiler, disposer les ateliers, marquer les journées, surveiller la bonne exécution et prendre tous les détails, toutes les précautions qui lui sont prescrites par l'officier.

Celui du casernement : le garde est presque toujours chargé de la remise des casernes à un corps, des pavillons à des officiers, etc. Il dresse un état des lieux lors de la prise de possession, en tient registre, soumet ces pièces revêtues des signatures nécessaires à l'officier ou au chef du génie, vérifie cet état des lieux au moment du départ, dresse l'état des dégradations et prend les ordres pour leurs réparations. Il veille à la conservation des bâtimens dont le soin lui est confié et à ce qu'ils soient pourvus de meubles et autres objets nécessaires.

Celui du magasin du génie. Il y met le plus grand ordre, il tient parfaitement au courant le registre des entrées et sorties, ne recevant et ne donnant rien sans l'ordre d'un officier du génie. Il veille à ce que rien ne traîne sur les ateliers ou dans les bâtimens ; il demande des ordres pour faire rentrer tout ce qui est inutile au service ; et il est particulièrement responsable de tout ce qui est inscrit sur son registre.

Enfin, le service du bureau où il tient la comptabilité, les archives, et où il fait les autres écritures et les dessins dont l'exécution lui est confiée.

13. Les concierges sont des préposés nommés quand il y a lieu, par le ministre de la guerre, sur la proposition des directeurs du génie. Ils sont sous les ordres immédiats des chefs du génie : ils rendent compte néanmoins aux sous-intendans de tout ce qui a rapport aux logemens et aux effets dépendant de l'intendance qui y sont placés. Ils ont droit à une chambre et un cabinet ou deux

chambres, et doivent être logés dans un bâtiment militaire. Ils sont chargés spécialement de tout ce qui intéresse la conservation des bâtimens militaires. Les clefs des bâtimens et locaux non occupés sont placés, chez eux, dans un clavier numéroté et sous treillage. Ils sont responsables de tous les effets d'ameublement, ainsi que des bois de lits et paillasses déposés dans ces locaux. Ils doivent y entretenir la propreté et les aérer de temps en temps. Ils visitent les locaux occupés, au moins une fois par jour, et préviennent les chefs de corps, le chef du génie ou le sous-intendant, des dégats qu'ils découvrent, selon leurs attributions respectives. Il sont payés à la diligence des directeurs du génie, sur les fonds du matériel de ce service.

14. Les chefs du génie n'ont d'ordre à recevoir que de leur chef direct qui est le directeur des fortifications, et qui, outre ses propres ordres, leur transmet aussi ceux du ministre de la guerre.

15. Les chefs du génie ne doivent cependant pas refuser de contribuer en ce qui est de leur ressort, à l'exécution des ordres que le ministre envoie directement aux intendans et sous-intendans militaires, lorsque ceux-ci leur en adressent une notification officielle. Pareille marche doit être suivie par les intendans et sous-intendans à l'égard des directeurs et chefs du génie.

16. Les minutes des procès-verbaux des adjudications qui concernent l'administration militaire dans les places de guerre et dans les villes ouvertes de garnison doivent rester en dépôt aux sécrétariats des mairies. Il en doit être délivré immédiatement et sans frais une expédition authentique à l'intendant militaire et au chef du génie.

17. Les lettres au ministre de la guerre sont adressées sous enveloppe, elles parviennent franches de port. Les lettres que les directeurs ou chefs du génie sont dans le cas d'écrire directement, soit au président ou à un membre du comité, soit au directeur du dépôt des fortifications, doivent être mises sous bandes, contresignées et adressées simplement à *M. le directeur du dépôt des fortifications.* On les renferme ensuite dans une enveloppe adressée au ministre de la guerre. Elles parviennent ainsi au directeur du dépôt qui les fait remettre à leur destination.

18. On peut faire parvenir sous bandes et francs de port, les registres cartonnés ou non, pourvu qu'ils soient remplis à la

main en totalité ou partiellement. Les registres en blanc ou imprimés ne jouissent pas du même avantage.

19. D'après une ordonnance du 27 août 1830, le comité a dans ses attributions la répartition nominative des officiers de tout grade dans les diverses résidences. Une lettre du président du comité, en date du 21 octobre, même année, invitait les officiers du génie à faire connaître quelles étaient les résidences qu'ils désiraient obtenir, avec promesse d'en consigner le détail dans un registre et d'y avoir égard, toutes les fois que les circonstances le permettraient. Cette mesure qui a été, du reste, violée aussitôt que proposée, réunirait cependant trois grands avantages : 1° Un officier placé selon ses désirs et à portée de soigner ses intérêts particuliers, aurait plus de cœur à l'ouvrage ; 2° cette fixité ajouterait à sa dignité et lui donnerait plus de considération dans le pays, ce qui est un bien pour le service ; 3° le seul moyen de mettre un officier du génie en état de connaître parfaitement une frontière et les besoins d'une place, c'est de l'y laisser plusieurs années. Une foule de longs travaux, tels que la circonscription des zones de servitudes, les places topographiques, les projets généraux, les mémoires consciencieux sur une frontière, n'ont pu être achevés ou manquent totalement dans une place, parce que les chefs du génie s'y sont succédé trop rapidement. A sa sortie de l'école, il est sans doute utile de faire connaître au jeune officier diverses places et divers travaux. Mais dès qu'il a atteint l'âge de trente-cinq ans, on devrait avoir pour lui les égards que ses services et une expérience déjà acquise, semblent lui avoir mérités. Ajoutons que les ingénieurs des ponts-et-chaussées placés selon leurs désirs n'en servent que mieux. C'est donc par une erreur funeste, sous tous les rapports, qu'on s'obstine à changer brusquement de résidence, les officiers d'un certain âge, sans consulter leurs convenances.

20 Un officier du génie ne peut contracter mariage sans l'autorisation du ministre de la guerre. Pour obtenir cette autorisation, il doit produire un certificat constatant d'une manière légale que la personne qu'il désire épouser, jouit d'une certaine fortune qui doit être de quinze à vingt-cinq mille francs, selon le grade de l'officier. Les directeurs des fortifications et chefs d'établissemens du génie sont autorisés à délivrer de semblables permissions aux gardes du génie, sur la présentation d'un certificat dressé dans la même forme, qui constate un revenu égal à la moitié du minimum de la retraite à laquelle ils ont droit dans la classe dont ils font partie.

21. A son arrivée dans une place, le chef du génie qui prend le service, fait la vérification des archives. Ensuite il appose sa signature sur le premier feuillet du registre d'inventaire des papiers, et par ce seul fait, il déclare les recevoir à sa charge.

22. Si l'officier en chef qui quitte le service est obligé de partir avant l'arrivée de son successeur et qu'il n'y ait point d'officier pour le remplacer *par intérim*, il appose les scellés sur les archives. Ces scellés sont levés par le directeur qui remet lui-même les papiers à l'officier qui prend le service. Néanmoins dans les villes de casernement, le directeur peut se faire remplacer par un autre officier du génie.

23. Aussitôt après le décès d'un inspecteur général, d'un directeur ou d'un chef du génie, les scellés sont apposés par le juge de paix, sur les papiers, cartes, plans et mémoires qui sont présumés concerner le service militaire. Un officier du génie est nommé soit par le ministre de la guerre, soit par le directeur pour être témoin de la levée des scellés et de l'inventaire des effets. On fait un inventaire à part des objets qui sont reconnus appartenir au gouvernement ou qui sont jugés devoir l'intéresser. Le reste est remis aux ayans droit. S'il est des manuscrits composés par le décédé, que l'on juge utile de conserver au gouvernement, on doit en faire l'estimation et les payer aux héritiers.

24. Les chefs du génie ont des relations de service : 1° avec les généraux commandant les divisions territoriales et les inspecteurs à qui ils doivent donner communication de tout ce qui a rapport au service des fortifications, et du logement des troupes ; 2° avec le commandant de la place, pour les objets relatifs au casernement et à la sûreté de la place ; 3° avec le sous-intendant militaire, en tout ce qui concerne les marchés, le casernement, etc. ; 4° avec le commandant de l'artillerie pour la remise des magasins à poudre, etc. ; 5° avec les ingénieurs des ponts et chaussées pour les travaux que ceux-ci font exécuter dans la zone frontière ; 6° avec les maires pour le travail des zones de servitude et la passation des marchés ; 7° avec les procureurs du roi pour les acquisitions d'immeubles ; 8° avec les receveurs du domaine pour les matériaux à vendre ; 9° dans certains cas, avec les payeurs des départemens, etc.

25. Il est défendu très-expressément à tout officier du génie de laisser lever, par qui que ce soit, les plans des places du royaume où il fait sa résidence, ni de laisser prendre des copies de ceux dont il est dépositaire, à moins d'une permission expresse du gouvernement ; le tout sous peine d'être cassé et même de plus grande punition suivant l'exigence du cas. Les généraux et commandans de place qui désirent en prendre connaissance, doivent se transporter au bureau du génie.

26. Chaque directeur des fortifications doit donner connaissance au général commandant la division, dont sa direction fait partie, des décisions que le ministre de la guerre a prises, sur les diverses opérations qui peuvent intéresser directement la sûreté des places, telles que l'ouverture de la place, son armement ou désarmement, l'interruption des communications, la construction de nouveaux ouvrages. Le chef du génie doit également, dans chaque place, prévenir le commandant de place du jour où il procédera à l'exécution de ces opérations.

27. Lorsqu'un chef du génie a besoin de s'absenter de la place qui lui est confiée, il est tenu seulement d'en *prévenir* le commandant de la place, en lui désignant la personne qui doit le remplacer ou le suppléer. Lorsqu'il accorde l'autorisation à un de ses inférieurs de s'absenter, il doit également en prévenir le commandant. Il n'est responsable de ces absences qu'à l'égard du directeur des fortifications, dont il doit obtenir l'assentiment.

28. Le directeur peut donner une mission à un officier du génie sous ses ordres, dans toute l'étendue de sa direction, sans qu'il ait besoin de l'autorisation préalable du ministre.

29. Lorsqu'un officier du génie est obligé de se déplacer pour le service et d'après l'ordre de son directeur, il a droit à une indemnité de huit francs par jour de voyage, allée et retour, et par chacun des trois premiers jours de séjour dans la place qui n'est pas sa résidence habituelle. L'état que le chef du génie doit rédiger à cet effet (modèle n° 1.), doit être adressé au directeur à l'expiration du trimestre.

30. Dans les places où l'on exécute de grands travaux, il peut être alloué à titre d'indemnité pour surveillance, une somme de un franc cinquante centimes, à chaque garde du génie par journée de travail. Cette indemnité doit être préalablement approuvée par le ministre, et on doit la faire figurer dans la comptabilité. A la fin de chaque exercice, les directeurs des fortifications sont également autorisés à proposer un état des capi-

taines et lieutenans qui, employés dans leurs directions à des *travaux extraordinaires* relatés dans l'état de proposition, leur paraîtraient susceptibles de recevoir une indemnité proportionnée au temps qu'aura duré la surveillance sur lesdits travaux. Cette indemnité ne doit, dans aucun cas, excéder la somme de cinq cents francs par chaque officier.

31. Il est alloué ordinairement une gratification annuelle aux gardes du génie qui remplissent les fonctions de gérant. Elle est plus ou moins forte selon l'importance des travaux.

32. Lorsque les sapeurs des régimens du génie sont employés à des travaux dans les places, le ministre donne l'ordre de leur accorder une indemnité qui est habituellement fixée pour chaque journée de travail, à 0 fr. 50 cent. pour les sapeurs, et à 0 fr. 75 cent. pour les sergens.

33. Le chef du génie doit tenir un registre de correspondance où il inscrit les minutes de toutes les lettres qu'il écrit. Ces lettres ou paquets quelconques doivent être mis sous deux bandes de papier en croix, ayant environ le tiers de la largeur du pli. On écrit dans le haut : *service militaire*, et on les contre-signe dans l'un des coins. Le chef du génie a le contreseing dans toute l'étendue de la direction, lorsqu'il s'agit d'affaires de service.

BUREAU DU GÉNIE.

34. L'état fournit une allocation pour le loyer d'un bureau. Lorsqu'un chef du génie est seul dans une place, avec un ou deux gardes, voici à peu près quels sont les objets indispensables pour qu'un bureau soit approvisionné convenablement :

35. Six chaises, une pelle, une pincette, un soufflet, des chenets, deux chandeliers, des mouchettes.

36. Quatre planches à dessiner de 1 mètre 10 centimètres de longueur, sur 0 mètre 75 centimètres de largeur; deux *idem* de 1 mètre 20 centimètres, sur 0 mètre 90 centimètres ; deux *idem* de 0 mètre 75 centimètres, sur 0 mètre 55 centimètres; une *idem* de 2 mètre 20 centimètres, sur 1 mètre 50 centimètres; une *idem* de 2 mètres 40 centimètres, sur 1 mètre 80 centimètres.

37. Un pied de table ordinaire pour chacune des deux dernières grandes planches à dessiner. Quatre tréteaux à dessus mobiles, pour les planches ordinaires.

38. Une armoire pour renfermer les plans; un grand porte-feuille; un casier pouvant contenir une vingtaine de cartons pour les archives; un bureau fermant à clef et à casier pour le chef du génie; deux tables à écrire.

39. Deux étuis en ferblanc pour l'envoi des plans, ou pour faire venir le papier à dessiner. Il faut se rappeler en les faisant confectionner que les feuilles grand-aigle ont 1 mètre 3 centimètres de longueur, sur 0 mètre 70 centimètres de largeur, et les feuilles grand-monde 1 mètre 15 centimètres, sur 0 mètre 85 centimètres.

40. Un niveau d'eau; deux voyans à coulisse; un quadruple-mètre; un double-mètre; trois mètres simples, douze jalons de 2 mètres 50 centimètres de longueur; une chaîne d'arpenteur; une planchette avec son alidade et sa boussole; un niveau à bulles d'air; deux fils-à-plomb.

41. Un étui de mathématiques; un compas de proportion, deux double-décimètres en buis; une boîte de couleurs à l'aquarelle; huit règles et huit équerres de diverses grandeurs; trois encriers; six carrelets pour régler; huit plombs pour arrêter le papier à dessiner; un cadre à calquer; un cadre à défiler; une éponge.

42. *Objets de consommation ordinaire* : papier grand-monde; papier grand-aigle; papier végétal; papier à la Tellière (0 mètre 325 centimètres, sur 0 mètre 215 centimètres); papier ordinaire ; papier à lettres (0 mètre 245 centimètres, sur 0 mètre 190 centimètres); papier enveloppe (0 mètre 47 centimètres, sur 0 mètre 30 centimètres); encre; plumes ordinaires: plumes de corbeau; canifs; grattoirs; crayons Conté, n° 3; colle à bouche ; sandaraque; gomme élastique; pain à cacheter; sable; encre de Chine; carmin; indigo; gomme gutte; bistre. Registres : on les fait de diverses grandeurs; celui de comptabilité peut avoir 0 mètre 40 centimètres, sur 0 mètre 25 centimètres. Carnets 0 mètre 27 centimètres, sur 0 mètre 16 centimètres). Imprimés: il est bon d'en faire pour les mémoires apostillés, les bons de magasin, les feuilles de dépense, etc.

43. Dans les grandes places où le chef du génie a plusieurs officiers et un grand nombre de gardes sous ses ordres, le chef du génie a son bureau à part; les officiers travaillent dans un autre bureau, et ont chacun leur table fermant à clé, et les gardes du génie également ensemble dans un troisième bureau avec les secrétaires et autres employés. Dans ce cas, les

consommations du bureau, ainsi que les autres objets nécessaires, augmentent à proportion.

41. Les frais de bureau forment chaque année un article à
part. Cette dépense annuelle peut aller de 250 à 600 francs, selon
l'importance de la place.

ARCHIVES.

45. Les archives consistent en papiers, plans, cartes, livres
tant imprimés que manuscrits, instrumens, modèles, etc. Il
est très-essentiel de les bien classer, et d'avoir un inventaire
clair et méthodique, afin que l'officier du génie puisse trouver
en un instant les pièces qu'il a besoin de consulter.

46. On a publié, le 30 fructidor an XI, une notice sur les
dépôts des fortifications, où l'on expose le classement qui a été
adopté pour ce dépôt. Tout ce qui peut être placé dans les
cartons-boîtes forme une première section ; la deuxième section
se compose des objets qui ne peuvent être déposés que dans des
porte-feuilles ; la troisième section comprend les livres imprimés
et manuscrits, c'est-à-dire *la bibliothèque*. On rejette enfin dans
une quatrième section, les *instrumens, effets*, et autres objets
qui n'ont pu entrer dans les trois sections ci-dessus, tels que les
objets amovibles et de distribution. Ce classement est très-
rationel. Il est aussi fort naturel de chercher à le faire coïncider
avec celui des places. Malheureusement, en faisant cette application à la lettre, on est tombé dans quelques erreurs qui ont
contribué à jeter une certaine confusion dans la plupart des
archives particulières. Essayons de dévoiler ces erreurs.

47. On peut observer en premier lieu, que M. H. Morlaincourt
qui a fait la notice dont nous venons de parler, ne doit pas être
certainement l'auteur de l'ordre ou tableau de classement qui en
fait la suite. Car selon lui (page 6), le titre, *service et administration
du génie*, doit s'appliquer à la fois aux articles 8, 9, 10, 11 et 12
de la première section ; ce qui est très-bien : tandis que l'igno-
rant qui a fait l'*ordre de classement*, n'a compris que l'article 8,
sous ce même titre ; erreur très-grave qui s'est propagée dans
l'instruction du 31 août 1826. Il s'ensuit de là, qu'après que l'on
s'est donné beaucoup de peine pour diviser les matières et
articles, il se trouve un article 8, portant le titre d'*objets relatifs
au service et à l'administration du génie*, qui les comprend toutes
et où l'on peut fourrer pêle-mêle tout ce qu'on veut.

48. Seconde observation. La notice du dépôt réservait un
article 13 pour les anciennes archives dont on n'avait pas encore
eu le temps d'opérer le dépouillement. C'était avec juste raison

puisque ce travail n'était pas achevé et se continuait. On a conservé cet article 13 dans l'intruction, et on a eu tort, puisque dans les places tout doit être classé.

49. Troisième observation. D'après la répartition, on ne sait où placer la correspondance générale.

50. Quatrième observation. La notice indiquait que la quatrième section contiendrait les objets amovibles et de répartition. Celui qui a fait l'ordre de classement a compris dans ces objets des livres, tels que Rondelet, le mémorial du génie, etc. Il avait raison, puisque ces objets étaient destinés à sortir du dépôt et à ne plus faire partie de ses archives. Mais on a tort, dans les places, lorsqu'on les classe dans la quatrième section. Il est évident qu'ils doivent faire partie de la bibliothèque.

51. Cinquième observation. Parmi les lettres ministérielles, les unes ont un rapport spécial avec la place ; les autres sont générales et s'appliquent à toutes les places. Ces dernières doivent seules faire partie de l'art. 8. Les autres doivent être classées dans les divers articles auxquels elles se rapportent. C'est ce que l'ordre de classement n'explique pas, et c'est ce qui cause le plus de confusion dans les archives des places.

52. Nous n'insisterons pas davantage sur ces irrégularités. Avec quelques précautions, elles peuvent se rectifier, même en suivant le modèle donné. On y parvient en subdivisant chaque article en titres ou liasses, et en mettant exactement dans chaque liasse, généralement tout ce qui s'y rapporte, savoir : Etats, mémoires, procès-verbaux, plans, lettres, etc. Les pièces doivent être classées, dans chaque liasse, par ordre de dates ; il faut une série de numéros pour chaque titre. On inscrit sur chaque pièce les numéros de la section, de l'article, du titre et le numéro de la pièce. On inscrit enfin sur le carton-boîte ces mêmes objets, et de plus le texte de l'article. Telle est surtout la méthode à suivre pour les objets renfermés dans les cartons-boîtes, ce qui est la partie la plus considérable des archives. On se conduit d'une manière analogue à l'égard des autres sections. Rien n'est plus facile alors que de trouver la pièce qu'on désire sans même avoir recours à l'inventaire.

53. Voici, au reste, le texte des articles de l'inventaire des archives, suivant l'instruction du 31 août 1826, avec la division en titres qu'il est utile d'adopter, et quelques observations indiquant la manière d'opérer le classement. Le modèle n° 2, à la fin du présent chapitre, fait voir comment l'inventaire doit être établi.

(1ʳᵉ Section).

Art. 1ᵉʳ. — *Mémoires, projets, lettres, plans et dessins concernant la fortification de la place de….*

Titre 1ᵉʳ. Mémoires généraux et pièces diverses sur la fortification de la place.

Titre 2. Projets généraux pour la place.

Titre 3. Mémoires, lettres et apostilles sur les travaux de défense et d'entretien exécutés chaque année.

Titre 4. Terrains et plantations.

Nota. Ne mettre ici que les projets généraux d'amélioration ou de restauration; y insérer tous les plans et pièces quelconques qui y ont rapport. Dans chaque titre, les lettres insignifiantes qui y ont rapport sont rassemblées en un seul numéro sous le nom de lettres diverses. Ceci s'applique à tous les articles et titres de l'inventaire.

Art. 2. — *Mémoires, projets, lettres, plans et dessins concernant les bâtimens militaires de la place de….*

Titre 1ᵉʳ. Lettres, états et projets généraux concernant les bâtimens de la place.

Titre 2. Casernement des soldats.

Titre 3. Logement des officiers et employés.

Titre 4. Cuisines, manutentions, citernes, magasins aux vivres, etc.

Titre 5. Hôpitaux.

Titre 6. Magasin à poudre et autres.

Titre 7. Prisons et corps-de-garde.

Nota. Ne mettre ici que les projets généraux concernant l'établissement et la construction des casernes neuves, et toutes les pièces qui y ont rapport, y insérer tout ce qui a rapport au casernement.

Art. 3. *Inventaires des papiers, supplémens d'inventaires, états des matériaux, d'ustensiles, (états des bâtimens militaires).*

Titre 1ᵉʳ Inventaires des papiers.

Titre 2. États, confection et emploi des outils, ustensiles, meubles et matériaux.

Titre 3. Acquisitions, ventes, cessions, etc. des outils, ustensiles, meubles et matériaux.

Nota. Supprimer la dernière partie du texte de l'article, puisque tout ce qui a rapport aux bâtimens militaires doit faire partie de l'art. 2, la remplacer par *ventes et acquisitions d'idem.*

Art. 4. *Mémoires généraux sur les frontières de terre et de mer de la France.*

Titre 1er. Défense de la frontière (mémoires, etc.)

Titre 2. Topographie. Communications, commission mixte.

Nota. Insérer dans le second titre toutes les pièces et décisions relatives aux travaux mixtes qui concernent l'arrondissement de la place.

Art. 5. *Mémoires, plans, etc., sur les places étrangères.*

Art. 6. *Mémoires, plans et dessins, relatifs aux objets d'art.*

Titre 1er. Gravures et planches d'études avec les explications qui y sont relatives.

Titre 2. Instructions sur divers sujets.

Nota. Insérer ici tout ce qui a rapport aux sciences et arts, sauf les livres qui doivent faire partie de la bibliothèque.

Art. 7. *Relations de campagnes et de siéges, sous le titre d'histoire militaire.*

Nota. N'insérer ici que ce qui est sous la forme de cahier.

Art. 8. *Objets relatifs au service et à l'administration du génie.*

A ajouter : *Lois, ordonnances, circulaires, arrêtés et réglemens généraux.*

Titre 1er. Fortifications, plans, défense générale, commission mixte, plantations.

Titre 2. Bâtimens militaires et casernement.

Titre 3. Inventaires, papiers, outils, ustensiles, meubles, matériaux.

Titre 4. Devis et marchés relatifs aux travaux.

Titre 5. Projets, travaux, comptabilité.

Titre 6. Propriétés militaires, dégradations, affermages, locations.

Titre 7. Servitudes militaires.

Titre 8. Réglemens mixtes touchant les travaux, le casernement, la conservation, l'affermage et les dégradations des propriétés militaires, et les jours de servitude.

Titre 9. Personnel.

Nota. Insérer dans chaque titre les lois, ordonnances, circulaires, qui y ont rapport, et qui sont également obligatoires pour toutes les places.

Art. 9. *Devis et marchés relatifs aux fortifications et bâtimens militaires de la place de....*

Titre 1er. Années de 1745 à 1747. — Jean Bernard entrepreneur.

Titre 2. Etc....

Nota. On fera ainsi un titre particulier pour chaque entreprise ou chaque gérence, et on insérera dans chaque titre toutes les pièces qui ont rapport à la même entreprise, savoir : Bordereaux, devis, analyses, rapports, lettres. On ne commettra pas la faute d'y comprendre les analyses et devis-modèles, qui doivent faire partie de l'art. 6. (Titre 2).

ART. 10. *Mémoires apostillés, comptes généraux et autres objets de comptabilité.*

Titre 1er Objets d'un intérêt général ou permanent.

Titre 2. Année 1745.

Titre 3. Etc....

Nota On fera ainsi un titre particulier pour chaque année. On comprendra dans chaque titre les états estimatifs des projets avec les plans et autres pièces qui les accompagnent, les décisions du comité et du ministre relatives aux travaux, les comptes généraux, mémoires apostillés, lettres, annonces de fonds, registres de comptabilité, carnets ; en un mot tout ce qui a rapport aux travaux de l'année. Ce mode de classement présente l'avantage d'avoir tout ce qui concerne un exercice dans la même liasse.

ART. 11. *Achats, échanges, aliénations et concessions de terrains pour asseoir les fortifications et les bâtimens militaires. — Affermages. — Limites du terrain militaire. — Location.*

Titre 1er. Papiers constatant la propriété des terrains militaires et leurs limites.

Titre 2. Contestations relatives aux terrains et bâtimens militaires. Paiement des dégradations.

Titre 3. Affermage des terrains et bâtimens militaires.

Titre 4. Terrains et bâtimens loués ou occupés par l'état.

Nota. Le maladroit classificateur ne comprenant pas l'esprit de la notice (page 6) a marqué tout de travers la ligne de démarcation qui doit exister entre les articles 11 et 12, et a porté dans l'article 12 les limites des terrains militaires. On doit les rétablir dans l'art. 11 qui est leur véritable place. L'art. 11, en effet, doit contenir tout ce qui a rapport à l'assiette de la propriété ; et l'art. 12 tout ce qui est relatif aux servitudes imposées aux particuliers.

ART. 12. *Permissions de bâtir, soumissions faites par les particuliers qui ont bâti dans les limites du terrain de la fortification.*

Titre 1er. Correspondance de détail.

Titre 2. Rapports, décisions, plans et autres pièces remarquables concernant les permissions de bâtir.

Titre 3. Soumissions des propriétaires.

Titre 4. Indemnités à accorder par le gouvernement.

Titre 5. Travail de circonscription.

Nota. Le titre de l'art. 12 porte aussi dans l'instruction : Limites du terrain militaire. Nous avons montré que cette partie du titre doit être placée dans celui de l'art. 11. (Voyez le *nota* qui précède).

Art. 13. *Anciennes archives des fortifications.*

Nota. A la place ou à la suite de ce titre qui n'est utile à rien, il faudrait mettre : *Personnel de la place et correspondance.*

Titre 1er. Personnel du génie de la place et inspections.

Titre 2. Lettres générales du ministre et du président du comité (concernant la place).

Titre 3. Lettres du directeur des fortifications.

Titre 4. Lettres diverses.

Titre 5. Registres de correspondance.

Nota. Toutes les lettres qui n'auraient pas un but spécial, qui traiteraient de plusieurs objets et qui, par cette raison, ne pourraient être insérées dans l'un des articles précédens, trouveront ici leur place.

(2ᵉ SECTION).

1ʳᵉ Partie. — Cartes.

Art. 1ᵉʳ. *Cartes géographiques.*

Art. 2. *Cartes topographiques, ou cartes des environs des places fortes de France.*

Art. 3. *Cartes des fleuves, rivières et canaux, des routes, cols ou défilés, ou cartes défensives des frontières.*

Art. 4. *Cartes des guerres et campagnes, marches d'armées, siéges, etc.*

Art. 5. *Dessins et études d'objets d'art trop étendus pour être insérés dans les cartons.*

Nota. Ce dernier article n'est autre chose qu'un supplément à l'article 6 de la 1ʳᵉ section.

2ᵉ Partie. — Plans.

Art. 1ᵉʳ *Plans des places fortes par direction.*

ART. 2. *Plans des places fortes étrangères, par contrées et par ordre alphabétique dans chaque état.*

3ᵉ Partie. — Atlas.

ART. 1ᵉʳ *Atlas terrestres.*

ART. 2. *Atlas maritimes.*

ART. 3. *Atlas de France.*

ART. 4. *Atlas des places fortes de France.*
Nota. Le modèle ne va pas plus loin, il est évident cependant qu'il faut ajouter le 5ᵉ article suivant :

ART. 5. *Atlas des bâtimens militaires.*

(3ᵉ SECTION).

Livres imprimés et manuscrits reliés.

Titre 1ᵉʳ. *Annales et histoires militaires de la fortification.*
Titre 2. *Sciences et arts.*
Titre 3. *Histoire, géographie, voyages.*
Titre 4. *Littérature.*
Titre 5. *Ouvrages périodiques.*
Titre 6. *Manuscrits reliés sur la fortification, les frontières et les places.*
Nota. Il est évident qu'on doit placer ici, généralement, tous les livres imprimés, brochés ou reliés et tous les manuscrits reliés. Pourquoi, au reste, a-t-on divisé cette section en titres plutôt qu'en articles ? C'est ce dont il est difficile de se rendre compte.

(4ᵉ SECTION).

Objets d'art et de distribution.

Nota. Cette section ne se subdivise ni en articles ni en titres. On ne doit y placer que l'inventaire des instrumens et modèles en relief qui feraient partie des archives.

54. Dans le courant d'un exercice (ou année de travail), le chef du génie peut déposer tous les papiers qui y sont relatifs dans un carton-boîte particulier. A la fin de l'exercice, il les inscrit sur le registre d'inventaire, et en réunit les diverses espèces sur une même feuille portant le titre de *supplément* à l'inventaire des

livres et papiers (modèle n° 3), lequel doit être fait en double expédition, et adressé au ministre et au directeur, en même temps que le compte général et définitif.

MAGASINS.

55. Les magasins du génie se composent d'outils, de machines, d'ustensiles, de meubles et de matériaux. Les guérites, planches à pain, planches à bagages, rateliers d'armes, etc. font partie du mobilier. Tous ces objets sont classés dans un même registre (modèle n° 4), qui est tenu par un garde du génie responsable. On y inscrit avec soin les entrées et sorties. Il peut servir pour plusieurs années. On arrête chaque article à la fin de chaque exercice.

56. Aucune *entrée* ne peut se faire au magasin sans un ordre de recevoir (modèle n° 5), signé par l'officier qui fait le versement, et par le garde-magasin qui reçoit. Aucune *sortie* ne peut avoir lieu sans un *bon de sortie* (modèle n° 6), délivré par l'officier qui a besoin de l'objet. Les premiers sont conservés par le chef du génie, les seconds par le garde-magasin.

57. Les objets hors de service sont présentés à l'inspecteur, s'il les juge tels, on les porte en sortie, et on en dresse un état à part (modèle n° 7), que l'on adresse au ministre pour qu'il en ordonne la vente. Dès qu'on a reçu l'autorisation, on remet copie de cet état avec les matériaux mêmes au receveur des domaines. Celui-ci délivre en retour au chef du génie, 1° une copie de l'état ci-dessus, avec son reçu au bas ; 2° une expédition du procès-verbal de vente ; 3° un récépissé (modèle n° 8), indiquant la somme perçue. Le chef du génie adresse ces deux dernières pièces au directeur après en avoir pris une copie pour la place.

58. Les objets extraits du magasin sont inscrits sur les carnets à mesure qu'on en opère la sortie ; ces mêmes objets sont inscrits sur le registre de comptabilité à la fin de chaque article, et dans la récapitulation. On en fait également mention au mémoire apostillé définitif, et à la récapitulation par articles. (Voyez les modèles relatifs à la comptabilité.)

59. On envoie avec le compte général et définitif d'un exercice, un état général des effets et matériaux du magasin (modèle n° 9.) On en fait trois expéditions. Si l'inspecteur n'a pas paru dans la place, on adresse, lorsqu'il y a lieu, l'état indiqué au n° 57

(modèle n° 7), en même temps que celui des effets et matériaux; seulement le nom et l'opinion de l'inspecteur n'y figurent pas.

60. D'après les dernières décisions ministérielles, les couchettes et chalits en fer fabriqués aux frais de l'état et répartis dans les places, font partie des magasins du génie. Les planches des chalits sont fournies par les soins de l'intendance, et entretenues ou remplacées par ceux des officiers du génie. Chaque magasin d'habillement doit être muni d'une table étalonnée de deux mètres de longueur en bois de sapin ou volige portée sur deux tréteaux. Ce n'est point au département de la guerre à faire fournir les guérites destinées aux sentinelles placées aux portes des administrations civiles.

61. Les effets du magasin sont ou achetés sur les fonds des travaux, ou confectionnés par les ouvriers payés par le génie de la place, ou fournis par les soins de l'état. Lorsqu'on a besoin de bois de charpente pour des travaux extraordinaires de défense, il est d'usage que, sur la demande des officiers du génie, appuyée par le ministre de la guerre, celui des finances propose au roi d'autoriser des coupes dans les forêts, par une ordonnance. Ces bois sont délivrés sur pied. L'abattage, le façonnage et le transport sont ordinairement à la charge du département de la guerre. On sent qu'on ne fait usage de ces bois qu'autant qu'ils reviennent ainsi beaucoup moins cher qu'en les achetant dans le commerce.

TITRES ET LIMITES DES PROPRIÉTÉS.

62. Les propriétés immobilières affectées au service de la guerre proviennent 1° des droits imprescriptibles de l'état, 2° des cessions faites par les autres administrations, 3° des achats, 4° des constructions élevées aux frais du gouvernement.

63. Tous terrains des fortifications des places de guerre ou postes militaires, tels que remparts, parapets, fossés, chemins-couverts, esplanades, glacis, ouvrages avancés, terrains vides, canaux, flaques ou étangs dépendant des fortifications, et tous autres objets faisant partie des moyens défensifs des frontières du royaume, tels que lignes, redoutes, batteries, retranchemens, digues, écluses, canaux et leurs francs-bords lorsqu'ils accompagnent les lignes défensives ou qu'ils en tiennent lieu, quelque part qu'ils soient situés, soit sur les frontières de terre, soit sur les côtes et dans les îles qui les avoisinent, sont déclarés *pro-*

priétés nationales. En cette qualité, leur conservation est spécialement attribuée au ministre de la guerre.

64. A l'intérieur des remparts d'une place forte ou poste de guerre quelconque, est déclarée *propriété nationale* une rue militaire du rempart, qui est limitée d'un côté par le pied du talus du rempart, et de l'autre côté par une ligne parallèle tracée à 4 toises (7m. 80) de distance de ce même talus.

65. S'il n'y a pas de rempart élevé au-dessus du sol intérieur, cette rue qui se confondra dès-lors avec le rempart, sera limitée d'un côté par le parement intérieur du parapet ou du mur de clôture, et de l'autre côté par une ligne parallèle tracée à 5 toises (9 m. 75) de distance de ce parement intérieur.

66. Si la rue se trouve déjà plus large, on la conserve telle qu'elle est.

67. Si les localités l'exigent, le ministre, d'après l'avis du comité des fortifications, peut fixer des dimensions moindres que les précédentes pour la rue du rempart.

68. A l'extérieur des remparts, le terrain militaire national doit s'étendre sur les glacis à la distance de 20 toises (39 m.) de la crète des parapets des chemins-couverts.

69. Dans les postes sans chemins-couverts, la limite de ce terrain militaire sera marquée par une ligne établie à la distance de 15 à 30 toises (29 m. 25 à 58 m. 50) du parement extérieur de la clôture, suivant que cela sera jugé nécessaire.

70. Le terrain militaire de chaque place forte ainsi limité à l'intérieur et à l'extérieur, doit être marqué par des bornes sur le terrain, lesquelles doivent être exactement rapportées sur un plan spécial.

71. Nul ne peut bâtir sur les limites du terrain militaire. Néanmoins ceux qui y jouissent de constructions déjà établies, continueront d'en jouir sans être inquiétés; mais dans le cas de démolition desdites constructions, par une cause quelconque, les particuliers sont tenus de s'établir en dehors des limites. Les terrains qu'ils peuvent perdre dans cette occasion leur donnent droit à une indemnité que l'état leur paie, lorsque leur droit de possession est prouvé légalement. Si l'état veut entrer de suite en possession, il faut qu'il achète les terrains et les bâtimens existans.

72. Tous les établissemens et logemens militaires, ainsi que leurs ameublemens et ustensiles actuellement existans (10 juillet 1791), ou en magasin, soit que ces divers objets appartiennent à l'état ou aux ci-devant provinces et aux villes, seront considérés désormais comme propriétés nationales, et confiés en cette qualité au ministre de la guerre, pour en assurer la conservation et l'entretien. Il en sera de même de tous les terrains et emplacemens militaires, tels qu'esplanades, manèges, polygones, etc. dont l'état est légitime propriétaire.

ACQUISITIONS DES PROPRIÉTÉS.

73. Lorsque les besoins de la guerre exigent qu'un terrain ou un bâtiment dépendant d'une administration quelconque soit affecté au service militaire, cette cession est constatée par un procès-verbal où figurent un agent de l'administration qui cède, un officier du génie, et un sous-intendant militaire. Ce procès-verbal n'est exécutoire que lorsqu'il a été approuvé par les deux ministres intéressés. C'est le sous-intendant qui tient la plume. Si c'est le département de la guerre qui fait les cessions, les formalités sont les mêmes.

74. Lorsqu'il y a lieu d'acheter d'un particulier un terrain ou un bâtiment nécessaire au service militaire, le chef du génie constate d'abord cette nécessité dans un rapport adressé au ministre. Si le ministre l'approuve, et que le prix ait pu être fixé convenablement, de gré à gré, le sous-intendant, accompagné du chef du génie et des particuliers, se rend chez un notaire pour y passer l'acte d'achat. Une expédition sur papier timbré de cet acte est envoyée au ministre de la guerre. Le chef du génie en garde une expédition et en envoie deux autres au directeur. Ce dernier adresse l'une de ces copies au préfet qui requiert le procureur du roi de faire purger d'office, au nom et pour le compte du gouvernement, les hypothèques légales sur le bien acquis au domaine militaire, suivant les formalités prescrites par le Code civil.

75. Un délai de quatre-vingt-dix jours est accordé au vendeur pour produire un certificat de radiation ou de non-existence d'hypothèques judiciaires, conventionnelles ou légales. Dès que ce certificat et les autres pièces dont nous parlerons plus loin ont été fournies tant par les soins du chef du génie que par ceux du procureur du roi, le ministre de la guerre ordonne au directeur du génie de délivrer au vendeur le mandat qui représente le montant de la vente. Si après le délai de quatre-vingt-dix jours, le propriétaire n'a pas pu faire la justification demandée, ou s'il existe des saisies-arrêts ou oppositions formées par des tiers à la délivrance des deniers, le montant de la vente est versé à la caisse des dépôts et consignations, pour être ultérieurement pourvu à son emploi ou distribution dans l'ordre et suivant les règles du droit commun.

76. Si le propriétaire de l'immeuble ne veut pas accepter les offres du ministre de la guerre, il est passé outre à l'expropriation par voie judiciaire ; et les quatre-vingt-dix jours ci-dessus courent à partir du jour où le jugement du tribunal a été signifié à la partie intéressée. Les autres formalités sont les mêmes. Au reste, il faut lire à ce sujet, l'ordonnance du premier août 1821 sur les servitudes.

77. Les pièces à fournir au ministre sont : 1° Une expédition sur papier timbré de l'acte de vente; 2° un état des inscriptions hypothécaires existantes sur l'immeuble ; 3° un état des frais et honoraires du notaire dressé par lui-même et taxé par le président du tribunal civil de l'arrondissement ; 4° un état des droits perçus par le conservateur des hypothèques; 5° un état récapitulatif de la dépense de ces frais et droits divers, dressé et certifié par le chef du génie et vérifié par le directeur ; 6° un certificat de dépôt du contrat au greffe du tribunal pour être affiché dans l'auditoire ; 7° l'exploit de notification de ce dépôt au procureur du roi et aux parties intéressées; 8° le certificat d'affiche du contrat ; 9° le numéro de la feuille d'annonces judiciaires du département contenant la notification du dépôt de l'acte de vente; 10° un certificat délivré par le conservateur des hypothèques à l'expiration des délais d'affiche; 11° un certificat délivré par le même, quinze jours après la transcription du contrat au bureau des hypothèques ; 12° enfin, un certificat de radiation des inscriptions hypothécaires existantes sur l'immeuble acquis.

78. Aussitôt que ces pièces ont été adressées par le directeur du génie, et qu'elles ont été vérifiées, le ministre fait connaître au directeur s'il peut délivrer au vendeur le mandat de fonds remis à sa disposition pour solder le prix d'acquisition de l'immeuble, ou si par suite de l'impossibilité dans laquelle se trouverait le vendeur de fournir le certificat de radiation, le versement des deniers doit avoir lieu à la caisse des dépôts et consignations.

79. Il a été décidé (24 juin 1828 et 5 février 1831) que les acquisitions de terrains et maisons à réunir au domaine militaire,

les indemnités de non jouissance pour les terrains non militaires dégradés et occupés temporairement pendant l'exécution des travaux, les frais accessoires des acquisitions et des intérêts des sommes principales, et enfin les frais de location des bâtimens destinés à loger les troupes ou à recevoir les accessoires du casernement, ainsi que les champs de manœuvres, feraient à l'avenir partie des dépenses de fortifications ou de bâtimens militaires, suivant leur affectation et formeraient des articles spéciaux dans les projets. Les champs de manœuvres sont classés dans les bâtimens militaires.

80. En conséquence, ces dépenses doivent figurer dans les diverses pièces de la comptabilité, comme on peut le voir dans les modèles qui y sont relatifs.

81. Les crédits sont ouverts directement au nom des vendeurs ou des diverses parties prenantes, afin d'éviter le bénéfice de l'entrepreneur. Les parties prenantes doivent signer les reçus des mandats sur le registre, et signer en outre des récépissés sur feuille volante, expliquant parfaitement la somme, le motif, la date de l'approbation de la dépense, etc ; et adressés par le chef du génie au directeur.

82. Quant aux augmentations de fortifications ou de bâtimens qui proviennent de constructions, on sait qu'elles sont le résultat de projets rédigés par le chef du génie et approuvés par le ministre.

CONSERVATION DES PROPRIÉTÉS.

83. Il doit y avoir dans chaque place : 1° Un plan des terrains militaires ; 2° un mémoire explicatif de ce plan ; 3° un procès-verbal constatant les limites. Les terrains militaires doivent être limités soit par des limites naturelles, soit par des bornes numérotées et reportées sur le plan. L'opération du bornage se fait de concert entre les officiers du génie, les maires et les ingénieurs civils qui peuvent être appelés par les maires. Les propriétaires intéressés doivent aussi être invités à s'y trouver. On rattache les bornes à des points fixes, et le procès-verbal dressé et signé par le fonctionnaire dont on vient de parler, doit faire mention de toutes les circonstances qui peuvent jeter du jour sur cette importante opération.

84. Les propriétés militaires consistent en fortifications, en bâtimens et en terrains. Un garde du génie est chargé de leur

10

conservation. Les dégradations qui peuvent avoir lieu sont les suivantes :

1° Dégradations dans les bâtimens par la troupe ou par ceux qui les occupent.

2° Dégradations aux fortifications , aux bâtimens et aux plantations par des charrettes , des bestiaux, des passans et des malfaiteurs.

3° Dégradations aux terrains militaires, affermés ou non , par les bestiaux.

Le paiement de ces dégradations s'opère de la manière suivante :

85. Lorsque la troupe prend possession d'un casernement, le garde du génie , chargé de ce service , dresse un état des lieux (modèle n° 10) signé par lui et par l'oficier chargé du casernement, après quoi le corps devient responsable , sauf les cas de force majeure , de vétusté ou de vices de construction; ce qui doit être reconnu, pour les objets importans, par un procès-verbal dressé par le sous-intendant militaire et le chef du génie. Chaque partie intéressée garde une expédition de cet état. On fait une opération analogue, lorsqu'on remet un bâtiment à un officier ou à une administration quelconque. A la sortie de la troupe , de l'officier ou de l'administration , une visite des lieux est faite. Le garde du génie dresse l'état des dégradations ; et le montant de la dépense doit être versé par la partie occupante entre les mains de l'entrepreneur ou du gérant qui sont chargés de remettre les lieux dans leur premier état. (Voyez au reste le règlement du 17 août 1824).

86. Lorsqu'une dégradation est faite à quelque partie des fortifications , des bâtimens militaires, des plantations , etc.

Le garde du génie , après avoir fait arrêter le délinquant , les voitures ou les bestiaux qui ont commis la dégradation, estime la somme qui est nécessaire pour la réparer, et la fait remettre par le délinquant entre les mains de l'entrepreneur ou du gérant. S'il refuse , le garde dresse procès-verbal et le poursuit devant le juge de paix. S'il s'agit d'un vol , le garde du génie en instruit sur-le-champ le commandant de la place et le chef du génie qui en poursuivent la punition conformément aux lois.

87. Lorsque des bestiaux causent quelques dégradations sur les terrains militaires, ou lorsqu'ils se trouvent sur des portions de terrains où le pacage est prohibé , le garde du génie les fait saisir par la garde et les fait mettre en fourière chez un aubergiste aux frais du propriétaire. On ne lâche les bestiaux que lorsque le

propriétaire a payé l'amende d'usage, dont moitié au profit du poste qui a fait la saisie et moitié au profit du fermier. S'il refuse ou s'il laisse écouler trop de temps, le garde du génie dresse procès-verbal et fait vendre les bestiaux à l'enchère. Une partie de la vente sert à couvrir les frais de l'aubergiste, une autre partie est partagée entre les hommes du poste et le fermier. L'excédant est restitué au propriétaire du bétail.

88. Le commandant de place doit donner pour consigne au poste de saisir les individus, voitures ou bétail qui causent des dégradations ou qui se trouvent sur les terrains prohibés, et de prêter main forte au garde du génie lorsqu'il en est requis. A chaque saisie faite par le poste, le chef en prévient le commandant de la place qui en instruit sur-le-champ le chef du génie afin qu'il fasse procéder à l'estimation des dégâts.

89. Pour la conservation des ouvrages de fortification et de la récolte des fruits des terrains affermés, on ne permet la circulation du public que sur les seuls *terre-pleins* des remparts et sur les parties de l'esplanade qui ne sont pas en valeur.

AFFERMAGE DES PROPRIÉTÉS.

90. Lorsque les terrains militaires, la pêche des fossés, la vidange des latrines, etc. ne sont point affermés, le directeur du génie fait procéder à l'affermage le premier janvier de l'année qui va s'ouvrir.

91. Le chef du génie doit en prévenir le sous-intendant militaire qui devra faire apposer les affiches de l'adjudication, un mois avant la passation du procès-verbal. Le public doit être prévenu que les concurrens pourront se présenter au bureau du chef du génie pour prendre connaissance de la composition des lots et des conditions de l'adjudication : on indique aussi le lieu, le jour et l'heure où l'adjudication aura lieu.

92. La mise à prix est ordinairement celle du dernier marché. S'il n'y en a pas eu ou s'il y a quelque motif de la changer lorsque le jour fixé pour l'adjudication est venu, le chef du génie présente deux experts au sous-intendant, lequel choisit l'un d'entre eux. Cet expert procède seul à l'estimation provisoire de la valeur locative des objets à affermer; et il ne peut être reçu aucune enchère qui ne soit au moins égale à cette estimation.

93. L'adjudication se fait ordinairement dans une des salles de

la mairie par le sous-intendant militaire ou son délégué, en présence du chef du génie et du maire qui signent au procès-verbal. Le mode suivi est celui de la sur-enchère, soit qu'elle ait lieu par criée ou par extinction des feux. Les frais de l'adjudication relatifs à l'afficheur ou crieur public, à l'expert, aux expéditions du procès-verbal, frais d'enregistrement, sont supportés par les adjudicataires, en proportion du prix de leur fermage.

94. Le procès-verbal d'affermage que l'on donne comme modèle dans les places, contenant toutes les conditions qu'il est important de connaître, nous allons l'insérer ici.

95. (*En marge :*) N. Division militaire.—Place de N. — Contentieux du génie. — Procès-verbal d'affermage par adjudication à l'enchère montant à (*tant*). Et *dans le haut* : Direction de N.

L'an mil huit cent (*et tant*) et le (*l'époque du mois en toutes lettres*) à N. heures du matin, ensuite des affiches apposées et des publications préalablement faites dans les délais prescrits, nous N. sous-intendant militaire, employé dans la N. division militaire et chargé du service de la place de N., en exécution de la loi du 10 juillet 1791, et d'après les ordres de M. l'intendant militaire de cette division, nous sommes rendu, accompagné de M. N., (*le grade*) chef du génie dans cette place, dans une des salles de la mairie de cette ville, à l'effet de procéder, en présence de M. N. maire de cette ville, suivant les différentes mesures prescrites par le règlement du 15 fructidor an 9, à l'affermage des terrains militaires de cette place, en nature d'herbages.

1°.....2°....3°......etc...... (*Mettre ici la désignation des divers lots qui composent le terrain militaire, savoir telle partie des fossés, glacis, terre-pleins, telles vidanges, telles redoutes, etc...*), aux conditions suivantes, desquelles il a été fait lecture, à haute et intelligible voix aux prétendans assemblés.

(*En tête*) CONDITIONS GÉNÉRALES — 1° Les fermiers se conformeront aux lois et règlemens relatifs à la police des fortifications, notamment à ce qui est prescrit par les articles 22 et 24 du titre 1er de la loi du 10 juillet 1791 et à l'article 18 du règlement du 22 germinal an IV, ainsi conçus :

Article 22 de la loi du 10 juillet 1791. — Tous terrains dépendans des fortifications qui sans nuire à leur conservation seront susceptibles d'être cultivés, ne le seront jamais qu'en nature d'herbages, sans labour quelconque et sans être pâturés, à moins d'une autorisation du ministre de la guerre.

Article 24 de la loi du 10 juillet 1791. — Les fermiers de toutes les propriétés nationales dépendant du département de la guerre seront responsables de toutes les dégradations qui seront reconnues provenir de la faute d'eux ou de leurs agens ; et lorsque le service des fortifications obligera de détériorer par des dépôts de matériaux , ou des emplacemens d'ateliers, ou de toute autre manière , les productions de quelques parties des terrains qui leur seront affermés , l'indemnité à laquelle ils auront droit de prétendre sera estimée par des experts , et il leur sera fait sur le prix de leur baux , une déduction égale au dédommagement estimé.

Article 18 *du règlement du 22 germinal an* IV. — Tous terrains loués, dépendant des fortifications , ne pourront être labourés par les locataires , à peine de nullité de leur bail et de confiscation de la récolte , à moins d'une autorisation particulière du minis tre de la guerre.—Lesdits locataires ne pourront y faire aucun amas de fumiers . fagots, fourrages, rapports de terre et autres : les gardes et éclusiers des fortifications veilleront particulièrement à ce que personne n'en dépose aux avenues des postes, barrières , passages , ponts-levis ou dormans , entrées de ville, etc., le tout à peine de confiscation des objets formant lesdits amas et de leur vente au profit de l'état. — Le présent article sera inséré en entier dans les clauses des différens baux qui seront à faire, afin qu'aucuns n'en puissent prétendre cause d'ignorance. Il aura aussi son effet à l'égard des baux courans , s'il ne sont pas revêtus de l'approbation spéciale du ministre de la guerre.

2° Article 11 du réglement du 15 fructidor an IX. — Les adjudicataires seront chargés , conformément à la loi , des réparations locatives, et ils ne pourront s'opposer aux grosses réparations à la charge du gouvernement, ni prétendre à aucun dédommagement pour la gêne qu'ils en éprouveraient. Ils demeureront responsables des dégradations qui seraient commises dans les bâtimens ou logemens par eux loués ; il sera, à cet effet, dressé immédiatement après la passation des baux , un procès-verbal de l'état des lieux, qui devra être signé par eux.

3° Article 13 du règlement du 15 fructidor an IX. — Les formalités relatives à la conservation des bâtimens militaires s'appliquent aux jardins et terrains dépendant de ces bâtimens, en ce qui concerne l'état des plantations, la taille des arbres , le remplacement de ceux détruits par défaut de surveillance , l'engrais des terres et autres amendemens.

4° Décision du 18 février 1832. — Le département de la guerre aura la faculté de résilier les baux à toute époque sans indemnité, dans le cas où les besoins du service viendraient à l'exiger, sauf aux locataires, le cas échéant, à ne payer le prix du loyer qu'en raison du temps de l'occupation.

5° Nul ne pourra se rendre adjudicataire ou fermier que préalablement il n'ait justifié de son domicile et qu'il n'ait présenté pour caution un propriétaire dans l'arrondissement, dont la solvabilité soit constatée par l'autorité civile. La caution sera garante et solidaire de l'exécution du bail et du paiement des loyers aux époques qui seront déterminées.

6° Les frais d'affiches, publications, expertises, écritures, timbre et enregistrement, seront supportés proportionnellement par les adjudicataires, qui devront en effectuer le paiement dans les huit jours qui suivront la notification qui leur en aura été faite : ceux qui laisseront passer cette époque sans s'être acquittés, seront, pour cela seul, déchus de leur ferme ou location.

7° Les paiemens des baux seront effectués entre les mains de M. le receveur de l'enregistrement et des domaines, de six en six mois pour les terrains, et de trois en trois mois pour les bâtimens.

8° Lettre ministérielle du 31 août 1832. — La dotation des invalides ayant été supprimée à partir du 1er janvier 1832 par la dernière loi des finances, le receveur des domaines n'aura plus à tenir compte à cette dotation, du montant des affermages des terrains militaires, lequel sera versé dans leurs caisses pour le compte direct de l'état, à compter de cette époque du 1er janvier.

9° Les baux seront résiliés de droit au premier semestre qui n'aurait pas été acquitté ; pour cet effet, le receveur de l'enregistrement fera connaître au sous-intendant les fermiers retardataires.

10° Lettre ministérielle du 1er décembre 1832. — Si les locataires refusaient de se conformer exactement aux conditions stipulées et consenties par eux, leurs baux seraient résiliés immédiatement, sans qu'ils puissent prétendre à aucune indemnité.

11° La durée des baux est fixée pour trois, six ou neuf ans, à compter du premier janvier mil huit cent (*et tant*) au **31** décembre (*de telle année : neuf ans après*), avec faculté réciproque de résiliation à l'expiration de chaque ternaire, en prévenant six mois à l'avance, de manière que la durée totale du bail se trouve dans tous les cas de trois, six ou neuf ans, sauf les circonstances prévues dans les articles 4, 6, 9 et 10.

CONDITIONS PARTICULIÈRES.... 12°..... 13°..... etc , etc. (*Inscrire ici les autres conditions qui ont rapport aux localités, telles que l'indication des portions de terrain où le pacage est permis, les restrictions relatives à la vidange des latrines ou à la manœuvre des troupes, etc.*)

La lecture des conditions ci-dessus étant terminée, nous avons procédé à l'adjudication, en prenant pour base les prix du dernier bail (*ou de telle expertise*) savoir : pour le premier lot (*tant*), etc.

Le premier lot comprenant (*tels objets*) a été adjugé, après plusieurs offres successives, moyennant la redevance annuelle de (*tant*) au sieur N., qui a produit pour sa caution le sieur N., lesquels ont tous deux signés en marge du présent .... ci .... (*former une colonne pour recevoir les sommes*). (*De même pour les autres lots. Puis on forme le total, après quoi on continue :*)

L'adjudication de chacun des divers objets désignés ci-dessus au nombre de N. articles étant terminée, et chaque fermier ou locataire ayant déclaré s'en tenir à toutes les conditions qui s'appliquent à l'objet compris dans l'article de son adjudication qu'il a signé en marge avec sa caution ;

Nous, sous-intendant militaire susdit, après nous être assuré de la solvabilité desdits fermiers et locataires, ainsi que de celle de leurs cautions, nous avons clos et arrêté le présent procès-verbal que le chef du génie a signé avec nous ainsi que M. N., maire de la ville (*ou l'adjoint*), duquel procès-verbal, il sera, après l'approbation de M. le ministre de la guerre, délivré une expédition à M. le receveur de l'enregistrement qui sera chargé de percevoir, aux époques fixées par l'article 7 des conditions générales ci-dessus relatées, le produit des susdits affermages et locations, montant ensemble à la somme de (*tant*) ; savoir :

1er lot .... (*tant*) — 2e lot .... (*tant*) .... etc. .... somme pareille .... (*tant*) .... (*en chiffres et sur une colonne.*)

Fait à N., les jour, mois et an que dessus.

La minute du présent procès-verbal a été remise entre les mains de M. le maire qui reste chargé de la déposer dans les archives de la mairie, et d'en délivrer une copie authentique, tant à nous qu'à M. le chef du génie, conformément à la décision ministérielle du 18 août 1826.

(*Suivent les signatures. Ce procès-verbal doit être soumis à l'approbation du ministre et enregistré dans les vingt jours qui suivent celui où cette approbation est parvenue au chef du génie.*)

96. Le 30 juin et le 30 décembre de chaque année, le chef du génie doit envoyer au directeur, deux bordereaux en double expédition chacun, conformes aux modèles n°˙ 11 et 12. Ces bordereaux sont destinés à faire connaître tous les six mois ce qui a rapport aux affermages. On doit mentionner dans la colonne d'observations, les résiliations de baux, les indemnités, dégrévemens et déductions quelconques qui auront été accordés dans le courant du semestre expiré.

LOCATION DES PROPRIÉTÉS PARTICULIÈRES.

97. Lorsqu'il est nécessaire de prendre à loyer un bâtiment particulier, pour le logement de la troupe ou pour les services administratifs, le sous-intendant constate cette nécessité par un procès-verbal dressé de concert avec le chef du génie et le commandant de la place. Si le ministre approuve, le bail est passé de gré à gré, et sous seing privé, entre le propriétaire et le sous-intendant militaire ; il est enregistré et soumis au droit fixe d'un franc. Le chef du génie doit être présent et signer.

98. Lorsque le sous-intendant ne peut trouver de gré à gré les bâtimens nécessaires, il s'adresse aux autorités civiles qui doivent intervenir pour les lui procurer. En cas de non conciliation sur le prix du loyer, il y est pourvu par une fixation judiciaire. S'il y a urgence, l'autorité civile désigne les locaux qui doivent être mis à la disposition des troupes ou de l'administration militaire, sous la condition d'acquitter le prix de location qui sera ultérieurement déterminé.

99. Le sous-intendant militaire doit délivrer une ampliation du procès-verbal au chef du génie.

100. L'état des lieux est dressé par un garde du génie. Il en faut trois originaux ; l'un au propriétaire ; l'autre au chef du génie ; le troisième au sous-intendant militaire qui en délivre une ampliation au garde du génie ou au concierge, lorsqu'il s'agit du logement des troupes, ou bien à un comptable ou concierge particulier, lorsqu'il s'agit d'établissemens d'administration. La remise s'opère comme il a été dit au n° 85.

101. Le chef du génie doit faire exécuter les réparations lo-

catives sur les entretiens courans des bâtimens militaires. Il doit surveiller l'exécution des grosses réparations qui sont à la charge des propriétaires.

102. D'après une lettre ministérielle, en date du 5 février 1831, les frais de location des bâtimens destinés à loger les troupes ou à recevoir les accessoires du casernement, ainsi que les champs de manœuvres doivent faire à l'avenir partie des dépenses des bâtimens militaires (chapitre 2 du budget.) Ces dépenses doivent en conséquence figurer dans les projets et dans la comptabilité des chefs du génie. (Voyez les n°s 79 et 80 ci-dessus.)

SERVITUDES MILITAIRES.

103. La plupart des places fortes sont entourées de constructions qui gênent la défense : une foule de maisons encombrent ou rétrécissent la rue militaire du rempart. Si pour les besoins de la défense, on est réduit, dans quelque circonstance pressante, à détruire ces bâtimens, on grève le trésor d'une masse considérable d'indemnités que l'état se trouve obligé de payer aux propriétaires. C'est pour obvier à ces inconvéniens qu'à diverses époques, et notamment en 1713, 1791 et 1819, des lois ont été faites pour imposer à la propriété certaines servitudes qui ont pour objet de gêner les constructions autour des places fortes, et de rendre plus tard le gouvernement, libre de les détruire sans payer aucune indemnité.

104. Nous allons d'abord donner le détail des servitudes imposées à la propriété autour des places *de première et de seconde classe.* Après le texte ou le sens précis des ordonnances ou circulaires ministérielles nous ajouterons quelques observations, et la série des formalités à remplir. Nous parlerons ensuite de ce qui a rapport aux places du troisième ordre et aux divers travaux qui naissent de l'établissement des servitudes.

1ᵉ Zone. *Délimitation.* — La première zone de servitude autour d'une place comprend tout le terrain qui est limité d'un côté par le pied de l'escarpe de l'enceinte de la place, et de l'autre par un polygone dont les sommets sont placés à la distance de deux cent cinquante mètres des principaux saillans, soit de la crête des parapets des chemins-couverts, soit des murs de clôture lorsqu'il n'y a pas de chemin-couvert, soit enfin de la crête intérieure du parapet des ouvrages, s'il n'y a ni chemin-couvert, ni mur de clôture. Les distances sont mesurées sur les capitales. Les sommets des angles de ce polygone doivent être marqués sur le terrain par des bornes.

106. IDEM. — *Réparation et entretien des bâtisses existantes.* — Tout propriétaire d'un bâtiment, maison, clôture ou autres constructions quelconques existant dans la première **zone**, qui voudra y faire exécuter des réparations sera tenu d'en faire préalablement la déclaration au chef du génie, et ne pourra les faire commencer qu'après que celui-ci lui aura délivré un certificat portant qu'elles sont dans l'un des cas où l'exécution en est autorisée par l'ordonnance du 1er août 1821, et autres règlemens sur la même matière. Ce certificat sera conforme au modèle n° 3 de ladite ordonnance (art. 30 de l'ordonnance du 1er août). — Voyez le modèle n° 13.

107. Les bâtisses, clôtures et autres constructions en bois et en terre, pourront être entretenues, dans leur état actuel, par des réparations et des reconstructions partielles, mais sans aucun changement dans leurs dimensions extérieures, et sous la condition expresse : 1° que les matériaux de réparation ou de reconstruction partielle seront de même que ceux précédemment mis en œuvre ; 2° que la masse des constructions existantes ne sera point accrue par des bâtisses faites dans des cours, jardins, et autres lieux clos, à ciel ouvert; (art. 25 de l'ordonnance). — *Observations :* D'après le texte ci-dessus, il paraît que les constructions avec matériaux semblables doivent être permises à l'intérieur des maisons, on peut aussi refaire à neuf toute une toiture. — *Formalités :* Demander l'autorisation au chef du génie et obtenir de lui le certificat n° 13. Il n'y a pas de soumission à faire.

108. Les bâtimens, clôtures et autres constructions en maçonnerie ne pourront être entretenus qu'avec les restrictions légalement prescrites en matière de voirie urbaine ; c'est-à-dire sous la condition expresse de ne point faire à ces constructions, de reprises en sous-œuvre, ni même de grosses réparations ou toute autre espèce de travaux confortatifs ; soit à leurs fondations et à leur rez-de-chaussée, s'il s'agit des bâtimens d'habitation ; soit pour les simples clôtures, jusqu'à moitié de leur hauteur, mésurée sur leur parement extérieur; soit pour toutes autres constructions, jusqu'à trois mètres au-dessus du sol extérieur (art. 27 de l'ordonnance). Néanmoins les murs de soutènement des terres (même en maçonnerie) peuvent être entretenus et réparés, avec les mêmes matériaux que ceux qui existent, depuis le bas

jusqu'à la hauteur du sol qu'ils soutiennent. S'il y a un mur de clôture au-dessus, cette partie seulement est soumise à la restriction de ne pouvoir être réparée dans la moitié inférieure de sa hauteur. En cas de reconstruction partielle, on permettra seulement de reconstruire le mur jusqu'à son niveau du terrain le plus élevé (lettre du 4 janvier 1824). — 3° *Observations :* Les crépissages, plâtrages et blanchissages ne sont pas ordinairement considérés comme travaux confortatifs. — *Formalités :* Comme au numéro précédent.

109. Toute construction quelconque pourra néanmoins être entretenue dans son état actuel, sous les seules restrictions que comporte l'article 25 de l'ordonnance (n° 107 ci-dessus) ; si le propriétaire fournit la preuve légale que ladite construction existait, dans sa nature et ses dimensions actuelles, avant la publication de l'ordonnance du 9 décembre 1813, ou qu'à l'époque de son érection elle se trouvait à plus de 487 mètres de l'un des points de la fortification indiqués au n° 105 ci-dessus (art. 29 de l'ordonnance) — *Formalités :* Comme au n° 107.

110. Une construction quelconque, pourra aussi être entretenue dans son état actuel, sous les seules restrictions indiquées au n° 107. Si le propriétaire n'ayant pu fournir la preuve légale énoncée au n° précédent, justifie d'une permission spéciale en vertu de laquelle il l'aurait établie dans sa nature et ses dimensions actuelles, à la charge de démolition, ou s'il souscrit la soumission de remplir cette condition à ses frais et sans indemnité, dans le cas où la place, déclarée en état de guerre, serait menacée d'hostilité. (Article 29 de l'ordonnance). — La démolition ci-dessus doit peser sur le bâtiment entier que l'on veut entretenir ; mais non sur toutes les parties bâties d'une même propriété ; (lettre du 4 janvier 4°). — *Formalités :* Comme au n° 107.

111. Il ne peut être fait aucun chemin, levée ou chaussée, ni creusé aucun fossé, sans que leur alignement et leur position aient été concertés, avec les officiers du génie. (Article 4 de l'ordonnance). — *Formalités :* Le chef du génie dresse un rapport et, s'il y a lieu, un procès-verbal que les diverses parties signent. Le ministre décide.

112. Les décombres provenant des bâtisses et autres travaux quelconques ne pourront être déposés que dans les lieux indiqués par les officiers du génie. Sont exceptés de cette disposition ceux des détrimens qui pourraient servir d'engrais aux terres et pour les

dépôts desquels les particuliers n'éprouveront aucune gêne, pourvu qu'ils évitent de les entasser. (Article 4 de l'ordonnance). — *Formalités* : Le propriétaire forme une demande au chef du génie qui lui indique le lieu où les matériaux peuvent être déposés.

113. Il est défendu d'exécuter aucune opération de topographie sans le consentement de l'autorité militaire ; ce consentement ne pourra être refusé lorsqu'il ne s'agira que d'opérations relatives à l'arpentage des propriétés. (Article 4 de l'ordonnance. — *Formalités* : Le chef du génie doit s'informer des opérations de topographie que l'on veut faire autour d'une place.

114. IDEM. *Constructions neuves.* — Il ne peut être construit à neuf dans la première zone que des clôtures en haies sèches ou en planches à claire-voie , sans pans de bois ni maçonnerie. Les constructions ou reconstructions totales des maisons et bâtisses avec des matériaux quelconques , celles des clôtures en haies vives , en maçonnerie ou en pierres sont totalement prohibées. (Article 1er de l'ordonnance). *Observations.* — Doit-on permettre de construire à neuf des murs de soutènement des terres en pierres sèches ou en maçonnerie ? On pourrait le présumer, puisqu'on ne trouve nul inconvénient à les laisser reconstruire partiellement. Néanmoins les ordonnances ne s'expliquent pas à ce sujet. *Formalités :* Quand il s'agit de clôtures, sur la demande du propriétaire et le rapport du chef du génie , le directeur accorde la permission. Le chef du génie fait souscrire une soumission au propriétaire et lui délivre le certificat n° 2 de l'ordonnance du 1er août ; (modèle n° 14.) S'il s'agit de construction d'un bâtiment, le chef du génie empêche provisoirement , et le directeur décide sur la réclamation du propriétaire.

115. DEUXIÈME ZONE. — *Délimitation.* La deuxième zone de servitude comprend tout le terrain qui est limité d'un côté par le polygone extérieur de la première zone , et de l'autre par un second polygone , dont les sommets placés sur les mêmes capitales , se trouvent à la distance de 487 mètres des mêmes points de la fortification que ceux qui servent à établir la limite extérieure de la première zone ; (n° 105). Les sommets des angles de ce second polygone sont aussi marqués sur le terrain par des bornes.

116. IDEM. *Réparations et entretien des bâtisses existantes.* — Tout ce qui a été dit aux n°s 105 , 106 , 107 , 108 , 109 , 110 , 111 , 112, 113 , s'applique également à la deuxième zone.

117. — *Constructions neuves.* — Il est permis d'élever des bâti-

mens et clôtures en bois et en terre, sans y employer de pierres ni de briques, même de chaux ni de plâtre, autrement qu'en crépissage. (Article 2 de l'ordonnance.— *Observations*: On ne sait pas élever des bâtimens en terre dans tous les pays. Quelques officiers du génie ont cru pouvoir corriger la rigueur du texte, en permettant des bâtisses en pierres et mortier de terre. On ne doit pas le faire à moins d'une approbation ministérielle bien précise. Il est d'usage, pour un bâtiment en bois, de permettre qu'on l'érige sur une fondation en maçonnerie qui ne s'élève que de dix centimètres au-dessus du sol, afin d'empêcher les bois de pourrir.— *Formalités* : Comme au n° 114 pour toutes les permissions à accorder.

118. Il est permis de planter des clôtures en haies vives. (Circulaire du 8 septembre 1828); et d'établir des cheminées et des fours en maçonnerie dans les bâtimens en bois ou en terre que l'on construit. (Lettre du 4 janvier. 5°). — *Observations* : Il est naturel de penser qu'on peut permettre ces cheminées et ces fours dans les bâtimens en bois ou en terre déjà existans, pourvu qu'on soumissionne tout le bâtiment. A l'égard de murs de soutènement des terres, on fera ici la même observation que pour la première zone (n₀ 114). —*Formalités :* Comme au n° ci-dessus et 114.

119. On peut permettre les exhaussemens ou autres augmentations aux bâtimens, même en maçonnerie, déjà existans, sans restriction pour les matériaux, si les propriétaires fournissent la preuve légale indiquée au n° 109, et s'ils souscrivent, en outre, par compensation, la soumission de démolir sans indemnité, leurs maisons ainsi augmentées, dans les cas prévus par la loi, (lettre du 4 janvier. 4°)—*Observations*: Pour jouir de cet avantage, il faut comme on le voit, justifier de la priorité d'existence. — *Formalités*: Comme au n° ci-dessus et 114.

120. **TROISIÈME ZONE.** *Délimitation.* — La troisième zone de servitude comprend tout le terrain qui est limité d'un côté par le polygone extérieur de la deuxième zone, et de l'autre par un troisième polygone dont les sommets placés sur les mêmes capitales, se trouvent à la distance de 974 mètres des mêmes points de fortification que ceux qui servent à établir la limite extérieure de la première zone; (n° 105). Les sommets des angles de ce troisième polygone ne sont point marqués par des bornes sur le terrain. On se contente, ainsi que pour ceux des premières zones, de les rattacher à des points fixes dans le procès-verbal, et de les rapporter sur un plan spécial de circonscription.

121. IDEM. *Constructions.* — Ce qui a été dit aux n°s 111 , 112 et 113 , s'applique également à la troisième zone. Du reste , les travaux relatifs aux maisons , bâtisses et clôtures quelconques à réparer ou à construire à neuf, peuvent s'exécuter sans aucune espèce de restriction ; (ordonnance du 1er août). — *Formalités :* Pour les bâtisses et clôtures , latitude entière.

122. RUE MILITAIRE DU REMPART. *Réparations et entretiens des bâtisses existantes.* — Ce qui a été dit au n° 108 , sauf ce qui a rapport aux murs de soutènement, est applicable aux constructions ou parties de constructions établies sur le terrain de la rue militaire du rempart. Il en est de même de ce qui a été dit aux n°s 109 et 110 , avec cette différence que ce qu'il faut ici prouver légalement, c'est que la bâtisse existait dans sa nature et ses dimensions actuelles avant le 10 juillet 1791. (Articles 28 et 29 de l'ordonnance). Les haies sèches ou en planches à claire-voie peuvent être entretenues sans restriction sur le terrain de la rue militaire non encore établie. (Article 28 de l'ordonnance).

123. Il est permis aux propriétaires riverains d'ouvrir des jours et issues sur la rue du rempart. Il est interdit formellement d'en ouvrir sur le rempart même. (Circulaire du 8 septembre). *Formalités :* Il n'y a point de soumission à faire.

124. IDEM. — *Constructions neuves.*—Toute construction neuve est prohibée sur le terrain de la rue militaire du rempart. *Observations :* L'entretien des haies sèches ou à claire-voie étant permis , il semblerait également sans inconvénient que l'on pût en construire à neuf, lorsque la rue militaire n'existe point encore et moyennant soumission.

125. PLACES DE TROISIÈME CLASSE ET POSTES MILITAIRES.—*Délimitation.*—Les trois limites pour les places de troisième classe sont les mêmes que pour celles de première et de deuxième classe , pour les postes militaires , les trois limites sont marquées par les distances de 250 , 487 et 584 mètres.

126. IDEM. *Réparations et entretien des bâtisses existantes.* — Pour la première zone , les réparations sont soumises aux règles énoncées au n° 106. Pour la seconde zone ces règles s'appliquent également aux constructions en maçonnerie. A une distance quelconque, les constructions sont soumises aux règles énoncées aux n°s 109 et 110. Enfin ce qui a été dit aux n°s 106 , 111 , 112 et 113, est applicable aux places dont il s'agit ici.

127. IDEM. *Constructions neuves.*—Ce qui a été dit au n° 114 trouve ici son application, en ce qui concerne la première zone. Quant à la deuxième zone et au-delà , il est permis d'y élever des bâtimens et clôtures de construction quelconque : mais le cas arrivant où ces places et postes seraient déclarés en état de guerre, les démolitions qui seraient jugées nécessaires à la distance de 487 mètres, ne donnent lieu à aucune indemnité en faveur des propriétaires. (Article 3 de l'ordonnance).

128. **Ouvrages détachés.** — Les ouvrages détachés ont sur leur pourtour, suivant leur dégré d'importance et les localités , des rayons égaux , soit aux rayons de l'enceinte des places et des ouvrages qui en dépendent immédiatement, soit à ceux des simples postes militaires. Cette fixation est déterminée par le ministre dans chaque localité. Sont considérés comme ouvrages détachés, ceux qui appartenant à une place, sont éloignés de la crète de ses chemins-couverts d'une distance plus forte que 250 mètres, et même les digues qui soutiennent les inondations d'une place, lorsqu'elles ont, en même temps , un but et des formes défensifs. (Article 5 de l'ordonnance).

129. **Citadelles.** — Les citadelles et châteaux doivent avoir à l'extérieur les mêmes limites de prohibition que celles des places fortes dont les unes et les autres font partie. Les limites de leurs esplanades du côté des villes peuvent être réduites , selon les localités par des fixations spéciales. (Article 6 de l'ordonnance).

130. **Terrain d'exception.** *Délimitation.* — On appelle terrain d'exception ou zone exceptionnelle, un terrain extérieur à la fortification qui pour des motifs d'utilité publique est exempté des prohibitions générales et jouit d'une tolérance plus grande pour les diverses constructions qu'on désire y établir. Ce terrain doit être limité par des bornes ou des points fixes en maçonnerie. Le chef du génie en propose la délimitation qui est fixée par le ministre.

131. **Idem.** *Réparations et entretien des bâtisses existantes.* — Ce qui a été dit aux n°s 106 et 107, s'applique également au terrain d'exception et s'étend aux maisons , clôtures et autres constructions en maçonnerie. (Article 26 de l'ordonnance). *Observations* : il est naturel de penser que l'entretien des haies vives doit également être toléré. *Formalités* : Comme au n° 107.

132. **Idem.** *Constructions neuves.* — Les exhaussemens , et augmentations de maisons, bâtisses et clôtures , et les constructions entièrement neuves , quels que soient les matériaux employés

peuvent être permis dans le terrain d'exception, ainsi que les plantations d'arbres et de haies vives, pourvu que les propriétaires souscrivent la soumission de démolir le tout à leurs frais, dans les cas prévus par la loi. (Articles 7 et 8 de l'ordonnance). — *Formalités* : Faire une pétition au ministre, en expliquant exactement l'emplacement et les trois dimensions de l'objet que l'on veut construire. Cette pétition est renvoyée au chef du génie qui fait un rapport d'après lequel le ministre décide. Si l'autorisation est accordée, le propriétaire fait une soumission (modèle n°. 15) et le chef du génie lui délivre copie de la lettre ministérielle. S'il y a rejet, cette copie doit également lui être remise.

133. INTÉRIEUR DES PLACES. — Dans l'intérieur des places, en dedans de la limite qui borne intérieurement la rue militaire du rempart, les constructions et réparations quelconques sont permises sans qu'il soit besoin d'aucune espèce de formalité. Le chef du génie doit simplement s'assurer si les bâtisses ne sont pas situées sur la rue militaire du rempart.

134. TRAVAIL RELATIF AUX SERVITUDES. — Pour établir le bornage des zones de servitude, le chef du génie rédige un plan à l'échelle de 1/5000 contenant; 1° les angles de la fortification à partir desquels on compte les distances ; 2° les capitales partant de ces angles, (ponctuées) ; 3° les polygones qui doivent limiter les première, deuxième, troisième zones ; 4° ceux qui doivent limiter le terrain militaire ; 5° ceux qui doivent limiter les terrains d'exception et esplanades ; 6° toutes les bâtisses et clôtures qui se trouvent comprises dans ces divers terrains ainsi limités. Les terrains militaires que l'état possède déjà y sont marqués par une teinte vert foncé, ceux à réunir d'après les lois, par une teinte vert pâle, et les terrains d'exception par une teinte jaune. Le chef du génie joint à ce plan, outre sa légende, un mémoire de discussion et adresse le tout au ministre qui fait rectifier ce travail et le lui renvoie avec sa décision.

135. Dès que le chef du génie a reçu cette décision, il s'occupe de confectionner le plan spécial de circonscription qui n'est que la copie de son premier plan rectifié par le ministre, traduit sur l'échelle de 1/1000 et divisé en un certain nombre de feuilles, dont les cadres se raccordent entre eux. A ce plan est joint un plan d'ensemble, copie exacte du premier, sur l'échelle de 1/5000 et qui contient la division par feuilles avec leurs numéros.

136. Sur le grand plan, divisé par feuilles on numérote exac-

tement chaque maison et chaque portion de clôture qui se trouvent sur l'un des terrains soumis aux servitudes. Quand ce travail est fait, on rédige l'état descriptif où chaque bâtisse ou clôture sont rapportées avec l'indication de leur position, de leur numéro, de leurs dimensions et de l'époque de leur origine. On dresse un procès-verbal de vérification de la nature et des dimensions des constructions, de concert avec les maires de diverses communes et en présence des particuliers. On notifie ensuite aux parties intéressées les résultats de l'état descriptif. Ces notifications, rédigées sur feuille volante doivent être remises par le garde du génie à chaque particulier. On les fait enregistrer, afin de leur donner une date certaine. Si les particuliers trouvent qu'on a mal classé leurs propriétés par rapport aux diverses limites des zones, leurs réclamations doivent être faites dans les trois mois qui suivent les notifications. A l'expiration des trois mois, le chef du génie, après avoir rectifié tout le travail, s'il y a lieu, de concert avec le maire des communes et en présence des parties intéressées, fait poser les bornes qui limitent les diverses zones. Procès-verbal est dressé de cette opération. Lorsqu'enfin toutes ces formalités ont été remplies, le chef du génie adresse le plan spécial de circonscription avec toutes les légendes nécessaires, le plan d'ensemble et l'état descriptif au ministre de la guerre qui les fait définitivement arrêter et homologuer par une ordonnance spéciale qui les rend exécutoires.

137. Une expédition du plan et l'état descriptif doivent être déposés dans le bureau du chef du génie; une autre expédition de chacune de ces deux pièces doit être déposée à la sous-préfecture. Le sous-préfet ne doit pas laisser déplacer ce plan ni en donner aucune copie, et en cas de guerre il doit le faire transporter dans la place forte la plus voisine.

138. Tant que le travail de circonscription des zones de servitude n'est pas terminé, au 31 juin et 31 décembre de chaque année, le chef du génie doit adresser au ministre un rapport semestriel faisant connaître l'état d'avancement où il se trouve.

139. Le travail ci-dessus n'étant que temporaire et se trouvant d'ailleurs terminé dans la majeure partie des places, nous ne donnerons pas les modèles qui y sont relatifs. Ils sont, au reste, annexés aux ordonnances ou circulaires qui régissent cette matière.

140. Lorsque, suivant ce qui a été dit au n° 132, un particulier

demande à faire une construction dans le terrain d'exception , le ministre renvoie sa pétition au chef du génie qui après avoir fait prendre copie pour ses archives , rédige un rapport (modèle n° 16) accompagné d'un fragment de plan sur une feuille simple à la tellière (modèle n° 17). Ce rapport, ce plan et cette pétition sont envoyés au ministre. (Voyez pour le reste le n° 132). Les soumissions doivent être faites en triple expédition sur papier timbré de 0 fr. 35 c.

141. Le chef du génie doit ouvrir un registre des soumissions (modèle n° 18) où il inscrit les soumissions des particuliers par ordre de dates et de numéros.

142. A l'expiration de chaque trimestre , le chef du génie rédige un bordereau des soumissions souscrites dans la place pendant le trimestre expiré (modèle n° 19). Ce bordereau doit fournir la copie exacte des détails insérés dans le registre des soumissions , il est envoyé au directeur en simple expédition avec deux expéditions de chaque soumission. Le directeur adresse au ministre , pour toute la direction un bordereau général qui comprend tous ces bordereaux particuliers , et il joint à cet envoi un exemplaire de chaque soumission.

143. CONTRAVENTIONS — Lorsque le garde du génie chargé de la surveillance des servitudes , s'aperçoit qu'un particulier fait élever une construction non autorisée , il en fait son rapport au chef du génie. Celui-ci lui ordonne de faire sommation de cesser avec un délai pour démolir ce qui est fait. Si le particulier se soumet , l'affaire en reste là. Dans le cas contraire, le garde du génie assisté d'un officier de police civile se rend sur les lieux pour constater la contravention , et il en dresse procès-verbal sur papier visé pour timbre et enregistré en débet après la rédaction. Il remet au particulier une notification contenant les résultats du procès-verbal avec sommation de rétablir l'ancien état des lieux. Si le contrevenant continue à résister, le directeur envoie au préfet les procès-verbaux visés par lui , un fragment du plan de circonscription et un extrait de l'état descriptif relatif aux lieux contentieux avec un mémoire de discussion. Le conseil de préfecture décide. Si le particulier est condamné , le directeur envoie le jugement ; le garde le notifie en fixant un délai ; à l'expiration de ce délai sans résultat , le chef du génie demande au commandant de la place un piquet de la garnison , il prend des ouvriers , il écrit à l'autorité civile pour qu'elle assiste à la démolition , il fait sommer également le particulier d'y assister. On opère la démolition. Le maire dresse un procès-verbal, auquel est

joint le compte de la dépense dans la forme ordinaire , le tout est adressé , par la voie du directeur, au préfet qui fait poursuivre le recouvrement des dépenses , conformément à la loi du 19 mai 1802. (Voir l'ordonnance du 1er août 1821 , articles 31 et suivans.

144. INDEMNITÉ. — Les travaux et opérations relatifs aux places de guerre ou postes militaires peuvent donner lieu à indemnité, soit pour cause de dépossession ; soit pour démolition d'édifices, soit pour privation de jouissance. Ces indemnités sont fixées à l'amiable ou par voie judiciaire.

145. On a expliqué au n° 74 et suivans la marche qu'il fallait suivre lorsqu'il s'agissait d'acheter d'un particulier un terrain ou un bâtiment nécessaire au service militaire , et que la vente pouvait avoir lieu de gré à gré. En cas de dissentiment , la vente a lieu par voie d'expropriation dont les règles sont tracées aux articles 53 et suivans de l'ordonnance du 1e, août.

146. Lorsque , pour la sûreté d'une place de guerre, l'autorité militaire requiert la démolition d'une bâtisse située dans une des zones de servitudes légales , ou qu'elle fait soudainement exécuter cette démolition à l'approche de l'ennemi , le propriétaire a droit à une indemnité, pourvu qu'il prouve 1° que son bâtiment existait dans sa nature et ses dimensions actuelles à l'époque du 9 décembre 1713 , 2° qu'il n'est pas soumissionné. Dans ce cas, le ministre charge ordinairement le chef du génie , le sous-intendant militaire et le maire, d'établir de concert l'indemnité qui doit être accordée au propriétaire. Deux experts sont nommés , l'un par le chef du génie , l'autre par le propriétaire ; ils dressent un état estimatif d'expertise accompagné d'un croquis de l'état des lieux avant la démolition. C'est d'après ces documens que les trois fonctionnaires désignés plus haut rédigent leur procès-verbal que les experts signent avec eux et que le chef du génie adresse au ministre avec un rapport explicatif.

FORTIFICATIONS.

Plans et mémoires.

147. Il doit y avoir dans chaque place : 1° une carte des routes de terre et d'eau sur l'échelle double de Cassini, c'est-à-dire 1 pour 43,200 : on pourrait adopter pour ce même objet l'échelle métrique de 1 pour 50,000 ; 2° un plan topographique des environs de la place, indiquant la position et la forme des fortifications et de tous les ouvrages détachés , ainsi que le figuré du terrain :

ce plan peut être fait à l'échelle de 1 pour 10,000; 3° un plan nivelé par courbes horizontales à l'échelle de 1 pour 1,000 jusqu'à la distance de 500 mètres des principaux saillans de la fortification : ce sont les planchettes mêmes sur lesquelles on a fait ce travail qui composent ce plan, ou bien des copies exactes de ces planchettes; 4° un plan réduit du précédent sur l'échelle de 1 pour 2,000 afin d'avoir l'avantage de le réunir tout entier sur une ou deux feuilles au plus; 5° un plan réduit du même sur l'échelle de 1 pour 5,000, dans un but analogue au précédent; 6° un plan particulier de la place et un plan de chaque ouvrage détaché sur l'échelle de 1 pour 1,000 ou même de 5 pour 1,000 lorsqu'il s'agit d'ouvrages peu étendus : l'ensemble de ces derniers plans constitue ce qu'on appelle l'atlas des fortifications. Le ministre de la guerre et les archives de la direction, doivent posséder une copie de chacun de ces plans. S'ils n'ont pu encore être faits dans une place, le chef du génie doit s'empresser d'y travailler, dans ses momens de loisir.

148. La carte n° 1 doit comprendre toute la partie du territoire qui est soumise à la surveillance du chef du génie, résidant dans la place, et dont la configuration peut l'intéresser sous le rapport offensif ou défensif. On doit y indiquer les routes, sentiers, rivières, ruisseaux, lacs, villages, châteaux, usines, moulins, carrières, ponts en pierres et en bois, ponceaux, bacs, gués, bois, taillis, monts, rochers, plaines, et généralement tout ce qui peut être utile à connaître. Pour plus de clarté, on peut distinguer les routes par des couleurs différentes; tracer les routes royales, en noir; les routes départementales, en rouge; les chemins principaux viables pour toute voiture, en jaune; viables pour les voitures du pays, en vert; pour piétons ou cavaliers, en violet; sentiers peu praticables, en bistre. Un mémoire détaillé doit accompagner cette carte. Il doit indiquer d'une manière précise le figuré du terrain en ce qui concerne la facilité des marches et le choix des positions d'une armée, et la statistique ou le tableau complet des ressources de tout genre que l'on peut trouver dans la population. Ainsi d'une part, on décrira le volume des eaux, la vitesse des courans, la hauteur des rives, la profondeur des gués, la position, l'escarpement et les passages des montagnes, la bonté des routes et des canaux, leur danger ou leur utilité sous le rapport défensif, l'importance des lieux habités, et les heures de marche de l'un à l'autre : et de l'autre on fera connaître le nombre des habitans, leur caractère national, leur industrie, leurs productions, leurs richesses et les impôts qu'ils paient à l'état.

149. Le plan topographique n° 2 est destiné à faire connaître

l'ensemble des opérations militaires autour d'une place, soit qu'il
y ait ou qu'il n'y ait pas des ouvrages détachés. La manière la
plus expéditive de le faire, en lui donnant un certain degré d'exactitude, c'est de lever les chemins et le contour des rivières, à la
boussole et au pas, de placer les maisons à vue et au pas, et le
figuré du terrain à vue, en apportant la planche à dessiner sur
les lieux mêmes.

150. Le plan nivelé par courbes horizontales, n° 3, est un travail
fort important qui exige quelquefois plusieurs années pour être
terminé. Il sert à faire les projets : le grand plan est nécessaire
pour les détails de chaque ouvrage ; ceux qui sont dessinés sur
l'échelle de 1 pour 2,000 ou de 1 pour 5,000 sont utiles pour
montrer l'ensemble des ouvrages et pour régler leurs plans de
défilement. Les plans nivelés se lèvent à la planchette et au niveau
d'eau ; on s'y sert aussi quelquefois d'un niveau à bulle d'air et à
lunette. L'un de ces plans sert de plan directeur pour la défense
de la place.

151. Outre les projets ordinaires que l'on fait chaque année
pour l'exercice suivant, il est bon de rédiger un *projet général*
pour l'amélioration et l'achèvement de la place, et de la présenter
à l'approbation du comité du génie. Ce projet, composé de tous
les dessins nécessaires, doit être accompagné d'un état estimatif
et d'un mémoire de discussion indiquant les motifs de chacun des
ouvrages que l'on propose. Dans la rédaction de ce projet qui ne
se refait qu'à de longs intervalles de temps, on doit se restreindre
aux sommes connues que le comité a jugées suffisantes, en raison
de l'importance de la place, pour la mettre dans l'état où elle
doit définitivement rester.

152. Outre son titre particulier, un plan doit toujours contenir,
1° une légende expliquant par un texte tout ce qu'il importe de
faire connaître et que le dessin ne peut figurer, 2° l'échelle indiquant la grandeur relative du plan, 3° sur l'un des côtés de la
feuille les titres suivans, inscrits les uns au-dessus des autres :
Génie.... Direction de.... Place de.... Exercice 183.... Au-dessus
de sa signature, l'officier ne doit pas négliger d'écrire son grade,
le nom de la place et la date précise de la confection du plan.
Cette recommandation paraîtra puérile : il n'est que trop vrai
pourtant qu'on rencontre à chaque instant dans les archives des
places, des plans sans nom, sans dates et sans échelles, ce qui
jette nécessairement des doutes sur leur exactitude.

153. On exige de chaque chef du génie, un *mémoire sur la place*,
qui doit être envoyé avec les projets de l'année. Ce mémoire est

composé de deux parties distinctes. La première, relative à la situation militaire de la place, aux services qu'elle peut rendre en cas de guerre, comprend la description de ses ouvrages, ainsi que des divers établissemens qu'elle contient. Les officiers en chef doivent envoyer cette première partie dans le courant de la première année de leur arrivée dans les places, et peuvent se dispenser de la reproduire les années suivantes, à moins qu'ils n'aient de nouvelles idées à présenter.

154. La seconde partie du mémoire sur la place a pour objet de faire connaître annuellement l'état dans lequel se trouvent les différens ouvrages de fortifications et chacun des bâtimens militaires, en suivant l'ordre et la division adoptés pour les articles des projets. On y rend compte sommairement, article par article, des travaux exécutés, pendant l'exercice précédent, des fonds accordés et dépensés et des observations relatives à l'art des constructions auxquelles ces travaux ont pu donner lieu. Les chefs du génie peuvent traiter aussi dans ce mémoire tous les objets qui intéressent leur place, et sur lesquels il leur parait utile d'appeler l'attention du ministre. (Modèle n° 20).

155. MM. les directeurs adressent au ministre, dans le courant des deux premières années de leur résidence dans la direction, un mémoire semblable pour chacune des places en particulier ; et dans le cours des trois premières années, un autre mémoire sur l'ensemble de ces places et sur les moyens de défense du pays qu'elles protégent.

TRAVAUX MIXTES.

156. Une commission mixte des travaux publics a été créée par décret du 22 décembre 1812, modifiée par ordonnance du 27 février 1815, et organisée de nouveau par ordonnance du 18 septembre 1816. D'après cette dernière ordonnance, cette commission est composée : 1° d'un officier-général du corps royal du génie, membre du comité des fortifications, désigné par le ministre de la guerre ; 2° d'un inspecteur général membre du conseil des ponts et chaussées, désigné par le ministre de l'intérieur ; 3° d'un inspecteur général des ponts et chaussées, attaché au département de la marine, désigné par le ministre de la marine ; 4° des deux secrétaires du conseil des ponts et chaussées et du comité des fortifications.

157. Le but de cette commission est de faire concourir à l'examen et à la discussion de tous les projets de travaux publics qui peuvent intéresser à la fois les services militaire, civil et mari-

time, les divers ingénieurs attachés à ces trois départemens, afin que ce concert puisse amener des moyens de conciliation dans les cas d'opposition de vues ou d'intérêts publics entre les divers services, ou présenter, de part et d'autre, tous les motifs qui pourraient éclairer les décisions à provoquer par les ministres en cas de contestation, et enfin de donner dans l'admission de tout projet quelconque de travaux publics mixtes, la garantie qu'ils sont adoptés dans les considérations les plus déterminantes des vrais intérêts de l'état.

158. En ce qui concerne le génie militaire, les directeurs, pour l'ensemble de leur direction, et les ingénieurs en chef dans leur arrondissement, doivent veiller avec soin à ce que les ingénieurs des ponts et chaussées et de la marine ne fassent pas exécuter des constructions importantes, qui pourraient influer sur la défense du territoire, sans qu'au préalable ils n'aient donné leur avis motivé sur la convenance ou les dangers de ces constructions.

159. Les ingénieurs civils doivent donner connaissance aux ingénieurs militaires des constructions neuves projetées sur le terrain de leur arrondissement, telles que routes, canaux, ponts en pierre ou en bois, défrichement des marais, ainsi que des travaux maritimes quelconques qui sont de nature à gêner ou à favoriser les débarquemens. A défaut d'avis officiel et d'invitation de la part des ingénieurs civils, les ingénieurs militaires sont tenus de prendre l'initiative et de réclamer une conférence afin de régler ces objets.

160. Les ingénieurs militaires doivent agir d'une manière analogue à l'égard des ingénieurs civils, lorsque, par la construction des ouvrages qu'ils font exécuter, les communications de terre et d'eau se trouvent gênées de quelque manière.

161. Il a été remis à chaque directeur des fortifications une carte indiquant la *zone militaire des frontières*. Ce n'est que dans les limites de cette zone que les officiers du génie ont à intervenir. Les directeurs doivent désigner à chaque chef du génie les limites particulières de son arrondissement.

162. Les travaux d'entretien et de réparation, qui n'ont pour objet que de maintenir la viabilité actuelle des routes de terre et d'eau, sans modification quelconque, peuvent être faits par les ingénieurs civils sans qu'ils aient besoin du concert des ingénieurs militaires. Mais tout changement dans ce tracé, dans la largeur des routes, dans l'inclinaison des pentes, dans les empiètemens et pavages de ces mêmes routes, ainsi que tous les

travaux analogues dans les cours d'eau, et même toute reconstruction totale d'un pont ou d'une écluse rentrent dans la classe des améliorations qui ne peuvent être autorisées qu'autant qu'elles ont été jugées sans inconvénient sous le rapport de la défense.

163. Lorsque l'un des cas indiqués ci-dessus se présente, les ingénieurs des services intéressés réunis, rédigent et signent conjointement les procès-verbaux de leur *conférence*, contenant, avec les développemens convenables, leur avis commun ou leurs opinions respectives. Ils doivent y annexer les plans nécessaires, arrêtés et signés de la même manière que le procèsverbal.

164. Ces procès-verbaux, avec les plans et pièces à l'appui, faits en nombre suffisant d'expéditions pour chaque partie, sont envoyés par le chef du génie au directeur des fortifications, qui y joint son avis et les adresse au comité des fortifications. Les ingénieurs civils font de leur côté parvenir ce même travail, soit au conseil général des ponts et chaussées, soit à l'inspection générale des travaux maritimes. Les délibérations de ces conseils et comité sont ensuite portées, avec les pièces, à la discussion de la commission qui en adresse les résultats aux trois ministres respectifs afin d'obtenir leur approbation ; et dans le cas où cette commission n'aurait pu concilier les intérêts des divers services, les projets sont mis sous les yeux du roi, pour qu'il y soit pourvu par une décision spéciale.

165. Chaque année, les ministres de la marine et de l'intérieur doivent donner connaissance à celui de la guerre des travaux neufs qu'ils se proposent de faire exécuter dans l'étendue de la zône militaire des frontières. De son côté, le ministre de la guerre fait connaître à ceux de l'intérieur et de la marine les travaux militaires qui pourraient intéresser leurs départemens respectifs.

166. Aucun plan ni mémoire relatif aux travaux publics du ressort de la commission mixte ne peut être publié ni imprimé sans l'autorisation du ministre de la guerre.

BATIMENS MILITAIRES ET CASERNEMENT.

167. Le ministre de la guerre seul donne des ordres pour la construction et l'entretien des bâtimens militaires. Les arsenaux, salles d'armes, magasins à poudre, pavillons d'artillerie et autres bâtimens occupés isolément pour le service de cette arme, sont exclusivement dans les attributions des officiers d'artillerie.

Toutefois les magasins à poudre *neufs* sont construits par le génie, qui les remet ensuite à l'artillerie. Les pavillons, magasins et autres bâtimens occupés par le génie sont exclusivement dans les attributions des officiers de cette arme. Les autres bâtimens militaires dépendent du service du *casernement*, et comprennent généralement tout ce qui a rapport au logement des troupes en garnison et aux établissemens des divers *services administratifs* du département de la guerre.

168. Dans chaque place, les chefs du génie rédigent et présentent les projets relatifs à la construction ou à l'entretien des bâtimens militaires, qui sont occupés spécialement pour leur service, ou qui dépendent soit du casernement, soit des divers services administratifs, et ils sont seuls chargés de l'exécution des travaux.

169. Il doit y avoir, dans les archives du génie de chaque place, un *atlas des bâtimens militaires*, sur l'échelle de cinq millimètres pour un mètre. Cet atlas, composé ordinairement de plusieurs feuilles, renferme les plans de chaque étage des divers bâtimens militaires, avec les coupes, les élévations et les légendes nécessaires pour leur parfaite intelligence. On doit y comprendre les magasins à poudre. La légende doit expliquer la destination de chaque pièce ; et s'il s'agit de casernement, la contenance en lits et les numéros de chaque chambre. Une expédition de cet atlas doit être adressée au ministre de la guerre, et une autre au directeur des fortifications. Celle qui reste dans la place doit contenir, en outre, diverses cotes écrites avec des encres de couleurs différentes, et qui indiquent pour chaque chambre les longueurs et largeurs, la hauteur sous-plafond, la cote de nivellement du plancher, l'épaisseur des murs, etc.

170. Les bâtimens affectés au service du *casernement* ou aux divers *services administratifs*, se composent ; 1°. des casernes d'infanterie ; 2° des quartiers de cavalerie ; 3° des pavillons d'officiers ; 4° des écuries ; 5° des manéges, 6° des corps-de-garde ; 7° des prisons ; 8° des hôpitaux ; 9° des manutentions de vivres ; 10° des magasins aux fourrages ; 11° des magasins d'effets militaires ; 12° des locaux affectés à la tenue des séances des tribunaux militaires et à leurs bureaux. Tout ce que nous allons dire dans les articles suivans s'applique à ces seuls bâtimens.

171. Les bâtimens loués pour le service militaire sont considérés, pendant le temps de leur occupation ou de la durée des baux, comme bâtimens militaires.

172. Les bâtimens militaires affectés au *casernement* ou aux

divers *services administratifs* sont dans les attributions respectives des intendans et sous-intendans militaires, des officiers du génie et des commandans de place.

173. Les commandans de place sont chargés de la police militaire des bâtimens occupés par la troupe. Ils ont soin spécialement que la destination d'aucun local ne soit changée par les chefs de corps, que l'on ne fasse pas l'exercice et les mouvemens d'armes dans les chambres et corridors, que l'on n'y donne pas des leçons d'armes ou d'escrime, que les numéros des chambres et le nombre des lits qu'elles peuvent contenir soient inscrits au-dessus des portes, que nul n'occupe un local auquel il n'aurait pas droit, que nul individu non militaire n'entre dans un bâtiment à moins d'un permis de l'une des trois autorités ci-dessus énoncées, et que les corps entretiennent exactement la propreté intérieure dans tous les locaux qu'ils occupent, ainsi que dans les escaliers, corridors, cours, et devant la façade des bâtimens où ils sont logés.

174. Les officiers du génie sont chargés de la police administrative des bâtimens militaires, conjointement avec l'intendance militaire; de proposer et de faire exécuter tous les travaux qui ont pour objet la construction, les réparations et l'entretien des bâtimens militaires; de la garde et de la surveillance exclusive des bâtimens militaires non occupés ou sans destination spéciale, de la fourniture et de la conservation des parties de l'ameublement des bâtimens servant au logement des troupes qui sont placées dans leurs attributions par le réglement du 17 août 1824; de donner leur avis et de concourir à la rédaction des procès-verbaux pour tout ce qui intéresse les bâtimens militaires. Les gardes du génie et les concierges ou caserniers sont chargés, spécialement sous leurs ordres, d'une partie de ces attributions, comme il a été dit plus haut.

175. L'intendance militaire est chargée : de la police administrative de tous les bâtimens militaires conjointement avec les officiers du génie; d'assigner les logemens des corps dans les bâtimens qui leur sont affectés, en se conformant à ce qui est prescrit à cet égard par l'assiette du logement; de tout ce qui concerne la passation et l'exécution des baux des bâtimens pris à loyer, à défaut de bâtimens militaires; du placement et de la conservation des effets de casernement autres que ceux d'ameublement, qui sont dans les attributions du génie. Dans les places où il n'y pas de sous-intendans militaires, ceux-ci se font ordinairement remplacer par les commandans de place.

176. Du 1er au 15 novembre de chaque année, le chef du génie dresse un état de l'assiette du logement, (modèle n° 21); il en soumet la minute au sous-intendant et au commandant de la place, qui doivent aussi signer cet état; et lorsque les corrections nécessaires y ont été faites, de l'avis des trois autorités, il en adresse une copie au directeur des fortifications. Celui-ci en forme un état général pour chacune des divisions militaires qui sont comprises dans sa direction, et adresse ces états généraux à chacun des officiers généraux qui commandent ces divisions. Les officiers généraux communiquent ces états aux intendans militaires, et les renvoient ensuite aux directeurs des fortifications avec leurs avis respectifs. Les directeurs les transmettent enfin au ministre de la guerre qui arrête définitivement l'assiette du logement de chaque place, et en fait parvenir les états aux chefs du génie et aux sous-intendans militaires chargés du casernement.

177. Les logemens sont répartis ainsi qu'il suit :

Pour un colonel ou lieutenant-colonel : trois chambres, une cuisine, une chambre de domestique et une écurie pour trois chevaux.

Pour un chef de bataillon ou d'escadron : deux chambres, une cuisine, une chambre de domestique et une écurie pour deux chevaux.

Pour un capitaine : une chambre et un cabinet. Les capitaines d'habillement peuvent avoir, comme les trésoriers, une seconde chambre pour y établir leurs bureaux, lorsque les localités le permettent.

Pour un lieutenant ou sous-lieutenant : une chambre et un cabinet pour deux.

Pour l'adjudant-major : une chambre et un cabinet dans la caserne, lorsqu'il n'y a pas de pavillon à proximité.

Pour l'adjudant sous-officier : une chambre dans la caserne.

Pour les sergens-majors ou maréchaux-des-logis-chefs et les fourriers : une chambre à deux lits pour chaque sergent-major et son fourrier.

Pour le vaguemestre : une chambre à un lit dans la caserne.

Pour les sergens ou maréchaux-des-logis : une chambre pour ceux de chaque compagnie.

Pour les caporaux ou brigadiers : ils logent avec les hommes de leur escouade.

Pour le tambour-major ou trompette-major : une chambre.

Pour les caporaux tambours : une chambre.

Pour les tambours et cornets ou trompettes : ils sont logés avec les soldats de leurs compagnies.

Pour le maître de musique et les musiciens : deux chambres dont une au maître ; elle sert en même temps de salle d'étude.

Pour le maître tailleur ou culottier : deux chambres dont une servira d'atelier.

Pour le maître armurier ou éperonnier : deux *idem* au rez-de-chaussée et sur un emplacement pavé.

Pour le maître sellier : deux *idem*..... *idem*.

Pour le maître cordonnier ou bottier : deux *idem*..... *idem*.

Pour l'artiste vétérinaire : une chambre et un cabinet pour son aide, ou deux chambres.

Pour chaque blanchisseuse accordée au corps par les régle-mens : une chambre basse et pavée, mais sans meubles ni fourniture de casernement.

178. Il faut en outre, par régiment d'infanterie ou de cavalerie :

Un magasin d'habillement ; (une ou plusieurs chambres de la capacité de 25 lits) ; une salle d'enseignement ; une salle de police pour les soldats ; une forge d'armurier.

Et si les localités le permettent : une salle de théorie, une salle d'escrime au rez-de-chaussée ; une salle de danse, *idem* ; une infirmerie pour les hommes attaqués de maladies vénériennes ou cutanées ; une salle de police pour les sous-officiers ; une prison pour *idem* ; une prison pour les soldats, et un cachot.

179. Il est dû encore par régiment de cavalerie :

Un magasin d'harnachement, une forge et un hangar attenant pour le ferrage de douze chevaux.

Et si les localités le permettent : une salle d'hippiatrique.

180. Il est dû enfin par escadron :

Une sellerie. *Et si les localités le permettent* : un magasin à fourrages pour recevoir la distribution de quatre jours.

181. Tous les logemens d'officier doivent être occupés jusqu'à concurrence du nombre des officiers de chaque grade. Dans le cas d'insuffisance de logemens pour tous les officiers dans les bâtimens militaires, ils sont affectés de préférence aux officiers les moins anciens dans chaque grade, et à égale ancienneté de grade, aux plus jeunes d'âge, sauf les dispositions contraires que les chefs de corps jugent convenable de proposer dans l'intérêt de la discipline, et auxquelles il est toujours fait droit.

182. Le 31 décembre de chaque année, le chef du génie doit

rédiger un état des logemens des officiers, (modèle n° 22), dont il doit envoyer deux expéditions au directeur des fortifications.

183. Dans les casernes, chaque lit doit être adossé autant que possible à un mur, mais sans le toucher. Les lits en bois à deux places ont 1 m. 20 de largeur ; l'intervalle entre deux lits doit être de 0 m. 50 au plus. Les couchettes en fer à une place ont environ 0 m. 75 de largeur ; l'intervalle entre deux lits doit être de 0 m. 25. Ces lits en fer sont livrés à la troupe par les soins du génie ; ils font partie du mobilier qui est sous la surveillance de cette administration.

184. Par les soins et sur les fonds du génie, il doit être fourni à la troupe les objets suivants :

Pour l'infanterie, des tablettes ou planches à bagage, continues le long des murs, à 1 m. 90 au-dessus du sol, supportées par des corbeaux ou consoles, et de 0 m. 32 de largeur.

Pour la cavalerie et les chambres des sergens, des tablettes semblables aux précédentes, de 0 m. 24 de largeur seulement, et au-dessous, des tablettes discontinues dans l'intervalle des lits, à 1 m. 40 du sol, et de 0 m. 32 de largeur.

Entre deux lits, scellés dans le mur, à 1 m. 75 du sol, deux chevilles ou crochets en fer ou deux boutons pour porter l'armement. Dans les chambres où il y a des couchettes en fer, il est plus commode de faire un porte-manteau exprès pour y suspendre cet armement, sur un des côtés où il n'y a pas de lits.

Sous les tablettes à bagage, à la tête des lits, deux clous à crochets par homme, pour y suspendre les souliers, les clous en dehors.

Des barres ou tringles portant des chevilles ou des crochets, pour y suspendre les brides, comme pour l'armement.

Idem, pour suspendre les bottes.

Dans chaque chambre, un porte-armes élevé de 1 m. 00 au-dessus du sol, pouvant recevoir dix fusils par mètre courant.

Une tringle munie de clous et placée au-dessus du porte-armes, pour recevoir les pistolets.

Une table de 2 m. 00 de longueur sur 0 m. 70 de largeur ; deux bancs de même longueur et une planche à pain de 2 m. 00 de longueur sur 0 m. 60 de largeur, suspendue au-dessus de la table, à 2 m. 00 au-dessus du sol, par seize hommes de l'effectif occupant. Il n'en est point fourni pour les cantines, pensions, etc.

Dans les chambres des sergens-majors : un porte-armes, pour dix armes et le développement de doubles tablettes pour vingt hommes, et en outre les tables nécessaires pour écrire.

Une cuisine au rez-de-chaussée, munie de fourneaux du modèle déterminé, et de marmites en fonte, à raison d'une par compagnie.

Dans les magasins d'habillement, quatre tables de 2 m. 00 de longueur, avec les bancs nécessaires, et les casiers pour les effets d'habillement et d'équipement.

Dans les magasins d'armes, une table et un porte-armes, pour cent armemens complets.

Dans les ateliers, le nombre de meubles proportionné au nombre de ceux qui y sont logés.

Dans les forges des maréchaux, une enclume fixe avec son billot, une bigorne, un soufflet avec sa chaine de tirage, un établi, un étau et l'auge pour l'eau nécessaire à la trempe. Le poids de l'enclume est fixé de 75 à 80 kilogrammes; celui de la bigorne à 50 kilogrammes.

Dans les forges d'armuriers, une enclume fixe et un soufflet avec sa chaine de tirage.

Dans divers lieux nécessaires, dans les cachots, etc. des baquets en bois cerclés en fer pour recevoir les urines.

Lorsque la nécessité en est reconnue, des poêles dans quelques chambres ou corps-de-garde.

Des pelles, des pioches et des brouettes nécessaires à l'entretien de la propreté dans les cours et à l'entretien des bâtimens. Ces objets sont remis en nombre convenable par le chef du génie à l'officier de casernement qui en est responsable.

A la porte de chaque cuisine et de chaque corps-de-garde, un billot en bois fixé en terre pour fendre le bois.

Dans les corps-de-garde, des lits de camp, des tables, des bancs, des tablettes, des planches à pain, des planches à consigne, et des porte-armes, en raison du nombre d'hommes qu'ils doivent contenir.

Dans les écuries, des châssis doubles à vitres et à canevas, une chaine à chaque porte, et des anneaux de pansage attachés en dehors des écuries; des appliques et réverbères pour l'éclairage, ainsi que tout ce qui tient à leur pose; un mètre courant de mangeoire pour chaque cheval; des auges-abreuvoirs à raison d'une pour trente chevaux lorsqu'il n'y a pas d'eau courante.

Dans les selleries, des porte-selles à chapiteaux, à raison de quatre selles par montant.

Dans les manèges, les barrières, piliers, chandeliers, tôles, arrosoirs, pics à hoyaux, pelles, rateaux et autres objets nécessaires à l'instruction qui s'y donne.

Ustensiles d'écuries : deux civières par escadron, quatre seaux *idem,* deux baquets, *idem ;* deux augets, *idem ;* deux vanettes, *idem ;* deux mesures à avoine, *idem ;* un coffre à avoine sur des dés en pierre et muni d'un cadenas, *idem ;* barres et billots d'après la capacité de l'écurie ; une planche à consigne par écurie ; des planchettes pour inscrire les noms des chevaux. L'entretien des objets ci-dessus et de ceux des manéges est à la charge de la masse d'abonnement d'entretien du harnachement.

Des tonneaux à eau établis sur des chantiers, munis de robinets enchaînés, fermés avec couvercles, pentures et cadenas, dont le concierge tient la clé ; ils sont fournis par le génie pour les bâtimens éloignés de plus de 500 mètres de toute eau potable.

Les puits, quand il y a lieu d'en faire usage, doivent être munis de pompes ou de poulies, et de chaines de fer ou de cordes, pour extraire l'eau des puits à l'aide de seaux en bois ; le tout par les soins du génie.

Il est défendu aux officiers du génie de faire d'autres fournitures que celles énoncées ci-dessus. Quant à la fourniture d'eau potable, elle est faite , s'il y a lieu, à la diligence des intendans militaires qui passent des marchés à cet effet, comme pour les autres objets de consommation.

CLASSEMENT DES DÉPENSES DU GÉNIE.

185. Le budget du matériel du génie au ministère de la guerre est divisé en trois articles.

186. L'article 1ᵉʳ sous le titre de *fortifications* se compose lui-même de trois parties distinctes : 1° *travaux* ; 2° *acquisition d'immeubles* ; 3° *frais divers.* Sont compris sous ce titre ; 1° les frais de construction, de réparation et de reconstruction des ouvrages de défense ; les ponts-levis, ponts-dormans, écluses, batardeaux et autres ouvrages hydrauliques ; les réparations et entretien des forts en mer et des batteries de côtes ; 2° les acquisitions d'immeubles relatives aux fortifications, les frais accessoires de ces acquisitions, et les intérêts des sommes principales qui s'y rapportent ; 3° les indemnités de non-jouissance pour les terrains non militaires dégradés et occupés temporairement pendant l'exécution des travaux.

187. L'article 2 sous le titre de *bâtimens militaires* se compose également de trois parties : 1° *travaux* ; 2° *acquisitions d'immeubles* ; 3° *frais divers.* Sont compris sous ce titre : 1° la construction et les fais d'entretien des quartiers, casernes, corps-de-gardes, écuries, manéges, magasins, hôtels et pavillons occupés par les autorités militaires, et les frais de bureau relatifs aux travaux ;

2° Les acquisitions d'immeubles relatives aux bâtimens militaires, les frais accessoires de ces acquisitions, les intérêts des sommes principales qui y ont rapport ; 3° Les indemnités de non-jouissance pour les terrains non militaires dégradés et occupés temporairement pendant l'exécution des travaux, le traitement et le salaire des concierges et des hommes de peine employés dans les bâtimens militaires, les frais de location des bâtimens destinés à loger les troupes et à recevoir les accessoires du casernement, ainsi que ceux des champs de manœuvres pour les exercices journaliers et ordinaires des troupes.

188. L'article 3 sous le titre de *dépenses accessoires* ne comprend que les secours aux ouvriers blessés ou aux veuves des ouvriers morts sur les travaux, les frais de tournée, les gratifications et les frais imprévus.

189. Les dépenses relatives aux *travaux* et aux *acquisitions d'immeubles*, (articles 1 et 2 du budget) sont comprises dans la comptabilité tenue par les chefs du génie et font partie de leurs projets. Les *frais divers* (mêmes articles) sont soldés sur des mandats particuliers délivrés soit par l'intendant militaire, soit par le directeur des fortifications. Il en est de même des *dépenses accessoires*, (article 3). Voyez les circulaires du 30 novembre 1824, 21 juin 1828, 5 février 1831, etc.)

ADJUDICATION DES TRAVAUX.

190. Les travaux du génie se font de deux manières : par *entreprise* ou par *gérance*. Par le premier mode, un entrepreneur unique se charge d'exécuter tous les travaux pendant trois ou six ans, en se basant sur une série de prix qu'on a offerts à son examen, sur lesquels il a fait un certain rabais, et qui sont applicables à des mètres cubes de terre déblayée, de maçonnerie, de charpente, à des mètres carrés de menuiserie ou de peinture, à des kilogrammes de fer ou de quelque autre métal, etc., sans qu'on explique la quantité de chacun de ces ouvrages qui pourront être faits pendant le cours de son entreprise ; quantité inconnue, en effet, et qui dépend, d'une part des projets faits par le chef du génie, et d'une autre part, des fonds alloués chaque année, par le ministre. Par l'autre méthode, un employé ayant le titre de gérant des travaux, et payé par l'état, est chargé de procurer les ouvriers et les matériaux aux officiers du génie, et de solder les dépenses sur les bons de ces mêmes officiers avec des fonds que l'on met à sa disposition.

191. Le mode de *l'entreprise* est préféré comme moins onéreux, et plus en harmonie avec les habitudes des officiers du génie, que des marchés continuels à passer ne peuvent que détourner d'occupations plus importantes. Pour parvenir à faire une adjudication des travaux du génie, il faut commencer par prendre des renseignemens exacts, dans le pays, sur le prix de la main d'œuvre des ouvriers et sur ceux des matériaux : avec ces données et la connaissance du temps nécessaire pour faire une certaine quantité d'ouvrages de chaque genre, ainsi que du déchet que les divers matériaux éprouvent dans leurs transformations, on établit ce qu'on appelle *l'analyse des prix*, travail important que nous donnons à la fin de cet ouvrage avec tous les détails nécessaires.

192. Lorsque ce travail est terminé, on en fait un résumé sous le titre de *bordereau des prix*, (modèle n° 23). En même temps on rédige le *devis des conditions*, véritable cahier des charges qui explique la manière dont les officiers du génie entendent que les travaux soient exécutés, afin d'éviter les discussions qui pourraient s'élever lors de la réception des ouvrages.

193. L'analyse, le bordereau des prix et le *devis* des conditions sont adressés au ministre avec un rapport du chef du génie, indiquant les motifs qui l'ont dirigé dans la composition des prix. Le directeur y joint ses observations. Ce travail doit parvenir au directeur avant le 15 novembre, dans le but que l'approbation du ministre arrive assez tôt pour que l'adjudication étant passée dans le mois de décembre, elle puisse recevoir sa pleine exécution au 1er janvier de l'année suivante.

194. Dès que l'approbation du ministre est parvenue au chef du génie, celui-ci en prévient le sous-intendant militaire qui fait afficher dans les lieux ordinaires et quinze jours au moins avant l'adjudication, le lieu, le jour et l'heure où elle doit être passée ; les formalités à remplir, et la désignation de l'autorité chez laquelle les concurrens peuvent aller prendre connaissance des clauses et conditions.

195. Avant le 31 décembre 1830, les adjudications des travaux du génie se faisaient au rabais, *à l'extinction des feux ;* depuis cette époque, elles se font également au rabais, mais par *soumissions cachetées.* On a espéré, par ce moyen, empêcher la collusion qui s'établissait souvent entre les concurrens, ou les rabais exagérés qui étaient la ruine de celui qui l'emportait.

196. Chaque concurrent déclare dans une lettre cachetée qu'après avoir pris connaissance, des conditions, du devis, il

consent à s'y soumettre et qu'il s'engage à faire tous les travaux des fortifications et des bâtimens militaires, aux prix indiqués dans le bordereau, en faisant sur chacun et sur l'ensemble de ces prix un rabais de *tant* pour cent. Le nombre qui avec le nombre *cent* exprime le rapport du rabais doit être un nombre entier.

197. Ces lettres cachetées sont remises au secrétariat de la mairie, dans une boîte fermée. Le jour de l'adjudication venu, on ouvre la boîte, on constate le résultat des diverses soumissions par un procès-verbal, (modèle n° 24) dressé dans les formes d'usage, par l'intendance militaire, assistée du chef du génie et du maire de la ville et on adjuge ensuite le marché, sauf l'approbation ultérieure du ministre, à celui qui a souscrit le rabais le plus avantageux. Dans le cas où plusieurs soumissions renfermeraient des rabais égaux, l'adjudication serait donnée à celui qui, séance tenante, par une offre nouvelle faite par écrit consentirait le rabais le plus fort.

198. L'adjudicataire est tenu de fournir une caution et un cautionnement en numéraire, qui doit être déposé dans le trésor public. Il ne peut se présenter sans être muni d'un certificat du maire constatant sa solvabilité et celle de sa caution, et sans être agréé du chef du génie qui peut refuser tous les concurrens qui n'offrent pas des garanties suffisantes sous le rapport de leur capacité dans l'art de bâtir.

199. Le procès-verbal d'adjudication est adressé au ministre, par le chef du génie, et n'est exécutoire que du jour où le ministre l'a approuvé.

PROJETS ANNUELS.

200. Dans sa tournée annuelle le directeur arrête avec le chef du génie, les projets relatifs aux travaux de l'exercice suivant. En cas de dissidence, le chef du génie doit rédiger les projets d'après les idées du directeur, mais il est libre d'en présenter un autre d'après ses propres idées. Il doit se faire aider dans les projets, par les officiers sous ses ordres. Chaque officier doit signer le projet qu'il a rédigé.

201. Ces projets comprennent : 1° un mémoire sur la place, dont nous avons parlé (n° 153); 2° les feuilles de dessin nécessaires pour faire comprendre la nature des travaux que l'on propose; 3° l'état estimatif des travaux à exécuter (modèle n° 25); 4° les apostilles du chef du génie formant un cahier séparé, (modèle

n° 26) à quoi le directeur ajoute un autre cahier contenant ses propres apostilles.

202. Quelquefois on joint à ces projets d'autres pièces telles que des rapports sur quelques objets particuliers qui sont relatifs aux travaux; ou, lorsqu'il en est besoin, des procès-verbaux constatant l'urgence de quelques réparations à faire dans un local occupé par une administration militaire. Ces procès-verbaux doivent être dressés par l'intendance militaire et signés par le chef du génie et par les chefs de l'établissement : ils servent de pièces à l'appui pour les articles auxquels ils sont relatifs,

203. Les feuilles de dessin doivent representer exactement pour chaque ouvrage auquel on propose de travailler, l'état actuel des lieux et les changemens qu'on veut y opérer. Ces dessins se font ordinairement sur l'échelle de 1 millimètre par mètre pour les plans d'ensemble, de 5 millimètres par mètre, pour les plans, coupes et élévations de chaque ouvrage en particulier, et de 2 ou 4 centimètres par mètre, pour les dessins de détails représentant exactement l'appareil des pierres, la disposition des pièces de charpentes, et celle des serrures. Chaque coupe ou élévation doit être pourvue d'une ligne horizontale d'une côte connue en nombre rond; et on doit y incrire les chiffres indiquant les dimensions principales des ouvrages à construire.

204. Les feuilles de dessin doivent être pliées sous le format dit à la tellière (0, m. 325 de hauteur sur 0, m. 215 de largeur), qui est celui adopté pour toutes les écritures, à l'exception des registres d'attachement et de comptabilité qui peuvent avoir des dimensions plus grandes, et les carnets qui sont ordinairement de 0, 21 sur 0,16. On doit désigner en tête et au dos de chaque feuille de dessin, leur objet, leur contenu, ainsi que les articles et l'année auxquels elles se rapportent. Les minutes portent ces mots au dessus de la date et de la signature de l'officier qui a rédigé le projet : *fait et dessiné par moi.* Ces minutes doivent être adressées de préférence au ministre.

205. L'état estimatif se divise en articles et en sections, lorsque l'importance d'un article l'exige, pour faciliter au comité le choix et la réduction des dépenses. Les apostilles suivent la même division. Dans le registre de comptabilité, lorsque les dépenses de chaque article sont approuvées, on supprime les sections, à moins que le directeur ne donne l'ordre de les conserver dans les articles les plus importans.

206. Le chef du génie de chaque place, adresse, dans le courant de novembre, à son directeur, deux expéditions complètes

des projets tels qu'ils viennent d'être décrits, et une troisième qui ne comprend pas les dessins. Le directeur adresse au ministre une des deux premières, à laquelle il joint ses apostilles; la seconde demeure entre ses mains jusqu'à ce que le ministre ait fait connaître l'état des ouvrages approuvés pour être exécutés dans l'année, et elle est renvoyée à l'officier en chef, pour être conservée dans les archives de la place, lors de la transmission de cet état par le ministre. Le directeur peut alors exiger qu'il lui soit remis par le chef du génie, pour être jointe à la troisième expédition, une autre copie des dessins de telle partie des projets (approuvés seulement) qu'il croit indispensable d'avoir toujours sous les yeux, et pour laquelle il ne voudrait pas se contenter de consulter au besoin l'expédition déposée dans les archives de la place.

TRAVAUX A L'ENTREPRISE.

207. Dès que *l'état des ouvrages ordonnés* est parvenu au chef du génie, celui-ci fait préparer, 1° le registre de comptabilité (modèles n⁰ˢ 27, 28, 29, 30, 31 et 32); 2° les carnets, (modèles n⁰ˢ 33 et 34); 3° le registre d'attachement (modèles n⁰ˢ 35 et 36). Il donne *par écrit*, à l'entrepreneur, des ordres assez détaillés pour qu'il puisse se pourvoir à temps de tous les objets nécessaires à l'exécution des travaux. Il répartit entre tous les officiers qui sont sous ses ordres la surveillance des divers articles d'ouvrages dont l'exécution a été ordonnée. Il remet à chacun d'eux copie du devis, des conditions du marché et du bordereau des prix, et leur assigne un ou plusieurs gardes du génie pour les aider dans les objets de détail.

208. Le chef du génie distribue à chaque officier, s'il est à la fois chargé de quelques articles de fortification et de quelques articles de bâtimens militaires, deux carnets pour l'inscription des dépenses relatives aux fortifications et deux carnets pour celles relatives aux bâtimens militaires. Ces carnets alternent, par semaine, entre les mains de l'officier, de sorte qu'il en a constamment deux en son pouvoir, tandis que les deux autres sont au bureau du chef du génie où un employé s'en sert pour inscrire les dépenses de la semaine écoulée sur le registre de comptabilité. De cette manière ces deux espèces d'inscription marchent à la fois. Dans les places où un officier est seul et les travaux peu importans, l'on ne tient habituellement que deux carnets, l'un pour les fortifications, l'autre pour les bâtimens militaires.

209. Les carnets tenus par des officiers en sous-ordre sont signés en tête par le chef du génie et paraphés par lui au recto de chaque feuille. Cette opération est faite par le directeur pour les carnets tenus par le chef du génie lui-même.

210. Dans les travaux à l'entreprise, on distingue trois sortes de dépenses : 1° celles *aux prix du bordereau* qui sont passibles du rabais ; 2° celles dites à *l'estimation* qui ont lieu lorsqu'aucun des prix du bordereau n'est applicable à certains ouvrages ; on les marque au carnet, etc. par la lettre E ; 3° les *dépenses sèches* ou à *l'économie* qui ont lieu, soit lorsqu'il s'agit d'achats faits directement par le chef du génie, soit lorsque ne pouvant s'accorder sur des prix d'estimation, le chef du génie prend le parti de faire exécuter certains travaux avec des ouvriers fournis par l'entrepreneur, mais travaillant à la journée au compte de l'état.

211. Toutes ces dépenses sont inscrites journellement et pêle-mêle sur les carnets des officiers à mesure qu'elles se présentent. Les carnets s'arrêtent à la fin de chaque semaine ou de chaque quinzaine si le directeur le permet. Ils sont signés aux arrêtés par l'entrepreneur et par l'officier du génie chargé des détails. On en transcrit ensuite les résultats sur le registre de comptabilité, qui s'arrête à chacune des époques fixées par l'envoi du mémoire apostillé courant, dont il sera parlé ci-après, et à l'arrivée de l'inspecteur-général.

212. Après leur inscription sur les carnets, les dépenses à l'économie sont transcrites sur des feuilles de dépenses sèches (modèle n° 37). On fait une feuille de dépenses pour chacun des articles qui ont figuré dans l'inscription de la semaine, et il y a une série de numéros particulière pour les feuilles de dépenses sèches de chaque article. Ces feuilles signées par l'officier du génie chargé des détails et contre-signées par le chef du génie sont remises à l'entrepreneur qui, d'après leur énoncé, paie les diverses parties prenantes après leur avoir fait signer leur acquit, soit sur les feuilles mêmes s'il s'agit de journées ou bien de dépenses quelconques qui n'excèdent pas 10 francs, soit sur du papier timbré de 0 m. 35 fourni par les parties prenantes s'il s'agit de dépenses au-dessus de 10 francs.

213. Lorsque les soldats des régimens du génie ou autres, sont employés *par ordre* au compte de l'entrepreneur, soit à la journée, soit à la tâche, ils ne reçoivent de lui que les deux cinquièmes des prix du bordereau; les trois autres cinquièmes sont retenus au profit de l'état et portés en recette au registre de comptabilité en supplément de fonds remis et de mandats délivrés

214. Aucun ouvrage ne doit être commencé avant que les *atta-chemens*, c'est-à-dire les cotes de nivellement, repères, mesures et autres renseignemens nécessaires au mesurage, ne soient pris en présence de l'entrepreneur par l'officier chargé des détails. Ces renseignemens sont consignés par l'officier lui-même, au moyen d'un dessin, sur une feuille du registre d'attachement qui est signée par l'entrepreneur et par l'officier. Ces attache-mens servent à reconnaître l'ouvrage fait lors même que l'état des lieux vient à changer totalement. On inscrit ceux qui con-cernent les fortifications ou les bâtimens militaires à la suite les uns des autres sans distinction.

215. L'officier chargé des détails doit incrire à la fin de chaque semaine sur son carnet, les objets extraits du magasin d'après ses *bons* et dont le détail doit, à la fin de l'exercice, être porté *pour mémoire*, à la suite de chaque article du registre de comptabilité et du mémoire apostillé définitif, afin que le ministre puisse avoir connaissance de l'emploi qui en a été fait.

216. Dans l'instruction du 31 août 1826, on avait cherché à in-troduire une division de travaux en *articles permanens*. Cet essai n'a pas réussi. Un registre de dépenses annuelles devait être ou-vert pour qu'on y inscrivît sur chaque article *permanent* les dé-penses qui y avaient été faites depuis l'époque la plus reculée men-tionnée par les archives. L'abandon des articles permanens a dû faire aussi abandonner ce registre.

217. En résumé : Le chef du génie prévient l'entrepreneur et lui donne *par écrit* ses ordres pour les approvisionnemens. Il dis-tribue les articles aux officiers sous ses ordres. Dans chaque atelier dévolu à un officier, le garde du génie surveille le travail, tient la note des journées, fait peser les fers, compte les mesures de chaux, de plâtre et autres objets, et transmet tous ces ren-seignemens à l'officier du génie qui, de son côté, fait les mesu-rages un peu importans, et inscrit le tout sur son carnet. Il prend également les attachemens nécessaires et les transcrit lui-même sur le registre destiné à les recevoir. Il établit les feuilles de dé-penses sèches et les remet en même temps que ses carnets de la semaine ou de la quinzaine au chef du génie. Celui-ci signe les feuilles de dépenses sèches et les fait payer ; il fait copier les carnets sur le registre de comptabilité et les signe après s'être assuré que le relevé en est exact. A l'époque des envois de mémoires apostillés, le chef du génie fait l'arrêté des dépenses dans chaque article. Lorsqu'un article est terminé, il en fait l'ar-rêté définitif et inscrit à la suite les objets extraits du magasin, *pour mémoire*. A mesure que le directeur lui annonce des fonds remis, ou lui envoie des mandats pour l'entrepreneur, il les fait inscrire sur les feuilles destinées pour cet objet. Lorsque tous les articles sont terminés, il fait la *récapitulation* des dépenses; et lorsqu'après l'envoi des comptes généraux, on lui annonce l'apurement des comptes, il fait l'inscription du résultat à la suite des fonds remis et des mandats délivrés à l'entrepreneur ou aux vendeurs d'immeubles.

TRAVAUX PAR GÉRANCE.

218. Lorsqu'on ne peut pas trouver d'entrepreneur, on en instruit, par un rapport, le ministre qui ordonne que les travaux soient faits par gérance. Un employé qui est choisi par les gardes du génie est chargé des fonds, sous le titre de *gérant*. C'est en son nom qu'on délivre les mandats. Il doit se procurer des ouvriers et des matériaux de tout genre, payer les ouvriers et les fournisseurs, et tenir lieu, en un mot d'un entrepreneur.

219. Cependant comme un gérant ne connaît pas aussi bien qu'un entrepreneur les prix des objets, on cherche autant que possible à passer des marchés particuliers pour chaque espèce d'ouvrage, en suivant les mêmes formalités que pour l'adjudication totale des travaux, excepté le cautionnement en numéraire qui n'est pas ordinairement exigé dans ces sortes de marchés.

220. D'après les renseignemens fournis par le garde du génie surveillant les travaux et d'après ses propres mesurages, l'officier du génie inscrit journellement ou à la fin de chaque semaine les dépenses sur ses carnets, de la même manière qu'il a été dit ci-dessus (n° 214). Il établit ensuite des feuilles de dépenses (modèle n° 37 bis) qui sont payées par le gérant aux parties prenantes avec les formalités énoncées plus haut (n° 212). Après ce paiement, le gérant inscrit les résultats de ces feuilles à la suite les unes des autres, avec une seule série de nouveaux numéros sur un seul registre de gérance qu'il tient à cet effet (modèle n° 38). Après cette opération il remet les feuilles au chef du génie. Lorsque ce dernier a épuisé l'argent du dernier paiement qui a été fait au gérant, il réunit les feuilles de dépenses de manière à former à-peu-près cette même somme, et il en extrait un *bordereau* pour les fortifications (article 1er du budget), et un bordereau pour les bâtimens militaires (article 2 du budget), (modèle n° 39), dont il fait deux expéditions qu'il envoie au payeur du département avec les deux liasses des feuilles de dépenses. Celui-ci renvoie au chef du génie l'une des expéditions

de chaque bordereau signées par lui pour lui tenir lieu des feuilles de dépenses qu'il garde pour la justification de ses paiemens.

221. Du reste les carnets (modèle n° 34 bis), le registre de comptabilité (modèle 31 bis et 32 bis) et celui d'attachement se tiennent et s'arrêtent comme nous avons dit ci-dessus pour les travaux à l'entreprise, sauf les modifications suivantes.

222. La différence la plus remarquable porte sur la division des articles. Outre ceux qui font partie des projets envoyés au ministre et qui sont établis à la manière ordinaire, lors de l'exécution des travaux, le chef du génie ouvre aux carnets et au registre de comptabilité un article provisoire intitulé *frais de gérance* (modèle n° 40) et un autre article provisoire, ayant pour titre *approvisionnemens*) (modèle n° 42), dont nous allons expliquer l'utilité.

223. En général, les achats de matériaux se portent en dépense sur l'article auquel ils sont destinés; mais lorsqu'on prévoit que tous ces matériaux ne seront pas consommés dans le courant d'un exercice, ou lorsqu'on achète une certaine quantité de matériaux, qui doit être répartie plus tard sur divers articles, on inscrit toutes les dépenses qui y ont rapport (achat, transport et dépôt), sur l'article provisoire—*approvisionnemens*. Lorsque les travaux sont terminés, on fait sur le registre de comptabilité une *récapitulation* (modèle n° 43), qui présente les quantités de chaque espèce de matériaux achetés, et leurs prix moyens, de manière que le total soit le même que celui de l'article provisoire. On fait ensuite un état de *répartition* (modèle n° 44), de ces mêmes matériaux sur les divers articles, qui présente également le même total. Lorsque cela est fait, on porte effectivement à la suite de chaque article les résultats de l'état de répartition, et ces dépenses deviennent partie intégrante des articles auxquels on les transfère. S'il reste des matériaux pour l'exercice suivant, on les écrit à part sur l'état de répartition, on ouvre sur le registre de comptabilité un article *définitif magasin*, et on y inscrit les dépenses qui ont rapport à ces matériaux, avec les prix de l'état de répartition. Cet article s'arrête comme les autres articles et figure réellement dans la récapitulation du registre de comptabilité après les fortifications, ainsi que dans le réglement général, tandis que les articles provisoires *frais de gérance* et approvisionnemens ne ont inscrits sur les comptes généraux que *pour mémoire*.

224. On fait entrer ensuite ces matériaux restans en magasin, en leur appliquant les prix de l'inventaire, lorsqu'il y en a, ou les

prix nouveaux, lorsque l'inventaire ne contient pas ces espèces de matériaux.

225. Tous les menus frais provenant du mode de gérance, tels que frais de poste, lorsqu'on reçoit des lettres des fournisseurs, transport d'argent, frais de commission, etc., s'inscrivent sur l'article provisoire *frais de gérance*. Mais lorsque tous les articles sont terminés, après qu'on a ajouté à chaque article la quote-part qui lui revient sur les dépenses de l'article provisoire *approvisionnemens*, et qu'on a formé les sommes totales des dépenses, on établit une *répartition* des frais de gérance par articles (modèle n° 41), et on ajoute effectivement aux dépenses de chaque article, y compris l'article définitif magasin, celles qui proviennent de cette répartition, qui sont calculées d'une manière proportionnelle à celles déjà existantes.

226. Les feuilles de dépenses, qui sont relatives aux *frais de gérance* ou à l'article provisoire *approvisionnemens*, portent le double titre *fortifications et bâtimens militaires*, et dans les envois des feuilles au payeur, peuvent être classées dans l'une ou l'autre catégorie. Au reste, lors de l'envoi des dernières feuilles on ne fait qu'un bordereau unique (art 1 et 2 du budget) ; (modèle n° 39).

COMPTES A RENDRE.

227. Les *mémoires apostillés* courant (modèle n° 45), servent à montrer l'état des travaux et des dépenses. On les envoie au directeur pour les faire parvenir au ministre, aux époques des 31 mai, 15 juillet, 31 août, 30 septembre, 31 octobre, 30 novembre et 31 décembre ; et même aux époques des 15 février et 15 avril, si des travaux considérables se faisaient de bonne heure dans une place. Le mémoire apostillé du 31 décembre, seul, se fait en double expédition, dont une pour le directeur.

228. Dès que les travaux sont terminés, les articles arrêtés définitivement sur le registre de comptabilité, et que la récapitulation est faite, le chef du génie s'occupe à rédiger le réglement général, (modèles n°s 46 et 46 bis), qui est la copie exacte du registre de comptabilité, avec cette différence que dans chaque article on réunit les ouvrages de même nature pour les soumettre au même titre, en suivant d'abord l'ordre des numéros du bordereau, en mettant ensuite les dépenses à l'estimation, et enfin les dépenses sèches, lorsque les travaux sont à l'entreprise, et en suivant un ordre analogue lorsqu'ils se font par gérance.

229. Le réglement général et les matériaux qu'il contient servent à rédiger sous de nouvelles formes : 1° le compte sommaire (modèle n° 47), dont la minute doit être sur papier timbré de 1 fr. 25 c. le feuillet; 2° le mémoire apostillé définitif (modèle n° 48); 3° la récapitulation par articles, (modèle n° 49); 4° un bordereau des prix. Si les travaux se font par gérance, à la place de cette dernière pièce on adresse une copie de chacun des marchés particuliers qui ont été passés, et on ajoute à l'envoi deux bordereaux de pièces justificatives (modèle n° 50).

230. Toutes ces écritures se font en trois expéditions; leur ensemble constitue ce qu'on appelle les comptes généraux de la fin d'année. Elles se font aux frais de l'entrepreneur lorsque les travaux sont à l'entreprise. Dans ce cas, l'un des réglemens généraux est remis à l'entrepreneur. Si les travaux se font par gérance, on ne fait que deux expéditions du réglement général.

PAIEMENT DES DÉPENSES.

231. Les ordonnateurs secondaires pour les dépenses du matériel du génie sont les directeurs des fortifications, et dans certains cas, tels que loyers de bâtimens, les intendans militaires.

232. Le ministre annonce les *fonds remis* à la disposition des directeurs, avec indication d'une époque de paiement; on inscrit le résultat de ces annonces au registre de comptabilité (modèle n° 29), et au registre de gérance, lorsque ce mode est en vigueur. Le chef du génie fait alors une demande de fonds au directeur, en lui adressant un état particulier des dépenses (modèle n° 51). Le directeur adresse au chef du génie les mandats payables, soit à l'entrepreneur, soit au gérant, soit aux vendeurs s'il s'agit d'acquisitions d'immeubles. Le chef du génie les inscrit sur le registre de comptabilité (modèle n° 30), les remet aux parties prenantes en leur faisant signer leur acquit au registre de comptabilité à la feuille de l'inscription des mandats.

233. Au premier de ces mandats, le directeur joint les pièces à l'appui qui sont un extrait certifié du procès-verbal d'adjudication, ou de la soumission, et une copie de la lettre approbative du ministre. Tous les mandats supportent le droit du timbre avant d'être payés, à moins que les travaux ne se fassent par gérance. Dans ce dernier cas, le gérant n'est tenu qu'à fournir au payeur les feuilles de dépenses et les quittances des créanciers. Les mandats délivrés au gérant, ne peuvent excéder vingt mille francs. Les fonds qu'il reçoit sont inscrits sur un livret particulier qu'on lui remet à cet effet.

234. A l'appui des autres mandats, le directeur rappelle les pièces déjà produites avec le premier à-compte, et le montant des à-comptes précédens. Et lorsque les comptes généraux, après vérification faite, ont établi la dépense totale des travaux d'un exercice d'une manière légale, à l'appui des mandats *pour solde*, il remet en outre le bordereau de la liquidation finale de la dépense arrêté par le ministre. Les fonds remis et les mandats pour solde ou apurement de compte, s'inscrivent au registre de comptabilité comme on peut le voir (modèles n⁰ˢ 29 et 30).

235. Lorsqu'il s'agit d'acquisitions d'immeubles, il faut à l'appui du mandat une expédition ou extrait détaillé du contrat de vente, et avant de délivrer le mandat aux parties prenantes, il faut que celles-ci fournissent les pièces détaillées (n° 77), sans quoi les sommes sont versées à la caisse des dépôts et consignations. Outre la signature des vendeurs sur le registre, on exige en outre un récépissé sur feuille volante, pour le ministre.

236. En ce qui concerne le paiement et salaire des concierges et des hommes de peine employés dans les bâtimens militaires, le directeur délivre des mandats appuyés d'états nominatifs et dûment émargés ou quittancés par les parties prenantes.

237. Les loyers de casernes, de camps de manœuvres etc., sont soldés par l'intendant militaire, qui délivre les mandats appuyés sur des états arrêtés par le directeur et quittancés par les propriétaires ou tiers-mandataires. A l'appui du mandat relatif au premier loyer, on doit joindre un extrait du bail, certifié par le directeur, et rappeler cet extrait, lors de l'envoi des autres mandats.

238. S'il s'agit de secours aux ouvriers, de frais de tournée, etc., le directeur délivre les mandats appuyés par des extraits des décisions ministérielles qui approuvent les dépenses et quittances par les parties prenantes.

239. Les ordonnateurs secondaires ne peuvent délivrer des mandats, sur les crédits qui leur sont ouverts, que jusqu'au 30 avril inclus de l'année qui finit immédiatement l'exercice sur lequel ces crédits ont été imputés. Cependant, il arrive souvent que, dans plusieurs places, les fonds alloués ne sont pas encore entièrement dépensés à cette époque ; il en résulte qu'à défaut de renseignemens ultérieurs sur les dépenses faites après le 31 décembre, il y a impossibilité d'ouvrir de nouveaux crédits qui puissent rapprocher suffisamment les fonds remis des fonds faits. Pour éviter cet inconvénient, le chef du génie est autorisé à faire des mémoires apostillés *par extraordinaire* pour ces dépenses de l'année précédente, à mesure de l'avancement des travaux ; et si, par des circonstances quelconques, on ne pouvait payer les créanciers avant le 1er mai, les directeurs n'en doivent pas moins établir leurs mandats avant cette époque, et adresser au payeur, avant le 30 avril, le bordereau de ces mandats, en se réservant de ne les délivrer aux parties prenantes qu'après avoir obtenu la pleine justification des dépenses au paiement desquelles ils sont destinés.

240. Les dépenses d'un exercice doivent être liquidées et ordonnancées dans les neuf mois qui suivent l'expiration de cet exercice. D'autre part, toute ordonnance de paiement n'est acquittable que pendant six mois par le payeur, sur la caisse duquel le paiement en a été assigné : si elle n'a point été payée à l'expiration de ce délai, elle est frappée d'annulation, et la dépense dont elle était l'objet, doit être ordonnancée de nouveau par le ministre, sur la représentation de l'extrait de la première ordonnance, ou en cas de perte dudit extrait, sur production d'un certificat de non-paiement. C'est à quoi il faut faire attention pour l'envoi des comptes généraux, et pour la délivrance des mandats aux parties prenantes.

ENVOIS RÉGULIERS A FAIRE.

241. Les envois réguliers que le chef du génie est dans le cas de faire dans une place, sont les suivans : 1° Les mémoires apostillés, courant aux époques des 31 mai, 15 juillet, 31 août, 30 septembre, 31 octobre, 30 novembre et 31 décembre ; les premiers en simple, le dernier en double expédition. 2° Au dernier jour de chaque trimestre le bordereau des soumissions avec les soumissions souscrites dans le trimestre; le bordereau en simple, les soumissions en double expédition. 3° Au dernier jour de chaque semestre, le bordereau semestriel indiquant l'avancement du travail des zones de servitudes, lorsque ce travail n'est pas terminé dans les places, deux expéditions. 4° Aux mêmes époques, le bordereau d'affermage des terrains militaires, deux expéditions. 5° Aux mêmes époques, le bordereau d'affermage des bâtimens militaires, deux expéditions. 6° Lors de l'époque des projets qui doivent être envoyés le 15 décembre s'il est possible, et au plus tard, avant la fin du mois de janvier suivant, l'état estimatif, les feuilles de dessin, le mémoire en deux parties sur la place, les rapports et procès-verbaux nécessaires (lorsqu'il y a lieu d'en fournir). 7° Vers le 1er décembre, un rapport constatant la nécessité de continuer le mode par gérance, lorsque les travaux

sont gérés de cette manière et qu'il y a impossibilité de trouver un entrepreneur. 8° Lors de l'envoi des comptes généraux de l'année précédente, vers la fin de juin *au plus tard*, et bien avant s'il est possible, le réglement général en une expédition, le compte sommaire, la récapitulation par articles, le mémoire apostillé définitif, les bordereaux ou marchés, chacun en deux expéditions.

ENVOIS IRRÉGULIERS A FAIRE.

242. Le chef du génie doit faire, s'il y a lieu, les envois suivans : 1° Des mémoires apostillés *par extraordinaire*, le 15 février et le 15 avril, si des travaux considérables ont commencé de bonne heure, et après le 31 décembre, s'ils ne sont pas terminés; 2° des états estimatifs, *par extraordinaire*, accompagnés de dessins, lorsque, dans le courant de l'année, un travail non prévu devient urgent; 3° à la fin de chaque trimestre, les états de frais de tournée; 4° lors d'une adjudication de travaux, les analyses, devis et bordereaux, et les procès-verbaux d'adjudication; 5° des rapports avec croquis sur les demandes en permission de bâtir; 6° des états de casernement, d'hôpitaux, à mesure que le ministre en fait la demande; 7° des rapports et mémoires relatifs à diverses parties du service.

RÉGIMENS DU GÉNIE.

243. En tems de paix, une école régimentaire est instituée dans chaque régiment, dans le but de former des troupes qui puissent, dans toutes les circonstances de la guerre et dans les travaux ordinaires des places du royaume, seconder les opérations dont est chargé le corps royal du génie. (*Réglement du 5 décembre* 1816).

244. Indépendamment de l'instruction propre à l'arme du génie, les mineurs et sapeurs reçoivent celle qui est relative à l'infanterie, en raison de la part que ces troupes peuvent être dans le cas de prendre aux opérations de la guerre.

245. Les troupes du génie étant sans cesse fort occupées par des travaux qui leur sont propres, se contentent ordinairement de garder leurs quartiers, et ne fournissent pas d'autres postes dans les places où elles tiennent garnison. Ce service, les ouvrages de fortification qu'ils sont quelquefois appelés à construire, les exercices ordinaires de l'infanterie et les travaux d'école constituent leur service en tems de paix.

246. L'instruction dirigée par un **chef** de bataillon, sous la surveillance du colonel du régiment, est théorique et pratique, et se divise en trois parties : 1° l'instruction dans les salles ; 2° dans les ateliers ; 3° sur le terrain.

247. *L'instruction dans les salles* est divisée en quatre degrés, savoir :

PREMIER DEGRÉ. Leçons de lecture et d'écriture ; les quatre premières règles de l'arithmétique.

DEUXIÈME DEGRÉ. Arithmétique complète ; élémens de géométrie ; dessin des plans ; profils et architecture ; notions sur la main-d'œuvre relative à l'exécution des puits de mines, galeries, rameaux, et aux procédés du bourrage des fourneaux ; premiers élémens de pyrotechnie ; connaissance des principales pièces de fortification.

TROISIÈME DEGRÉ. Géométrie appliquée ; trigonométrie élémentaire ; dessin du paysage, de la carte et de la perspective ; tracé des différens ouvrages de campagne ; détails des principaux ouvrages d'une place ; principes sur les levés et le nivellement ; connaissance des différens instrumens et de leur usage ; nivellement par courbes horizontales ; études de la main-d'œuvre et des procédés dans l'art de construire des puits de mines, des rameaux et galeries ; instruction sur la manière de rédiger un toisé, un rapport, un procès-verbal, une comptabilité ; instruction sur les différens articles qui composent un caisson ; détails sur la comptabilité d'un parc, et des différens travaux du génie.

QUATRIÈME DEGRÉ. Levé de la carte ; théorie du nivellement ; géométrie descriptive ; coupe des pierres et de charpente ; dessin des épures ; leçons de fortification permanente ; théorie des mines ; composition d'un parc du génie, d'un parc de réserve et de siége ; établissement des ponts à la guerre ; théorie des ponts de bateaux, accompagnés de dessins.

248. On admet à ces leçons, suivant leur dégré d'instruction, les enfans de troupe, les mineurs et sapeurs, les maîtres ouvriers, les caporaux, fourriers, sergens, et même pour le troisième et le quatrième dégrés les officiers, y compris ceux du grade de capitaine. Il y a pour ces leçons, un professeur de mathématiques, un professeur de dessin et un professeur d'écriture. Une bibliothèque et une salle de lecture sont établies près de chaque école.

249. *L'instruction dans les ateliers* comprend la manière de confectionner les fascines, saucissons, gabions, claies et autres objets ; la construction des ponts de chevalets et de radeaux, des barrières, fraises, palissades, chevaux de frise, blindes, cadres

châssis et augets de mineur; la confection des outils de mineurs, sapeurs, charpentiers, maçons, et généralement de tout ce qui entre dans la composition d'un caisson; les différentes manières de construire avec célérité des fours en campagne, de toutes les dimensions; la confection des modèles des différentes machines propres au service, des reliefs d'ouvrages de fortification ainsi que des instrumens. Il n'y a que les ouvriers d'art qui travaillent aux ouvrages les plus délicats.

250. *L'instruction sur le terrain* se donne du 1er avril au 1er octobre. Elle embrasse quatre objets : 1° les travaux de campagne ; 2° les travaux de siége ; 3° les exercices sur les mines ; 4° la topographie.

251. Dans les travaux de campagne, on exerce les officiers, à tracer, à profiler les ouvrages, à répartir convenablement les travailleurs, à diriger les roulages et les transports, à éviter les doubles emplois et l'inconvénient de remanier les terres; on exerce les sapeurs et les mineurs à fouiller les terres, à former les remblais, à couper et poser les gazons, à revêtir les terres en fascinage et clayonnage; à préparer les ponts, soit sur les lieux, soit dans les ateliers; à les transporter, à les monter et démonter avec célérité; à passer les rivières à la nage, et à exécuter toutes les opérations qui accompagnent le passage des rivières, l'attaque et la défense des ouvrages.

252. Dans les travaux de siége, on fait confectionner les gabions, saucissons, fascines, fagots de sapes, claies, piquets, blindes, etc, qui sont nécessaires ; on exécute, en détail, des portions isolées de sapes, simples et doubles, des galeries blindées, des passages de fossés à sec ou pleins d'eau ; on fait enfin, pour réunir toutes ces parties, un simulacre de siége, à partir de la troisième parallèle.

253. Les exercices sur les mines se divisent également en travaux de détail et en travaux d'ensemble. Les premiers comprennent la confection de toutes les espèces de châssis, augets et boîtes à feu, en usage dans les travaux de mine; la construction des puits, galeries et rameaux. Les seconds ont pour objet l'établissement des fourneaux, leur bourrage, leur jeu, et un simulacre d'attaque et de défense de la guerre souterraine; pour que ces derniers travaux soient plus instructifs, on les dirige sur les glacis du front de la place désigné pour le simulacre de siége.

254. Pour les opérations topographiques, on établit une triangulation générale assez étendue pour que chaque officier puisse avoir une certaine quantité de triangles à lever. On leur donne,

pour les aider, des sous-officiers et des soldats suffisamment instruits pour profiter de ce travail pour eux-mêmes ; et ils font successivement usage des différens instrumens propres aux levés et aux nivellemens.

COLONIES.

255. Les officiers employés aux colonies, ont un traitement particulier qui est ainsi réglé :

1° Ils reçoivent *sur les fonds du département de la guerre*, la solde ordinaire de leur grade avec les indemnités de logement et de fourrage, sur le pied d'Europe.

2° Ils touchent *sur les fonds du département de la marine*, les supplémens coloniaux qui sont réglés ainsi qu'il suit : pour les chefs de bataillon et grades supérieurs, moitié en sus du traitement d'Europe ; pour les capitaines, trois-quarts en sus ; pour les lieutenans, sous-lieutenans et gardes, somme égale en sus. Le tout, depuis et non compris le jour du débarquement aux colonies, jusques et non compris le jour de l'embarquement. S'ils ne sont pas logés dans les bâtimens de l'état, ils touchent en sus une somme égale à l'indemnité de logement d'Europe. S'ils y sont logés sans meubles, ils touchent le tiers de l'indemnité de logement totale qu'ils auraient hors des bâtimens.

3° Ils reçoivent enfin, *sur les mêmes fonds*, à titre de frais de bureau, de tournée et de représentation, savoir : les sous-directeurs de la Martinique et de la Guadeloupe, six mille francs par an ; ceux du Sénégal, trois mille six cents francs ; les capitaines en chef, à Saint-Pierre (Martinique), à la Pointre-à-Pitre (Guadeloupe), et dans la colonie de Cayenne, deux mille francs ; les autres officiers, mille francs. — Ils conservent en outre tous leurs droits à l'avancement.

256. Les officiers du génie, pendant tout le temps qu'ils sont détachés aux colonies, sont sous les ordres du ministre de la marine. Un lieutenant-colonel, directeur du dépôt des fortifications des colonies, sert d'intermédiaire entre les officiers et le ministre, en tout ce qui concerne le service du génie. Les travaux et la comptabilité se divisent en service de paix et en service de guerre. Les travaux relatifs à ce dernier service, peuvent avoir lieu, en cas d'hostilités imminentes, d'après les ordres du général en chef de la colonie. Les lois, ordonnances, arrêtés et instructions concernant le service du génie, sont, au reste, suivis aux colonies, autant que les localités peuvent le comporter.

MODÈLES D'ÉTATS ET DE COMPTABILITÉ.

257. *Nota :* Les modèles que nous donnons ci-après, complètent ce que nous avons à dire sur le service de paix. Nous nous sommes, le plus souvent, borné à reproduire la division et les titres des colonnes. C'est tout ce qu'il importe de rappeler aux officiers du génie, qui ont à faire établir ces sortes d'écritures.

MODÈLE N° 1. (*Format tellière.*)

Génie.

Place de......

N° trimestre de 18...

Frais de déplacement.

Direction de . . .

Etat des journées de voyage et de séjour employés par le..... du génie, soussigné, pour déplacement de..... à..... pendant le.... trimestre 18..... dressé conformément aux lettres ministérielles des 13 mars et 19 août 1811.

Désignation et motifs des voyages.	Journées de		Total.	Indemnité par jour.	Somme à payer.	Observations.
	voyage	séjour.				
»	»	»	»		»	Faire ici mention de l'ordre.
Totaux. . .	»	»	»	»	»	

Arrêté le présent état de frais de déplacement, à la somme de..... (*en toutes lettres*).

A . . . le..... 18....

Vu à ... , le..... 18...　　　　　　　Le..... du génie.

Le colonel du génie, directeur des fortifications

MODÈLE N° 2. (*Format tellière.*)

1° (1ᵉʳ *feuillet du registre*)

Génie.

Place de.....

18

Direction de ....

Inventaire général des archives de la place de.....

Le présent régistre contenant (*en toutes lettres*) feuillets, a été

13

coté et paraphé par moi, colonel du génie, directeur des fortifications à . ,.. pour servir à l'inventaire général des archives de la place de.....

A . . . .. le. . . . . 18...

2° (2ᵉ *feuillet du registre.*)

Table des matières.

(*Relater dans cette table les titres des sections , articles , etc., et les folios où commence l'inscription des articles.*)

3° (5ᵉ *feuillet du registre.*)

Génie.

Direction de .. ,

Place de N.

Inventaire général des archives de la place de.......

18

depuis l'année. . . . .

Première section.

Article 1ᵉʳ. — Mémoires, projets, lettres, plans et dessins concernant les fortifications de. . . . .

Nᵒˢ des pièces.	Noms des auteurs.	Dates.	Désignation des objets.	Discours.	Dessins.	Observations.

(*Un état semblable pour les autres sections et articles.*)

MODÈLE Nᵒ 3. (*Format tellière.*)

(*Génie, direction, etc. , comme ci-dessus.*)

Supplément à l'inventaire général des archives de la place de. . . . .., indiquant les livres, papiers et plans qui y ont été réunis pendant l'exercice 18. . .

(*L'en-tête et les colonnes comme ci-dessus.*)

MODÈLE Nᵒ 4. (*Format tellière.*)

1° (1ᵉʳ *feuillet du registre,*)

Génie.

Magasin du génie.

Place de....

18....

Registre des entrées et sorties.

Le présent registre contenant (*en toutes lettres*) feuillets,

a été coté et paraphé dans la place de..., par moi soussigné, directeur des fortifications, pour y servir à inscrire
les entrées en magasin et les sorties de tous les objets et
matériaux pour le service de la place, pendant l'exercice 18...

A..... le..... 18...

Vu le présent registre, à..... le..... 18...

Le..... inspecteur-général en tournée.

3° (2ᵉ *feuillet du registre.*)

Nomenclature des objets et matériaux.

N° d'ordre de l'inventaire.	Matériaux pour maçonnerie, couverture, etc.	Folios du registre.
1.	Pierres de taille. etc., etc.	5.

3° (5ₑ *feuillet du registre.*)

N° 1 de l'inventaire. — Pierres de taille.

N°ˢ des bons.	Dates		Désignation des objets, origine des entrées, emploi des objets sortis.	Quantités des objets		Emplacem' des objets.	Articles pour lesquels les objets sont sortis.	
	des entrées	des sorties.		entrés.	sortis.		Fortifi-cations	Bâtim' milit°.
4. 2.	9 mai.	8 juin.	Le 1ᵉʳ janvier 18.. il reste en maga-sin, des exercices antérieurs. . . Acheté du sʳ Jouy. Pour la réparation du bâtiment. .	m. c. 24,000 30,000 »	» » m. 12,000	au bastion 4 Idem. »		7
				54,000	12,000			
			Le 31 décembre il reste en magasin.	42,000	»	au bastion 4		

(Les autres numéros semblables. On réserve une ou deux pages pour chaque numéro. Il y a une série de numéros pour les ordres d'entrées et une autre pour les bons de sorties.)

MODÈLE N° 5. (*Format : 11 centimètres de hauteur sur 16.*)

Place de .

18 . . . . .

Magasin.

Ordre de recevoir.

N°ˢ d'ordre de l'inventaire.	Indication des objets.	Quantité.	Dates des entrées.	Origine des objets.
1.	Pierres de taille de St-Jean. etc. etc.	m. cubes. 30,000	9 mai.	Achetées du sieur Jony.

Reçu les objets portés au présent ordre.   A.... Le.... 18....
Le garde-magasin , N.   Le.....du génie, N.

MODÈLE N° 6. (*Format comme le N. 4.*)

Place de. .

18 . . . . .

Magasin

Bon de sortie N°.....

N°ˢ d'ordre de l'inventaire.	Indication des objets.	Quantités	Dates des sorties.	Emploi des objets. Articles.		Observations
				Fortifica.	Bât. mil.	
1	Pierre de taille de St-Jean. etc. . . etc. . .	12,000	8 juin.	»	7	»

A... Le.... 18..
Le.... du génie , N.

MODÈLE N° 7. (*Format telliére.*)

Génie.

Direction de

Place de. .

18. . . . .

État des matériaux , outils et ustensiles hors d'état de servir par M. l'inspecteur général N. , lors de son inspection du.... 18.. , dans la place de.. et dont la vente a été ordonnée par lettre ministérielle en date du.... 18..

N°ˢ d'ordre de l'inventaire	Désignation des objets.	Dimensions.	Nombre.	Quantités	Observations.
30	Vieux fer.	»	°	24 kilog.	»
44	Planches de chêne. . . . . . . etc. . .	long .2 m.	18	9 mètres.	»

Arrêté le présent état à... le.... 18..
Le....... du génie en chef, N.

Récépissé (*ceci s'ajoute plus tard*).

Le receveur des domaines à N, soussigné, déclare que les objets désignés ci-dessus lui ont été délivrés par le..... du génie en chef, pour en opérer la vente au profit du trésor.

(*Suivent les dates et signatures.*)

MODÈLE N° 8. (*Format tellière.*)

Direction générale de l'enregistrement et des domaines.

Le receveur des domaines à N. soussigné déclare que par suite de la vente de divers matériaux provenant du génie de la place, ordonnée par lettre ministérielle du.... de la présente année et opérée par lui le.... suivant, il a été versé, dans sa caisse au profit du trésor, et toute déduction de frais faite, la somme nette de.... (*en toutes lettres*). — *Suivent la date et les signatures.*

MODÈLE N° 9. (*Format tellière*)

(*Sur la couverture du cahier.*)

Génie.

Direction de. État de situation du magasin du génie à l'époque du 1er janvier 18....

Place de...

18...

(*Sur le verso de la couverture et le recto du 2ᵉ feuillet, etc.*)

n d l'	d d o	p d l'	d	Existant. etc.			Entrés du. . etc.			o	Sortis du. . etc.			e	Restant. etc.			d o
				n	q m	v t	n	q m	v t		n	q m	v t		n	q m	v t	
1	p	fr. 20	»	120	m. 24	fr. 480	135	30	600	a	62	m. 12	fr. 240	B.	193	42	840	b
2	etc.	»	»	»	»	»	»	»	»	»	»	»	»	»	»	»	»	»
Totaux						»			»				»				»	

Arrêté le présent inventaire, 1° à la somme de.. (en toutes lettres) montant des objets existans à l'époque du 1er janvier 1834 : 2° à la somme de (*en toutes lettres*), montant des objets restans à l'époque du 1er janvier 1835.

A.... Le.... 18....

Le.... du génie en chef. N.

Vu à.... le.... 18..

Le colonel du génie, directeur des fortifications.

Nota : *Récapitulation des objets sortis.*

Matériaux sortis sur les articles d'ouvrages........	2300 fr.
Idem vendus par lettre ministérielle du....18..	5 oo
Somme pareille des objets sortis......	28oo »

(L'état ci-dessus embrasse deux pages du format tellière. Les colonnes 2e 11e et 19e, doivent être plus larges que les autres. Les titres dont nous n'avons indiqué que les premières lettres dans l'état, sont les suivans : 1re colonne, numéros de l'inventaire ; 2e colonne, désignation des objets, et par dessous, pierre de taille ; 3e colonne, prix de l'unité ; 4e colonne, dimensions ; 5e, 6e et 7e colonnes, existant au 1er janvier 1834 : 8e, 9e, 10e et 11e colonnes, entrés du 1er janvier 1834 au 1er janvier 1835 ; 12e, 13e, 14e et 15e colonnes, sortis du 1er janvier 1834 au 1er janvier 1835 ; 16e, 17e et 18e colonnes, restant au 1er janvier 1835 ; 5e, 8e, 12e et 16e colonnes, nombre ; 6e, 9e, 13e et 17e colonnes, quantités métriques ; 7e, 10e, 14e et 18e colonnes, valeur totale ; 11e colonne, origine des objets, et par dessous acheté à.. ; 15e colonne, emploi des objets, et par dessous B. M. art 7. 19e colonne, emplacement des objets, et par dessous, bastion 4 : étant bien entendu que les désignations spéciales ne sont données que pour modèles.)

MODÈLE N° 10. (*Format* ad libitum.)

Génie
—
Direction de
—
Place de...
—
18.....

État du logement qui a été assigné au.... bataillon du.... régiment de ligne dans la place de... indiquant l'état des lieux au moment de la prise de possession.

Nota : Sauf les exceptions indiquées dans la colonne d'observations, les murs, plafonds, planchers, pavés ou carrelages, portes, châssis, contrevents et objets d'ameublement du susdit logement existent en bon état. Les portes sont munies de serrures, clefs, loquets et gonds ; les châssis de croisées, de vitres, espagnolettes, fiches à vase, crochets et pi-

tons ; les contrevents, de gonds, crochets, pitons et tourniquets ou fer-
rures analogues; toutes les pièces de serrurerie sont garnies des clous et
vis nécessaires.

N⁰ˢ des escaliers.	N⁰ˢ des chambres.	Lits en fer.	Tables.	Bancs.	Rateliers d'armes.	Porte-gibernes.	Planches à pain.	Planches à bagage.	Crochets de souliers.	Observations.

A....Le,... 18..

L'officier de casernement , N   Le garde du génie , N

*(On trouve dans le réglement sur le casernement de 1824 , un modèle
d'état des lieux descriptif. Pour peu que le casernement soit considérable , cet
état forme un gros cahier. Il reste déposé aux archives du génie; à chaque
nouvelle occupation, il en faut deux expéditions, l'une pour le garde du génie,
l'autre pour l'officier du casernement. Si l'on suivait cette partie de l'instruction à la rigueur , un écrivain serait occupé toute l'année à le copier. Il ne
dit au reste rien de plus que l'état ci-dessus qui peut-être renfermé dans une
seule feuille. Nous croyons donc que c'est une mauvaise conception , et qu'il
doit être abandonné comme il l'est effectivement à peu près partout.*

MODÈLE N⁰ 11. *(Format tellière.)*

Génie.   Exercice 18..

Direction de ―

Place de. ·

Bordereau des sommes provenant d'affermage de terrains
militaires de la place de... qui ont dû être versées dans la
caisse du receveur des domaines au profit du trésor pendant
le... semestre de l'exercice 18..

Désignation des terrains.	Noms des fermiers.	Date et durée des baux.	Prix annuel.	Déductions autorisées.	Sommes à verser.	Observations.

Arrêté le bordereau des sommes qui ont dû être versées, à (*en toutes
lettres*).

A....Le....18...

Le....du génie en chef . N.

MODÈLE N° 12. (*Format telliére*).

Exercice 18.

Génie

—

Direction de

—

Place de. .

Bordereau des sommes provenant de locations de bâtimens ou locaux dépendant du département de la guerre dans la place de... qui ont dû être versées dans la caisse du receveur des domaines au profit du trésor pendant le... semestre de l'exercice 18..

Désignation des bâtimens ou locaux amodiés.	Noms des locataires.	Date et durée des baux.	Prix annuel.	Sommes à verser.	Observations.

Arrêté , etc. (*comme au modéle n° 11.*)

MODÉLE N°. 13. (*Format , 16 sur 21 cent.*)

Corps royal du génie.

—

Direction de

—

Place de..

—

Je soussigné A. P. N. (*le grade*) chef du génie à... certifie que les réparations que le sieur... (*noms et qualité*) projette de faire à sa maison , (*ou toute autre œuvre*) située à (*emplacement et distance*) et qui consistent en (*détailler l'objet et la nature des réparations projetées*) , sont dans l'un des cas où l'exécution en est autorisée par les lois et ordonnances ; et qu'en conséquence il est libre de faire procéder à ces réparations ; en foi de quoi , je lui ai délivré le présent certificat.

A... le (*date en toutes lettres*) A. P. N,

MODÈLE N° 14. (*Format comme n° 13.*)

Corps royal du génie.

—

Direction de

—

Place de.

—

Je soussigné A. P. N. , (*le grade*) chef du génie à... certifie que le sieur (*noms et qualité*) demeurant à.... et qui désire faire construire à (*emplacement et distance*) une maison (*ou toute autre œuvre, dont on détaillera ici les dimensions la nature et la composition*) a rempli toutes les conditions pres-

crites à cet égard par les lois et ordonnances et qu'en conséquence il est libre de faire procéder aux susdites constructions·
En foi de quoi, je lui ai délivré le présent certificat.

A....le... (*date en toutes lettres*). A. P. N.

**Corps Royal du
Génie.**

Direction de....

Place de...

MODÈLE N° 15. (*Papier timbré de* 35 *c.*).

L'an mil huit cent trente-quatre, le quinze août, je
soussigné, Charles-François N..... (*qualités.*) demeurant
à..... (*la demeure habituelle.*), voulant user de la permission qui m'a été accordée par décision de M. le ministre
de la guerre, en date du...., (*les dates en toutes lettres.*) *ou*
voulant profiter de l'autorisation qui m'a été accordée
conditionellement le cinq août dernier par M. le directeur des fortifications, conformément à l'article.... (1, 2
ou 3) de l'ordonnance du roi du 1er août 1821, qui détermine le mode d'exécution des lois des 10 juillet 1819
et 17 juillet 1819; pour faire construire (*faire ici l'état
descriptif de l'œuvre nouvelle*, *tant pour l'emplacement et la
distance que pour ses dimensions*, *sa nature et sa composition.*), m'engage et me soumets par ces présentes à remplir toutes les conditions imposées par cette décision (*ou
autorisation*), savoir : (*détailler les conditions particulières,
s'il y en a, et terminer toujours par celles-ci.*) à démolir entièrement la susdite maison (*ou grange, etc.*). à enlever
les matériaux et décombres, et à faire place nette ; et ce à
la première réquisition de l'autorité militaire, ou à le voir
faire d'office par cette autorité, si elle le juge convenable ;
le tout, dans l'un et l'autre cas, à mes frais, et sans pouvoir prétendre à aucune indemnité.

L'engagement que je contracte par ces présentes, sera
valable à toujours, sans qu'il soit nécessaire de le renou-
veler, et ne pourra, dans aucun cas, être sujet à pres-
cription.

Fait en triple expédition à...., les jour, mois et an que dessus.

C. F. N.

(*Nota.*) *La soumission ci-dessus doit être faite en triple expédition, signée par le particulier, légalisée par le maire, le sous-préfet, et enregistrée au bureau de l'enregistrement. Cet enregistrement coûte 1 fr. 10.*

Génie.

—

Place de ...

—

1834.

MODÉLE N° 16. (*Format tellière.*)
Direction de. . . .

Rapport sur la demande en permission de bâtir, faite par le sieur Jean N..... de M..... (*Lettre ministérielle du......* 1834.)

Le sieur Jean N...., boucher, désire faire construire une écurie en pierres, chaux et sable dans sa petite cour qui se trouve entre son jardin et sa maison, rue d'Espagne. D'après les explicatious que le propriétaire a données au chef du Génie, sur les lieux mêmes, cette bâtisse devra avoir huit mètres de longueur, quatre mètres de largeur et neuf mètres de hauteur. Elle sera située dans la première zone de servitude, à cent douze mètres de distance du saillant du bastion 5, et dans le terrain exceptionnel.

Comme cette bâtisse doit être construite sur le terrain d'exception et qu'elle n'offre pas plus d'inconvéniens qu'une foule d'autres constructions qui ont été autorisées dans des cas semblables, le chef du Génie est d'avis qu'on accorde au sieur Jean N.... l'autorisation qu'il demande, pourvu qu'il souscrive la soumission de démolir à ses frais cette construction dans les cas prévus par la loi.

A M...., le.... 1834,
Le capitaine du génie en chef,

N.....

(*Nota.*) *Le rapport ci-dessus est relatif aux bâtisses sur les terrains d'exception; il n'est destiné qu'à donner une idée de la manière dont il faut les rédiger.*

MODÈLE N° 17. (*Format tellière, sur feuille simple ou double.*)

<table>
<tr><td>Génie.
—
Place de.....
—
1834.</td><td>DIRECTION DE ....
——
Fragment du plan général de la place, relatif à la demande en permission de bâtir du sieur Jean N...... de M...... (*Lettre ministérielle du . . . 1 1834*)

Mettre ici le plan.)

Legende
. . . .
Échelle de 0,001 pour 2^m.</td></tr>
</table>

A M..... le..... 1834.

Le capitaine du génie en chef,

N.....

MODÈLE N° 18. (*Format tellière.*)

1° Au premier feuillet.

Le présent registre contenant ..... feuillets a été coté et paraphé par moi, capitaine du génie en chef de la place de N....., soussigné, pour servir à l'inscription des soumissions de démolir, souscrites par suite des permissions de construire qui ont été accordées.

A N.... le.... 1834.

(*Signature.*)

2° Au recto du deuxième feuillet.

Génie.
—
Place de.....
—
Direction de.....

État des sonmissions souscrites depuis l'année....

N^{os}.	Noms	Indication.	Dates des		Motifs.	Observations.
			Perm.	Soum.		

(NOTA.) *Les titres de l'état ci-dessus sont les suivans :* 1re *colonne,* numéros d'ordre ; 2me *colonne*, noms des soumissionnaires ; 3e *colonne*, indication de la nature, des dimensions et de la distance des constructions ou des grosses réparations ; 4e *colonne*, dates des permissions accordées par le ministre ; 5e *colonne*, dates des soumissions ; 6e *colonne*, motifs de l'application directe des cas d'autorisation générale ; 7e *colonne*, observations.

Dans la 3e colonne, on doit inscrire par exemple les détails suivans : Construction d'une écurie en maçonnerie ordinaire, située dans une petite cour, entre le jardin et la maison, rue d'Espagne, dans la 1re zone de servitude, à 112 mètres du saillant du bastion 5. Longueur 8 mètres, largeur 4 mètres, hauteur 9 mètres.

MODÈLE N° 19. (*Format tellière.*)

..... Direction de.....

Ministère de la guerre.

Génie.

Contentieux.

Application des servitudes de défense.

Bordereau des soumissions souscrites dans les places et postes de la direction de..... pour les constructions neuves et les reconstructions partielles, ainsi que pour les grosses réparations faites dans les zones de servitudes défensives de ces places et postes pendant le... trimestre de l'année 1834.

N^{os}.	Noms.	Indication....	Dates..	Motifs...	Observations.
		Place de			

(NOTA.) *Les titres sont ceux du modèle précédent, sauf la cinquième colonne qui n'existe pas. Les inscriptions sont les mêmes.*

MODÈLE N° 20. (*Format tellière.*)

(NOTA.) *Après les en-tête d'usage, le titre de ce mémoire peut être le suivant :* Rapport sur l'état actuel dans lequel se trouvent les fortifications et les bâtimens militaires de la place, et sur les réparations exécutées en 1834, ou proposées pour 1835. (2me partie du mémoire sur la place.)

Après cela on peut mettre le titre Fortifications *en marge, et passer à la description des travaux faits ou proposés pour chaque article. On en fait autant pour ce qui concerne les bâtimens militaires.*

MODÈLE N° **21**. *Format tellière.*)

Direction de . . . . .

Génie.

—

Place de . . . . .

—

1834.

État de l'assiette des logemens dans les bâtimens militaires de . . . . . à l'époque du 15 novembre 1834, servant à faire connaître les modifications apportées à cette assiette depuis le 15 novembre 1833, date du dernier état dressé conformément au réglement du 17 août 1824.

Désignation des Bâtimens.	Destination.	Contenance en hommes au				Observations.
		15 novemb. 1833		15 novemb. 1834		
		en lits à 2 places.	en lits à 1 place.	en lits à 2 places,	en lits à 1 place.	

(*Lieu, date, grade et signature.*)

MODÈLE N° **22**. (*Format tellière.*)

Génie.

—

Place de . . . . .

—

1834.

Direction de . . . . .

État des logemens affectés aux officiers de tous grades et de toutes armes, ainsi qu'aux employés militaires dans la place de . . . . .

Désignation des Bâtimens.	Nombre		Désignation des Logemens.	Observations.
	d'officiers.	d'employés.		

(*Lieu, date, grade et signature.*)

MODÈLE N° 23. (*Format tellière.*)

Génie.

—

Place de .....

Direction de .....

Bordereau des prix des ouvrages à exécuter aux fortifications et aux bâtimens militaires de la place de ..... et
dépendances,

Adjugés à ... pour o/o de rabais, au sieur N... à compter
du 1er janvier 1834, jusqu'au 31 décembre 1836.

(NOTA.) *Le rabais du précédent marché était de* ....

Numéros d'ordre.	Désignation des articles.	Prix du marché.	
		Actuel.	Expiré.
1	*Déblais de toute espèce au mètre cube.* Terre à un homme jetée à la pelle. etc. etc.......	fr. c. 0 12	fr. c. 0 15

(*Lieu, date, grade et signature.*)

MODÈLE N° 24. (*Format tellière.*)

Ministère
de la guerre.

—

N° Division militaire.

—

Génie.

Direction de.....
Place de.....

—

Procès-verbal relatif
à l'adjudication
des travaux mili-
taires.

—

1834.

L'an mil huit cent trente-quatre, le dix-sept décembre,
nous, sous-intendant militaire (sous-préfet, ou commandant de la place faisant fonctions de sous-intendant mi-
taire, à la résidence de ....., en vertu de l'autorisation
de M. le ministre secrétaire d'état de la guerre, en date
du ....., de procéder au renouvellement de l'adjudication des travaux militaires à exécuter dans la place de...
pendant trois ou six années, à compter du premier janvier
mil huit cent trente-cinq, avec la faculté réciproque de
résilier à la fin du premier ternaire.

Les affiches et publications d'usage ayant eu lieu pendant le temps requis, nous nous sommes transporté à l'hôtel
de la mairie, pour procéder à ladite adjudication, en présence de M. le maire, et de concert avec M. ....., commandant le génie en ladite place.

La séance étant ouverte, nous avons donné lecture à
haute et intelligible voix des conditions principales expri-
mées dans le devis, les concurrens ayant pu prendre an-
térieurement une connaissance approfondie et détaillée de
toutes les clauses dudit devis, ainsi que du bordereau des
prix qui y est annexé.

<table>
<tr><td colspan="2">Rabais successifs of-
ferts sur les lieux.</td></tr>
<tr><td></td><td>p. 0/0</td></tr>
<tr><td>Bertrand....</td><td>1</td></tr>
<tr><td>Martin......</td><td>3</td></tr>
<tr><td>Fabre.......</td><td>8</td></tr>
<tr><td>. . . . . .</td><td>. . .</td></tr>
<tr><td>. . . . . .</td><td>. . .</td></tr>
</table>

Cette lecture terminée, nous avons ouvert la boîte qui contenait les soumissions cachetées des divers concurrens, et après en avoir fait le dépouillement comme il est indiqué à la marge du présent procès-verbal, nous avons reconnu que le plus fort rabais offert sur l'ensemble des prix du bordereau était de . . . . (en toutes lettres) pour cent, et qu'il avait été fait par le sieur . . . . . , lequel s'est trouvé d'ailleurs avoir rempli les conditions et formalités exigées par les articles (citer les articles) du devis, pour être admis à concourir à l'adjudication dont il s'agit.

En conséquence, nous, sous-intendant militaire, de l'avis de M. le commandant du génie, nous avons adjugé audit sieur . . . . l'entreprise de tous les ouvrages qui pourront être ordonnés pour le service du génie dans la place de . . . . . pendant trois ou six années qui commenceront le premier janvier mil huit cent trente-cinq.

A l'instant, l'adjudicataire nous a présenté et nous avons accepté pour sa caution le sieur . . . . . qui, après avoir déclaré bien connaître les obligations qu'il contractait, s'est volontairement, conjointement et solidairement avec le sieur . . . . . soumis à l'entière et ponctuelle exécution des clauses du marché dont il s'agit, qui n'aura son effet qu'après qu'il aura été approuvé par M. le ministre secrétaire d'état de la guerre.

Fait, clos et arrêté les jour, mois et an que dessus dans la salle d'assemblée de la mairie, et en présence des personnes dénommées, lesquelles ont signé avec nous le présent procès-verbal, ainsi que l'adjudicataire et sa caution, qui ont également apposé leurs signatures sur une expédition du devis et du bordereau des prix, en témoignage de la pleine et entière connaissance qu'ils déclarent avoir des obligations auxquelles ils s'engagent par le présent acte.

(*Les signatures.*)

MODÈLE N° 25. (*Format tellière.*)

Génie.

Fortifications et bâtimens militaires.

Place de . . . . .

Direction de . . . . .

Projets pour 1835.

État estimatif sommaire des ouvrages à exécuter en 1835 aux fortifications et aux bâtimens militaires de la place de . . . . . , montant à la somme de . . . . fr.   40,500 00

1° FORTIFICATIONS

Article premier.

Pour rétablir les parapets de la demi-lune 8 (*Conformément au dessin ci-joint sous le n° 1.*), la somme de   6,000   00

Détail.

Section A. —La face droite............   2,500   00

Remblais. 1,200 mètres cubes de
déblais de terre à 1 fr. 5o c...   1,800   00
Etc., etc................. ....
       Frais imprévus.   38   73

    Total.— Somme pareille.   2,500 00

Section B. —La face gauche..........   3,500   00

(*Le détail comme ci-dessus.*)

Total général. — Somme pareille ...   6,000   00

(*Les autres articles s'établissent d'une manière analogue.*)

2° BATIMENS MILITAIRES.

(*Comme les fortifications.*)
(*Quelquefois aussi l'article ne se divise pas en sections.*)
Récapitulation.

Fortifications.	Art. 1er. — La demi-lune 8...... 6,000 Art. 2. —	28,000 00
Bâtimens militaires.	Art. 1er. — Le bâtiment A..... 2,000 Art. 2. —	12,500 00

    Total général...........   40,500   00

Arrêté le présent état estimatif à la somme de.... (*en toutes lettres.*)

(*Lieu . date , grade et signature.*)

MODÈLE N° 26. (*Format tellière.*)

Direction de......   Projets pour 1835.

Apostilles du chef du génie, par articles et sections.

FORTIFICATIONS.

Article 1er.....   La demi-lune 8...................⌐ 6,000   00
Feuille 1......   (*Mettre ici l'apostille relative à*
                   l'article 1er. — Suivre le
                   même mode pour les autres
                   articles et pour les bâtimens
                   militaires).

                   (*Lieu, date, grade et signature.*)

MODÈLES N°s 27, 28, 29, 30, 31 et 32. (*Format 0,41 sur 0,26.*)

N° 27. — *Premier feuillet du registre de comptabilité.*

Génie.

Registre de comptabilité.

Fortifications et bâ- Le présent registre contenant cent quatre-vingts feuillets a
timens militaires.   été coté et paraphé dans la place de..... par moi, sous-
                      signé, directeur des fortifications, pour y servir à ins-
Place de.,....   crire, d'après les relevés des carnets, tous les élémens
                      de dépenses de chacun des articles d'ouvrages, tant des
1535.   fortifications que des bâtimens militaires auxquels on aura
                      travaillé pendant le courant de 1835.

                      (*Lieu, date et signature.*)

N° 28. — *Deuxième feuillet du registre de comptabilité.*

État général des ouvrages ordonnés pour être exécutés aux fortifications et
aux bâtimens militaires de la place de ..... pendant l'année 1835

Folios.	FORTIFICATIONS.	Fonds faits.
9	Article 1er.—Pour rétablir les parapets de la demi-lune 8. (Décision du 1er avril 1835.)	6,000 00
15	Article 2. —	. . . . . .
	Total des fonds faits pour les fortifications.	20,000 00

(*Une inscription semblable pour les bâtimens militaires.*)

Récapitulation.

Fonds faits pour les fortifications......   20,000   00⎱
Fonds faits pour les bâtimens militaires.   9,000   00⎰   **29,000   00**

Certifié par moi, soussigné, directeur des fortifications à ...... le présent état des ouvrages ordonnés, et des fonds faits, montant à la somme
de ..... (*en toutes lettres*).   (*Lieu, date et signature.*)

N° 29. — *Quatrième feuillet du registre de comptabilité.*

Fonds remis.

Inscription des fonds remis par ordonnance de M. le ministre de la guerre
et autres pour les travaux de 1835.

	Fortifications.	Bâtimens militaires.
Suivant la lettre d'avis de M. le directeur du personnel au ministère de la guerre, en date du 20 janvier 1835, et par l'ordonnance n° 140, il a été remis à compte sur les travaux ordinaires de cette place, savoir : Pour les fortifications, la somme de (*en toutes lettres*). . . . . Et pour les bâtimens militaires, la somme de (*en toutes lettres.*). . . . · . . . . . · .	2,000 00	1000 00

(*Continuer ainsi jusqu'à l'envoi du réglement général ; faire alors la
récapitulation suivante.*)

Récapitulation des fonds remis	Fortifications.		Bâtimens militaires.	
	Travaux.	Acquisition d'immeubles.	Travaux.	Acquisition d'immeubles.
Suivant les détails ci-dessus. . .	12,000 00	7,500 00	8,000 00	600 00

Arrêté le présent état des fonds remis pour l'exercice 1835, savoir :
Pour les fortifications, *travaux*, à la somme de..... (*en toutes lettres.*)
Pour   *idem acquisition d'immeubles*, à la somme de ... *idem.*
(*de même pour les bâtimens.*)

                (*Lieu, date, grade et signature.*)

Depuis l'envoi du mémoire apostillé définitif dans lequel le total des fonds remis s'élevait, pour les fortifications, à la somme de. . . .

Et pour les bâtimens militaires à la somme de

Il a été remis, suivant la lettre d'avis de M. le chef du bureau du génie, en date du ..... et par les ordonnances nᵒˢ 400 et 401, savoir :

Pour solde du compte général et définitif, tant des travaux exécutés en 1835 aux fortifications de cette place, que des acquisitions d'immeubles y relatives, et par l'ordonnance nᵒ 400, la somme de (*en toutes lettres*). , ...

Et pour (*même rédaction pour les bâtimens militaires*).. . . . .

Total des fonds remis. — Somme pareille au montant du compte général et définitif. . . .

	Fortifications.	Bâtimens militaires.
	19,500 00	
		8,600 00
	510 25	
		416 73
	20,010 25	9,016 73

(*Lieu, date, grade et signature.*)

Vu à . . . . le . . . . . (*la date*).

Le colonel du génie, directeur des fortifications,

N. . . . .

Nᵒ 30. — *Sixième feuillet du registre de comptabilité.*

Mandats.

Inscription des mandats délivrés à l'entrepreneur.

Du 15 avril 1835, mandat nᵒ 6, de la somme de (*en toutes lettres*), délivré au sieur N...... entrepreneur des travaux de cette place, à compte sur le montant de ceux qu'il y exécute pendant l'année 1835, d'après l'ordonnance nᵒ 140. . . .

Reçu ledit mandat.

N. . . . .

(*De même pour les bâtimens.*)

	Fortifications.	Bâtimens militaires.
	2,000 00	
		1000 00

(*Faire ensuite une récapitulation analogue à celle des fonds remis.*)

	Fortifications.	Bâtimens militaires.
Depuis l'envoi du mémoire apostillé définitif qui a fait voir que les travaux exécutés dans cette place en 1835, par le sieur N...., entrepreneur, montent, savoir :		
Pour les fortifications, à la somme de. . .	20,010 25	
Et pour les bâtimens militaires, à la somme de		9,016 73
Sur lesquelles sommes il avait déjà reçu à l'époque du 2 février 1836 :		
Pour les fortifications, la somme de. . . .	19,500 00	
Et pour les bâtimens militaires, la somme de		8,600 00
Il a été remis à l'entrepreneur, le . . . . pour solde de compte, savoir :		
Pour les fortifications, d'après l'ordonnance n° 400, un mandat de la somme de.... (*en toutes lettres*).	540 25	
(*Même rédaction pour les bâtimens.*)		417 73
Reçu les deux mandats susdits, pour solde de compte. N.....		
Total des mandats délivrés. — Somme pareille au montant du compte général et définitif. .	20,010 25	9,016 73

(Signatures comme aux fonds remis.)

N° 31. — Neuvième feuillet du registre de comptabilité.

FORTIFICATIONS.

Numéros d'ordre des Bordereaux.				
	ARTICLE PREMIER.			
	Pour rétablir les parapets de la demi-lune 8. . .			6,000 00
	(*Décision du 1er avril 1835.*)			
8	Carnet N° 1. F° 2.			
	Journées de manœuvres.			
	A déblayer vers le saillant	30 00		
	Idem vers la face gauche	10 00		
		40 00	à 1 00	40 00
19	Terre à 2 hommes et 1 relais.			
	Vers le saillant (long^r 10 00 / larg^r 5 00 / haut^r 1 00) 50^m 000 à 0 70	35 00		
		75 00		
	A déduire le 12 pour 0/0 d'après le marché.	9 00		
		66 00		66 00

Carnet N° I. F°. 7 v°

Journées de sapeurs.

S. N° 1

A enlever les décombres, etc.   30j00 à 0 50   15 00

A ajouter le bénéfice de 3 p. 0/0   0 45

                                                    15 45   15 45

E

Règles en sapin.

Pour des profils. . . . . 20m00 à 0 06   1 20

Arrêté le 31 mai 1835, à la somme (*en toutes lettres*).   82 65

L'entrepreneur, N.. .

Le capitaine du Génie, N.....

(NOTA.) *Les autres inscriptions se font d'après la même méthode, et lorsque toutes les dépenses d'un article sont inscrites, on fait l'arrêté définitif suivant :*

Arrêté la dépense totale de l'article 1er à la somme de (*en toutes lettres*)

A ..... le ..... 1835.

L'entrepreneur, N....

Le capitaine du génie, N.....

Inscription (pour mémoire) des matériaux extraits du magasin.

Numéros d'ordre de l'inventaire.		
18	8m 00 de madrier en chêne à 3 00.	24 00
21	Etc., etc.	»
	Total (pour mémoire). .	52 00

Arrêté le ..... 1835, à la somme de (*en toutes lettres*).

(*Signatures du chef et du directeur.*)

(*Les autres articles semblables.*)

MODÈLES N°S 31 ET 32 *bis*.

Le modèle N° 31 *bis* applicable au mode de gérence, comme les modèles 27, 28, 29 et 30, ne diffère du modèle N° 31 que sur les points suivans : 1° A la place de la colonne de gauche indiquant les *numéros d'ordre du bordereau*, on en fait deux accolées dont les titres sont : *numéros d'ordre des feuilles de dépense sur le registre de gérence, et numéros d'ordre des feuilles de dépense sur le présent article.* 2° Avant l'arrêté de la dépense totale, on inscrit comme dépense les *matériaux extraits du magasin, exercice courant,* tirés de la répartition de l'article provisoire approvisionnement, et les *frais de gérence, conformément à la répartition* (f°. . . .), tirés de l'article provisoire : frais de gérence.

Le modèle N° 32 *bis* est semblable au modèle N° 32; seulement à la suite des articles des fortifications ordonnés par le comité, on ajoute *l'article définitif magasin* qui n'a lieu que lorsque les travaux se font par gérence. Au reste, dans ce dernier cas, le GÉRANT remplace l'ENTREPRENEUR dans toutes les écritures.

MODÈLE N° 33 ET 34. (*Format 0,21 sur 0,16.*)

N° 33. — *Premier feuillet du carnet d'attachement.*

Place de .,...

—

1835.

—

Art. 1, 2 et 3.

—

FORTIFICATIONS.

(*Ou Bâtimens militaires.*)

Carnet N° 1.

Le présent carnet, contenant vingt feuillets, a été coté et paraphé par moi, capitaine du génie en chef (ou colonel du génie, directeur des fortifications), soussigné, pour servir à l'inscription journalière de tous les élémens de la comptabilité des travaux de fortifications (ou des bâtimens militaires), dont est chargé dans cette place M. le..... du génie N.....

A..... le 1er janvier 1835.

N.,...

N° 34. — *Deuxième feuillet du carnet d'attachement.*

Numéros des Articles.		Numéros d'ordre du Bordereau.
	Du jeudi 1er au vendredi 16 janvier.	
	Néant.	
	Samedi 17 janvier.	
1	Journées de manœuvres ordinaires.	8
	A déblayer vers le saillant. . . . . 30 j 00	
	idem vers la face gauche. 10 00	
	/0 00	
	Etc., etc.	
		Numéros d'ordre de l'inventaire.
	Objets extraits du magasin.	
1	8m 00 de madriers en chêne (pour le roulage). .	18
	Etc., etc.	
	L'entrepreneur, N...	
	Le capitaine du génie, N...	
	Vu et relevé sur le registre de comptabilité,	
	Le capitaine du génie en chef, N...	

MODÈLE N° 34 *bis*.

Ce modèle est applicable au mode de gérence ; il ne diffère du précédent qu'en ce qu'il faut mettre à la place de la colonne des numéros d'ordre du bordereau, une colonne des PRIX, et qu'à chaque dépense inscrite, il faut ajouter les noms des parties prenantes.

MODÈLES N° 35 ET 36. (*Format tellière ou plus grand.*)

N° 35.—*Premier feuillet du registre d'attachement.*

Génie.

—

Place de .....

et dépendances.

—

1835.

REGISTRE D'ATTACHEMENT.

Le présent registre, contenant quatre-vingts feuillets, a été coté et paraphé par moi, ... du génie en chef à . . . . soussigné, pour servir à l'inscription , par ordre de dates , des attachemens des ouvrages à exécuter aux fortifications et aux bâtimens militaires de la place de . . . . et dépenses , pendant l'exercice 1835.

A . . . . . le . . . . . 1835.

N. . . . .

Vu par le directeur des fortifications ,

N. . . . . .

Vu le présent registre, à . . . . . le 1835,

Le . . . . . . inspecteur général en tournée ,

N. . . . . .

N° 36. — *Deuxième feuillet du registre d'attachement.*

Articles.

—

1.

————————————— 17 janvier. —————————

Remblai sur la face gauche.

Faire ici le dessin qui doit avoir des dimensions cotées.

Échelle d'un centimètre pour mètre.

On l'indique sans la dessiner.

L'entrepreneur N. . . .

Le capitaine du génie N. . ,

MODÈLE N° 37. (*Format tellière.*)

Génie.

—

Place de....

1835.

DÉPENSES SÈCHES.

Feuille de dépense en faveur des ouvriers
et fournisseurs ci-après désignés.

Travaux du 4 au 17 janvier.

F° 8 du carnet n° 1.

Fortifications.

Article 1er.

Demi-lune 8.

N° 1.

Noms.	Professions.	Nature des dépenses.	Quantités.	Prix de l'unité.	Sommes		Acquits.
					partielles	totales	

Je , soussigné , certifie que la présense feuille de dépense , montant à la
somme de..... (en toutes lettres), est le résultat des inscriptions faites à la
feuille 8 du carnet N° 1.

(*Lieu, date, grade et signature.*)

Vu bon à payer par l'entrepreneur.

(*Grade et signature du chef.*)

MODÈLE N° 37 bis. (*Format tellière.*)

C'est le modèle ci-dessus avec les changemens suivans : 1° à la place du
titre DÉPENSES SÈCHES , on met GÉRENCE : 2° sous le chiffre 1835, on inscrit le
numéro d'inscription de la feuille sur le registre de gérence, avec ce signe
G. N°... ; après le vu bon à payer par le gérant, on ajoute : Relevé au registre de comptabilité le contenu de la présente feuille complètement ac-
quittée par le gérant.

(*Grade et signature du chef.*)

MODÈLE N° 38. (*Format tellière.*)

1°. — *Premier feuillet du registre de gérence.*

Génie.

—

Fortifications et bâ-
timens militaires.

—

Place de..... et dé-
pendances.

—

1835.

Le présent registre , contenaut soixante feuillets , a été
coté et paraphé par moi, soussigné.... du génie en chef,
pour servir à l'inscription de tous les paiemens faits par
le gérant des fortifications de la place de..... d'après les
états de paiemens délivrés par MM. les officiers du génie
pour les travaux exécutés dans ladite place pendant l'exercice 1835.

(*Lieu, date et signature.*)

(NOTA.) *On inscrit sur le premier feuillet de ce registre, comme* *sur le registre de comptabilité, l'état général des ouvrages ordonnés, les fonds remis et les mandats délivrés au gérant. Le gérant acquitte les états de paiement à mesure qu'ils lui sont présentés; il les inscrit en même temps sur son registre, et adopte une série de numéros nécessairement différente de celle du registre de compta-*bilité. (Voyez au modèle n° 37 *bis.*)

    2° — *Neuvième feuillet du registre de gérence, et suivans.*

Articles et Sections,		Dates des Paiem.	Numéros d'ordre des feuilles de dépenses.		Nature des dépenses.	Noms des Ouvriers fournis- seurs, etc.	Sommes		Observations.
Fortifi- cations.	Bâtim. militair.		Au registre de gérence.	Au registre de compta- bilité.			partielles.	Totales	

On fait un arrêté chaque fois que le chef du génie veut visiter la caisse, ou lors du passage de l'inspecteur, après quoi on fait l'arrêté suivant :

Arrêté le montant total des paiemens faits par le gérant des fortifications, à la somme de ..... (en toutes lettres).

(*Lieu, date, grade et signature du chef; signature du gérant.*)

MODÈLE N° 39. (*Format tellière.*)

Exercice 1835.

—

Chapitre ..... — Art. 1 (ou 2) du budget.

Service du génie. — (Matériel.)

—

Ministère de la Guerre.

—

Direction du Génie de ......

—

Département de ...

—

Place de .....

Bordereau des pièces et quittances remises au payeur du département de ..... par le soussigné, pour raison de l'avance de.. ..... (en toutes lettres) qui lui a été faite pour le service ci-dessus indiqué, en vertu du mandat de paiement délivré le 17 avril 1835, sous le N° 6, par M. le directeur des fortifications de .....

Numéros d'ordre des pièces et quittances.	Désignation des Parties prenantes.	Nature des Dépenses.	Montant des pièces et quittances.	Indication des pièces produites à l'appui des quittances des parties prenantes.

(Nota.) *Lorsqu'il s'agit du paiement définitif, on met :* Articles 1 et 2 *du budget; et dans le corps du titre :* .... qui lui a été faite pour solde définitive des travaux ordinaires exécutés en 1835 pour le service ci-dessus indiqué, en vertu de deux ordonnances de paiement délivrées le.... 1836 sous les N°°... et... par M..... chef du bureau du génie.

MODÈLE N° 40. (*Format 0,41 sur 0,26.*)

(Nota.) L'article provisoire *frais de gérence,* s'établit d'abord au registre de comptabilité, et on y fait les inscriptions d'après celles des carnets (où il est désigné par la lettre G), comme pour les autres articles. On fait ensuite la répartition suivante :

MODÈLE N° 41. (*Format 0,41 sur 0,26.*)

Répartition des frais de gérence par articles.

Désignation des Articles.	Dépenses par articles non compris les frais de gérence.	Frais de gérence par articles.
Fortifications { Article 1er.—La demi-lune 8.	6,000 80	1 20
. . . .	. . . . .	. . . . .
Bâtimens , etc.		
Total général, somme pareille.		58 05

(*Lieu, date, grade et signature.*)

MODÈLE N° 42. (*Format 0,41 sur 0,26.*)

(Nota.) L'article provisoire *approvisionnemens* s'établit d'abord au registre de comptabilité, et on y fait les inscriptions d'après celles des carnets

(où il est désigné par les lettres P. A), comme pour les autres articles. On fait ensuite la récapitulation et la répartition suivantes :

MODÈLE N° 43. (*Format 0,41 sur 0,26.*)

Récapitulation des dépenses faites pendant l'exercice 1835, pour l'article provisoire Approvisionnemens, et détermination du prix moyen de chaque nature d'objets.

N°ˢ de l'inventaire et désignation des objets.	Quantités des Objets.		Valeurs des Objets.		Prix moyen de l'unité.	Observations.
	partielles	totales.	partielles	totales.		
Total. — Somme pareille.				1,520f00		

(*Lieu, date, grade et signature.*)

MODÈLE N° 44. (*Format 0,41 sur 0,26.*)

Répartition des dépenses faites pendant l'année 1835, pour l'article provisoire Approvisionnemens, sur les articles d'ouvrages, d'après les bons de l'officier et le registre journal du garde-magasin.

N°ˢ de l'inventaire et désignation des objets.	Emploi des objets.		Total par nature d'objets.	Prix moyen de l'unité.	Valeur totale par article.	Valeur totale par nature d'objets.
	Désignation des articles.	Quantités employées à chaque article.				
Total général. — Somme pareille.						1,520f00

(*Lieu, date, grade et signature.*)

(Nota.) Dans la répartition ci-dessus, on désigne par le mot *magasin* à la seconde colonne les objets restés sans emploi qui doivent entrer en magasin. On en fait un article à part qui figure au registre, à la récapitulation et dans les comptes généraux. On l'inscrit comme il suit sur le registre à la suite de la répartition.

Article définitif. — Magasin.

—

N⁰ˢ d'ordre de l'inventaire.		
4	Tuiles creuses. 650 à 45f 06 le 00/0. .	29 22
	Etc., etc.	
	Frais de gérence, conformément à la répartition (f°. ...)	120 00
		0 03
		120 03

(*L'arrêté comme aux autres articles.*)

MODÈLE N° 44 *bis*. (*Format 0,41 sur 0,26.*)

Récapitulation des objets extraits du magasin et provenant des exercices
antérieurs et leur répartition sur les articles d'ouvrages d'après les bons
de l'officier et le registre journal du garde-magasin.
(*Mêmes colonnes et mêmes titres que la répartition du modèle n° 44.*)

MODÈLE N° 45. (*Format tellière.*

Génie.

Place de ....

—

Exercice 1835.

Direction de ......

—

Mémoire des ouvrages dont l'exécution a été ordonnée aux
fortifications et aux bâtimens militaires de la place de...
pendant l'exercice 1835, apostillé de l'état ou ils se trouvent le 15 juillet 1835.

Ouvrages ordinaires.	Fonds faits.	État des ouvrages.	Dépenses.
Fortifications. — Art. 1.			
Pour rétablir les parapets de la demi-lune 8 . . . (Décision du .... 1835.)	6,000f 00	Dépensé environ. . . . On a commencé les remblais,	400f 00

(De même pour les autres articles. On fait les *totaux pour les fortifica-
cations;* puis on passe aux *bâtimens militaires* pour lesquels on suit la même
marche, après quoi on rédige les écritures suivantes) :

RÉSUMÉ.

	Fortifications.		Bâtimens militaires.	
	Travaux.	Acquisition d'immeubles.	Travaux.	Acquisition d'immeubles.

FONDS FAITS.

	Fortifications		Bâtimens militaires	
	Travaux.	Acquisition d'immeubles.	Travaux.	Acquisition d'immeubles.
Les fonds faits sont de.	12,500f	7,500f	8,400f	600f
La dépense est d'environ.	3,500	7,500	2,400	600
Il reste donc en fonds faits.	9,000	»	6,000	»

FONDS REMIS.

Suivant la lettre d'avis du 20 janvier 1835, et par l'ordonnance N° 140.	2,000	»	1,000	»
Etc., etc.	. . .	. . .	. . .	. . .
Totaux des fonds remis.	3,000	7,500	2,000	600

COMPTE DE L'ENTREPRENEUR,

L'entrepreneur a reçu : Par mandat du 15 avril 1835, etc..	2,000	»	1,000	»
Total des sommes payées à l'entrepreneur.	2,000	»	1,000	»
La dépense faite étant de	3,500	»	2,400	»
Il lui est dû	1,500	»	1,400	»

COMPTE DES VENDEURS D'IMMEUBLES.

Le sieur (nom) a reçu par mandat du. . .	»	7,500	»	600
Total des sommes payées aux vendeurs	»	7,500	»	600
La dépense faite est de	»	7,500	»	600
Il leur reste dû	»	»	»	»

RÉSULTAT.

La dépense faite étant de.	3,500	7,500	1,400	600
Et les fonds remis de.	3,000	7,500	2,400	600
La dépense excède les fonds remis de. . .	500	»	1,000	»

On demande en conséquence la remise d'un nouvel à-compte pour couvrir les avances de l'entrepreneur, et solder les acquisitions consommées (*s'il y a lieu*).

(Lieu, date, grade et signature.)

Vu par le directeur des fortifications,

N......

(Nota.) Lorsqu'il n'y a pas d'acquisition d'immeubles, on ne met que deux colonnes FORTIFICATIONS et BATIMENS MILITAIRES, et il n'y a pas de compte des vendeurs.

MODÈLE N° 46. (Format tellière.)
Direction de.....

Génie.
—
Fortifications
et
Bâtimens militaires.
—
Place de .....
—
Exercice 1835.

Réglement général et définitif des travaux exécutés aux fortifications et aux bâtimens militaires de la place de... pendant l'année 1835, montant, savoir :

Pour les fortifications , à la somme de....   20,010f 25
Pour les bâtimens militaires, à la somme de   9,016 73

Total général de la dépense   29,026 98

Fortifications — Art. 1er.

Pour rétablir les parapets de la demi-lune 8 (décision du 1er avril 1835).

Numéros		Fortifications — Art. 1er.	
de la feuille du registre de comptabilité.	d'ordre du bordereau des prix.		
		Accordé	6,000f 00
		Dépensé	5,951 00

(Suit le détail qui n'est que la copie exacte des dépenses inscrites sur le registre de comptabilité, en ayant soin, 1° de rassembler et de former un seul total des objets qui appartiennent au même titre et au même numéro du bordereau ; 2° de classer ces numéros par ordre de grandeur ; 3° d'inscrire en premier lieu les dépenses aux prix du bordereau avec leur rabais, en second lieu les dépenses sèches avec l'addition du bénéfice, et enfin les dépenses à l'estimation qui ne supportent ni déduction ni addition.)

Total pour l'article premier   5,951 00

La dépense totale de l'article 1er monte à la somme de..... (en toutes lettres).

L'entrepreneur, N.....
Le .....du génie, N.....

(De même pour les autres articles de fortification et pour ceux des bâtimens militaires.)

Récapitulation par articles.

(Comme le modèle N° 32, *non compris l'arrêté en toutes lettres.)*

Je soussigné, ... du génie en chef dans la place de......, certifie, 1° que les ouvrages portés au présent réglement général et définitif ont été bien et dûment exécutés par le sieur N..... entrepreneur, conformément aux clauses et conditions du marché passé le .... du mois de.... 18... et approuvé par M. le ministre de la guerre, le ... ; que lesdits ouvrages ont été mesurés en présence dudit entrepreneur par les officiers du génie qui ont signé ci-dessus en chaque article, et calculés par eux conformément aux prix du marché susdit pour les objets compris au bordereau, et conformément aux prix courans du pays pour les objets qui n'y sont pas compris ; 2° que les acquisitions ou paiemens d'intérêts également portés au présent réglement général et définitif ont eu lieu aux prix et sommes indiqués dans ledit réglement, conformément aux autorisations données par M. le ministre de la guerre, et aux titres constatant ces acquisitions dont extrait a été joint aux mandats délivrés aux parties prenantes.

En conséquence, et après vérification faite pour nous assurer de l'exactitude des mesures et des calculs du présent réglement général et définitif, nous en arrêtons le montant, savoir :

Pour les fortifications, à la somme de..... (en toutes lettres).

Et pour les bâtimens militaires, à la somme de... (*idem*).

Ce qui porte la dépense totale à la somme de.... (*idem*).

A..... le..... 1836.

L'entrepreneur. N.....

Le.... du génie en chef, N...

Le propriétaire de l'immeuble, N..... le notaire qui a passé l'acte d'acquisition, N..... le conservateur des hypothèques qui a perçu les droits relatifs à une acquisition d'immeubles N..... Vu par nous, N.... sous-intendant militaire à la résidence de.....

(*Lieu, date, et signature.*)

Nous (*préfet, sous-préfet, maire ou adjoint*), certifions que les prix de chaque nature d'ouvrages portés au présent compte général et définitif, sont, pour les objets compris dans le bordereau, les prix du marché passé devant nous le...... et pour les autres objets, les prix courans du pays.

(*Lieu, date et signature.*)

Vu par le directeur des fortifications. N.....

Vu par l'inspecteur général en tournée N....,

MODÈLE N° 46 *bis*, (*Format tellière.*)

Le règlement général relatif au mode de gérence est le même que le précédent; mais il faut y ajouter : 1° l'article définitif magasin après les articles de fortification; 2° après ceux des bâtimens l'article provisoire, puis la récapitulation et la répartition, modèles 43 et 44, le détail des frais de gérence, puis la répartition des frais de gérence, modèle 41. Ce n'est qu'après ces inscriptions que l'on établit la récapitulation par articles. Le certifié est un peu différent. Il faut rappeler que les travaux ont été exécutés par le mode de gérence conformément à la décision ministérielle en date du . . . . . et conformément aux marchés passés avec divers particuliers.

MODÈLE N° 47. (*Format tellière.*)

Génie.

Place de.....

Exercice 1835.

Direction de ... .

Compte sommaire par articles des dépenses faites pour les fortifications et les bâtimens militaires de la place de... pendant l'exercice 1835.

Articles.	Ouvrages ordonnés.		Dépenses.
Fortifications. — Article 1.	Pour rétablir les parapets de la demi-lune S. .		5,951f 00
	Total des dépenses faites pour les fortifications. { Travaux 12,510 25 / Acquisitions 7,500 00 }		20,010 25

(Détail pareil pour les bâtimens militaires.)

Récapitulation.

	Travaux.	Acquisition.	Totaux.
La dépense faite pour les fortifications est de.	12,510 25	7,500 00	20,010f 25
La dépense faite pour les bâtimens militaires est de.	8,416 73	600 00	9,016 73
Total général.	20,926 98	8,100 00	29,026 98

(NOTA.) Il faut ajouter aux écritures ci-dessus le compte de l'entrepreneur et celui des vendeurs d'immeubles comme au modèle N° 45, et ajouter ensuite le certifié du règlement général, revêtu des mêmes signatures, modèle N° 46, en ayant soin seulement de rappeler que les Détails sont consignés au règlement général.

MODÈLE N° 48. (*Format tellière.*)

Génie.

Direction de .....

Place de .....

—

Exercice 1835.

Mémoire des ouvrages ordinaires exécutés aux fortifications et aux bâtimens militaires de la place de... pendant l'année 1835, apostillé définitivement et conformément au réglement général qui en a été arrêté le... 1836.

Ouvrages ordonnés.	État des Ouvrages.	Dépense.
Fortifications. — Article 1. — Pour rétablir les parapets de la demi-lune 8. (Décision du .... 1835.)	Accordé 6,000. — Dépensé 5,951. *Détail.* 68 journées de manœuvres à 1 00.	68f00
	Etc., etc.	. . . .
	Total de l'article 1. — Somme pareille.	5,951 00

Matériaux extraits du magasin. — (Exercices antérieurs.)

(*Copié sur le modèle* N° 31.)

Apostille.

Cet ouvrage est terminé.

(Détail pareil pour les autres articles dont on prend le sommaire sur le réglement général. Si le mode est par gérence, on y met également le détail des articles provisoires *approvisionnemens et frais de gérence*, après quoi on insère les écritures suivantes :

Relevé par articles, et pour mémoire, des matériaux tirés des magasins du génie. (Exercices antérieurs.)

	Désignation des Articles.	Valeurs.
Fortifications	Article 1er. — La demi-lune 8.	52f00
	. . . .	. . . .
Bâtimens	*idem.*	. . . .
	Total pour mémoire.	2,300 00

Récapitulation de la dépense par articles.

Désignation des articles.	Fonds accordés		Dépenses faites.	
	par articles.	totaux.	par articles.	totales.
1° Fortifications. — Article 1. — La demi-lune 8. .	6.000 00	20,000 00	5,951 00	20,010 25
Article 2.	. . .		. . .	
2° Bâtimens. — (*idem.*)	. . .		. . .	
		29,000 00		29,026 98

Résumé. — Fonds faits. — Fonds remis. — Compte du gérant. — Compte des vendeurs d'immeubles. — Et résultat. (*Comme au modèle N° 45.*) Ce résultat se termine ordinairement par ces mots: *La dépense excède les fonds remis de* . . . . . . (en chiffres). On finit par la phrase suivante :

Il faut donc remettre pour parfait paiement, savoir : pour les fortifications (travaux), la somme de . . . . . (*en toutes lettres*); et pour les bâtimens militaires (travaux), la somme de . . . . . (*idem*).

(*Lieu, date, grade et signature.*)

Vu du directeur.

MODÈLE N° 49. (*Format tellière.*)

Direction de. . . . . .

Génie.

Place de . . . .

Exercice 1835.

Récapitulation par articles des dépenses faites pour les fortifications et les bâtimens militaires de la place de . . . . pendant l'exercice 1835.

(Extrait du mémoire apostillé définitif.)

Désignation. des Articles.	Indication sommaire des Ouvrages faits.	Dépenses par Articles.	Valeur des matériaux employés et tirés des magasins (pour mémoire).
Fortifications. Article 1er.	(Mettre une courte apostille.)	5,951 00	52 00
	Totaux pour les fortifications. { Acquisitions 7,500 00 / Travaux 12,510 25	20,010 25	800 00

(*Pour les bâtimens , idem.*)

Résumé.

On a dépensé pour les fortifications :

En fonds faits.	20,010 25	20,810 25
En matériaux extraits des magasins.	800 00	
Et pour les bâtimens militaires :		
En fonds faits.	9,016 73	10,516 73
En matériaux extraits des magasins	1,500 00	
Dépenses totales.		31,326 98

Certifié conforme aux résultats du réglement général et définitif des travaux militaires exécutés dans la place de . . . . . pendant l'exercice 1835.

(*Lieu, date, grade et signature.*)

Vu du directeur.

MODÈLE N° 50. (*Format tellière,*)

Génie.
—
Place de ....
—
Exercice 1835.

Direction de ....
—

Bordereau des pièces justificatives à l'appui de la comptabilité des travaux exécutés par gérence pendant l'exercice 1835.

Numéros des Articles.	Numéros des registres		Désignation des parties prenantes.	Sommes payées.	Total par articles.	Observations
	de comptabilité.	du Gérant.				
Fortifications. — Article 1er.	1	39	Eschudo.	82 00		
	2	24	Bernard.	420 00	5,951 00	
	. . .	. . .	. . . .	. . .		
	10	82	divers ouvriers.	102 00		
(*De même pour les autres articles et pour les bâtimens.*)						
			Total général.	29,026 98		

Arrêté à la somme totale de . . . . . (*en toutes lettres*).

(*Signature du gérant. — Lieu, date, grade et signature du chef.*)

(*Vu du directeur.*)

MODÈLE N° 51. (*Format tellière.*)

Génie.
—
Direction de ....
—
Place de .....

Demande de fonds.
— —

	Fortifications.	Bâtimens militaires.
Les fonds approuvés sont de.	20,000 00	9,000 00
Les travaux exécutés de.	4,000 00	3,000 00
Reste en fonds approuvés.	16,000 00	12,000 00
Les travaux exécutés s'élèvent à.	4,000 00	3,000 00
L'entrepreneur a reçu à compte.	2,000 00	1,000 00
Reste dû à l'entrepreneur,	2,000 00	2,000 00

Demandé la somme de . . . . . annoncée par la lettre du . . . . .

Le chef du génie, N. . . . .

CHAPITRE VI

Service de guerre.

1. L'état-major du génie pour une armée se compose : d'un officier-général, qui prend le titre de *commandant du génie de l'armée*; d'un officier-général ou supérieur, *chef d'état-major*; d'un officier supérieur, *directeur du parc*; enfin, d'officiers-supérieurs, d'officiers inférieurs et de gardes du génie, en nombre plus ou moins considérable, selon les besoins du service.

2. Il est habituellement attaché à chaque division d'infanterie un officier commandant du génie du grade au moins de capitaine de première classe.

3. S'il est formé un corps d'armée destiné à agir isolément, on y place un commandant du génie, qui peut n'être qu'un officier-supérieur, un chef d'état-major et un chef du parc (s'il y a un parc), qui peuvent n'être que des capitaines.

4. Le corps du génie aux armées est chargé des travaux de fortification permanente, des travaux pour la défense ou l'attaque des places, et des reconnaissances qui se rattachent à ces travaux.

5. Il peut être chargé aussi des travaux de fortification passa-

gère que les généraux d'armée ou les généraux de division jugent
à propos d'établir, tels qu'épaulemens, tranchées, redoutes,
fortins, blockhaus, têtes de pont, lignes et camps retranchés,
digues d'inondation, etc. ; des travaux de marche et d'opération,
tels que l'ouverture de passages, la construction, le rétablisse-
ment ou la destruction d'une route, d'un pont à supports
fixes, etc., etc,

6. Les officiers généraux et les officiers de tout grade du génie
qui ne sont pas attachés à une troupe, font partie de l'état-major
de l'armée, du corps d'armée ou de la division où ils sont
employés.

7. Tout commandant du génie reçoit directement ou par l'intermédiaire du chef d'état-major les ordres de l'officier-général
près duquel il est employé ; il communique à ce général les
ordres qui lui sont donnés par les officiers-généraux ou supérieurs
de son arme.

8. Lorsqu'il y a lieu d'établir des garnisons stables dans des
places ou des postes militaires conquis ou créés par l'armée, le
service du génie prend, dans ces places ou postes, les mêmes
attributions que dans les places nationales.

9. Il est défendu aux officiers du génie de communiquer à tout
autre qu'au général de l'armée, qu'à l'officier général près duquel ils sont employés ou à son chef d'état-major, les états d'approvisionnemens, le plan des places et celui des travaux exécutés
ou à exécuter.

10. Le principe divisionnaire est la base de toute formation
d'armée. La réunion de plusieurs divisions sous un seul chef compose soit une armée, soit un corps d'armée, soit une aile ou un
centre d'armée, soit une réserve. La division est ordinairement
composée de deux ou de trois brigades, soit d'infanterie, soit de
cavalerie ; elle comprend des troupes de diverses armes dans la
proportion nécessaire. Le rang des différentes armes à l'armée,
est réglé ainsi qu'il suit : l'infanterie légère, l'infanterie de
ligne, les hussards, les chasseurs, les lanciers, les dragons, l'artillerie à cheval, les cuirassiers, les carabiniers : les troupes de
l'artillerie et celles du génie sont au centre des brigades, divisions ou corps d'armée dont elles font partie ; les troupes étrangères prennent la gauche des troupes nationales de leur arme.
Cette fixation de rang est, au reste, subordonnée aux changemens que peuvent nécessiter les circonstances de guerre.

11. On entend par *camp* les lieux où les troupes sont établies,

sous la tente, dans des baraques, ou au bivouac; par *cantonnement*, l'ensemble des lieux habités qu'elles occupent sans y être casernées; par *campement* la réunion des individus chargés de préparer, soit un camp, soit un cantonnement. S'il y a des officiers du génie sous les ordres du général, il peut en détacher un, pour concourir avec l'officier d'état-major à la reconnaissance exacte du terrain où l'on veut s'établir, pour en faire le lever; pour proposer les ouvrages, les retranchemens, et les travaux de communication dont le camp serait susceptible.

12. On distingue deux sortes d'ordres : les *ordres généraux* ou *ordres du jour* et les *ordres particuliers*. L'ordre géneral se donne chaque fois seulement qu'il y a matière; il est destiné à faire connaître tout ce dont il importe que l'armée ou la fraction d'armée à laquelle il s'adresse, soit instruite. Les ordres particuliers ont pour objet des mouvemens à effectuer, des postes à établir, des détachemens à fournir; l'usage s'en étend encore au personnel des officiers, aux détails de l'artillerie du génie, des subsistances, aux relations avec les pays occupés par l'armée; enfin, ils comprennent les ordres qu'il n'est pas nécessaire de faire connaître aux troupes. Les chefs d'état-major transmettent l'ordre aux officiers-généraux, aux commandans de l'artillerie, du génie, de la gendarmerie, des quartiers-généraux et à l'intendant ou sous-intendant. Le *mot* composé du mot d'ordre et du mot de ralliement est transmis chaque jour de la même manière.

13. Les grand'gardes sont les postes avancés d'un camp ou d'un cantonnement, elles doivent en couvrir les approches : les grand'gardes sont rarement retranchées et ne peuvent l'être que sur l'ordre du général. Seulement, celles qui sont dans une plaine et exposées aux attaques de la cavalerie, peuvent se barricader, creuser un fossé en forme circulaire ou se couvrir par des abattis. Les officiers du génie n'ont à s'occuper que des retranchemens que le général peut ordonner.

14. Tout retranchement qui exige de l'artillerie est considéré comme un *poste retranché*; il lui est assigné une garde et un commandant particulier. Les règles de surveillance et de défense relatives aux forts permanens, sont applicables aux postes retranchés.

15. Tout mouvement de troupes ayant pour objet de découvrir ou de vérifier un ou plusieurs points relatifs à la position, aux mouvemens de l'ennemi ou à la topographie du théâtre de la guerre, est une reconnaissance. On distingue trois sortes de recon-

naissances : les reconnaissances *journalières*, les reconnaissances *spéciales* et les reconnaissances *offensives*.

16. La sûreté des camps, des cantonnemens, des postes avancés, exige des reconnaissances *journalières*. L'objet de ces reconnaissances est de s'assurer si, à la faveur de terrains couverts, coupés, montueux, ou d'autres circonstances de localité propres à favoriser un mouvement offensif ou une embuscade, l'ennemi ne peut préparer une surprise ; si ses avant-postes n'ont été ni augmentés, ni mis en mouvement, et si dans ses camps ou bivouacs, il ne se passe rien qui annonce des préparatifs de marche ou d'action. Ces reconnaissances concernent principalement les officiers de troupes. On y emploie peu de monde, mais presque toujours un mélange d'infanterie et de cavalerie.

17. Les reconnaissances *spéciales* ont généralement pour but : 1° d'apprécier les distances, l'état des chemins et les travaux qu'il exige, la configuration du terrain et les facilités ou les obstacles qu'il présente, afin de régler en conséquence la marche des colonnes et des différentes armes ; 2° d'explorer dans toutes leurs parties les positions à occuper successivement, soit pour appuyer les attaques, soit pour se maintenir en cas de résistance ou d'offensive de la part de l'ennemi, soit pour assurer la retraite ; 3° de reconnaître l'emplacement et la force des postes principaux ou retranchés de l'ennemi, la configuration de ses positions, les défenses qu'il peut y avoir établies, la difficulté ou les moyens de les aborder ; 4° enfin d'évaluer, autant que possible, les forces de l'ennemi sur chaque point.

18. Les reconnaissances spéciales rentrent dans les attributions des officiers d'état-major ; cependant les officiers du génie en sont souvent chargés ; elles sont l'objet d'une instruction particulière du général de l'armée, du corps d'armée, de l'aile, du centre, ou de la division. L'officier d'état-major communique cette instruction au maréchal-de-camp de la brigade dont les postes doivent être dépassés. Cet officier-général y ajoute les indications qu'une connaissance plus particulière des dispositions de l'ennemi et des localités peut le mettre à même de donner ; il confie en conséquence à l'officier d'état-major, des troupes, qu'il choisit de préférence parmi celles qui doivent composer l'avant-garde, afin qu'elles acquièrent la connaissance du terrain sur lequel elles auront à déboucher. S'il est nécessaire de se porter sur un point culminant ou tout autre, pour en chasser les postes ennemis, l'officier d'état-major demande préalablement l'agré-

ment du général de la brigade ; il ne peut rien entreprendre sans l'avoir obtenu.

19. Les reconnaissances *offensives* sont déterminées par le besoin de reconnaître, avec la plus grande précision possible, la position générale ou certains points de la position de l'ennemi, et d'apprécier exactement ses forces et ses moyens matériels de défense. Elles préludent le plus souvent à des attaques réelles, même à des batailles, ou bien elles n'ont pour but que des démonstrations. Dans tous les cas, elles exigent qu'on fasse replier les postes de l'ennemi et quelquefois qu'on s'engage avec des corps de sa ligne, surtout lorsqu'il importe de le forcer à déployer toutes ses troupes.

20. Les reconnaissances offensives appartiennent aux combinaisons et aux opérations générales ; elles peuvent amener des résultats importans, et autres que ceux qu'on se proposait : le commandant en chef peut seul les ordonner. Elles ne sont permises aux autres officiers-généraux que dans le cas où elles agissent isolément et hors de tout concours ; ou enfin dans les cas urgens où l'on ne doit pas hésiter à engager sa responsabilité.

21. Toute *reconnaissance* exige un rapport écrit ; le style de ce rapport doit être clair, simple, positif ; l'officier qui le fait y distingue expressément ce qu'il a vu par lui-même, des récits dont il n'a pu vérifier personnellement l'exactitude. Pour les reconnaissances spéciales et les reconnaissances offensives, il est fait, outre le rapport, un lever à vue des localités, des dispositions et défenses de l'ennemi.

22. *Dans la marche*, chaque colonne d'avant-garde est, autant que possible, précédée par un détachement de sapeurs du génie ou de régiment, destiné à aplanir les obstacles qui peuvent retarder la marche. Les sapeurs sont aidés, au besoin, par des gens du pays, ou par des soldats d'infanterie. Ce détachement est partagé en deux sections ; au premier obstacle qu'il rencontre, la première section s'arrête et l'autre poursuit sa marche jusqu'à ce qu'il se présente un nouvel obstacle. Un officier du génie ou d'état-major dirige les travaux. S'il n'est pas laissé, à chaque embranchement de route, un officier d'état-major pour indiquer le chemin aux soldats et aux équipages restés en arrière, un adjudant-major du dernier régiment de la colonne est chargé de faire établir à l'endroit de ces embranchemens un signal, comme de la paille attachée à un arbre ou à un poteau, des branches coupées, etc. Dans les marches de nuit et dans les mauvais pas, la route est jalonnée de fourriers ou de ca-

poraux intelligens, qui sont relevés successivement de bataillon en bataillon.

23. Le jour d'une affaire générale, le commandant du génie, son chef d'état-major et deux officiers de la même arme, doivent se tenir auprès du général, qui leur donne ses ordres pour la distribution et l'emploi des autres officiers et des troupes du génie.

SIÈGES.

24. Tout lieutenant-général commandant des divisions réunies pour faire un siége, a le rang et les pouvoirs d'un commandant de corps d'armée agissant isolément. Les autres lieutenans-généraux conservent le commandement de leurs troupes.

25. Les maréchaux-de-camp d'infanterie concourent entre eux pour le service de tranchée. Il en est commandé chaque jour un ou plusieurs, selon l'étendue ou l'isolement des attaques. Ils disposent et surveillent les troupes qui gardent ou exécutent les tranchées. Des officiers d'état-major sont mis à la disposition du général de tranchée pour être employés à la transmission de ses ordres et aux détails du service. Les colonels et lieutenans-colonels d'infanterie concourent également et alternativement au service de tranchée. Ils sont sous les ordres du général de tranchée et surveillent de préférence les troupes de leur régiment.

26. Le premier soin du commandant du génie est de se procurer un plan exact et une carte des environs de la place qui doit être assiégée. Il engage le général en chef à forcer de rentrer dans la place tous les postes que la garnison pouvait avoir au dehors. Il examine avec la plus grande attention, et bien en détail, à l'instant de l'arrivée devant la place, tous ses fronts avec les ingénieurs principaux et avec ceux destinés pour l'ouverture de la tranchée. Il fait pousser quelques reconnaissances en avant sur plusieurs fronts, pour mieux en démêler le fort et le faible.

27. Muni de ces renseignemens qu'il communique au général commandant le siége, le commandant du génie rédige, d'après les instructions du général, le projet général du siége; dans le cas où il le reçoit tout rédigé, il en développe, s'il y a lieu, les dispositions.

28. Ce projet est d'abord examiné par le commandant du génie et par le commandant de l'artillerie conjointement. Ces deux officiers soumettent leur avis commun ou leurs opinions divergentes au général commandant, qui prononce, arrête le

projet, après l'avoir modifié, s'il le juge à propos, et donne les ordres nécessaires pour l'exécuter : la même marche est suivie pour les changemens que les évènemens du siége obligeraient de faire au plan déjà arrêté.

29. Les mêmes règles s'appliquent au service journalier de la tranchée et aux moyens d'exécution du projet général. Ces moyens sont proposés au général de tranchée par *le commandant du génie de tranchée*, après avoir été discutés par lui avec le commandant d'artillerie de tranchée. Ce général prononce sur leur avis commun, ou sur leurs opinions respectives; mais si le retard est sans inconvénient, il en réfère au général commandant le siége.

30. Le général commandant le siége désigne un officier supérieur d'état-major ou d'infanterie pour remplir les fonctions de *major de tranchée*. Il lui adjoint, pour le seconder, un ou deux officiers du grade de capitaine ou de lieutenant. Le major de tranchée est chargé de tous les détails relatifs au rassemblement des gardes et des travailleurs. C'est à proprement parler le chef d'état-major permanent du général de tranchée.

31. Le major de tranchée est chargé de tous les détails relatifs au rassemblement des gardes et des travailleurs. Il répartit les gardes sur les divers points des attaques, conformément aux ordres du général de tranchée, et les travailleurs d'après la demande des officiers du génie et de l'artillerie ; afin qu'il puisse préparer d'avance cette répartition, il reçoit chaque jour du chef de l'état-major, l'état du service commandé pour les 24 heures.

32. L'infanterie a dans les siéges deux espèces de service : la *garde de tranchée* et le *travail de tranchée*. La garde de tranchée se monte par jour et par bataillon. On cherche à y faire concourir tous les corps également, sans dégarnir entièrement la ligne du camp sur un seul point. Le service des travailleurs de tranchée se fait par compagnie et dure habituellement 12 heures. Il est réglé de manière que tous les régimens y concourent, soit simultanément, soit successivement.

33. Lorsque les travailleurs peuvent être payés, ils le sont par tranchée, d'après les prix réglés, sur la proposition du commandant du génie et du commandant de l'artillerie, par le général commandant le siége.

34. Les matériaux de siége, tels que fascines, gabions, claies, piquets, etc., sont fournis par les divers corps employés au siége, dans la proportion réglée par le général commandant; ces objets,

lorsqu'ils doivent être payés, le sont à la pièce ou à la journée, d'après les prix déterminés par le général, sur la proposition des commandans du génie et de l'artillerie.

35. Lorsque l'artillerie et le génie ont besoin d'auxiliaires pour les travaux de mine, de sape ou de construction, ils les reçoivent de l'infanterie, et les paient sur le même pied que leurs propres travailleurs.

36. Les travailleurs sont demandés au chef de l'état-major par les commandans du génie et de l'artillerie. Les demandes doivent être faites à l'avance, de manière à ce que la marche des travaux n'en soit jamais retardée. Il doit être demandé au-delà du nombre d'hommes strictement nécessaire, afin qu'il existe toujours une réserve pour les cas imprévus.

37. Si, accidentellement, cette réserve même devient insuffisante, le général ou le major de tranchée, peuvent, sur la demande des commandans de l'artillerie et du génie de tranchée, faire fournir par les piquets un supplément de travailleurs.

38. Le major de tranchée dispose, au moment de leur départ, es gardes de tranchée et les travailleurs dans l'ordre le plus convenable pour que chaque détachement puisse, sans confusion, se rendre au lieu qui lui est assigné.

39. Les bataillons de garde et les travailleurs allant à la tranchée se rendent au lieu du rassemblement sans bruit de caisse ni musique, de peur d'attirer l'attention de l'ennemi. Ces troupes sont placées autant que possible dans leur ordre de bataille. Les gibernes doivent contenir le nombre de cartouches fixé. Les travailleurs n'emportent que leur fusil et leur giberne qu'ils déposent près d'eux pendant le travail. Ils emportent aussi leur capote. Ils entrent dans la tranchée, les armes descendues, à moins qu'ils ne portent des matériaux de siege ou des outils, sur la demande des officiers du génie et de l'artillerie; dans ce cas, ils ont le fusil en bandoulière. Les gardes entrent aussi dans la tranchée, les armes descendues. Les réserves sont, en général, placées au dépôt de tranchée.

40. Les bataillons de gardes sont disposés de manière à protéger les travailleurs et à défendre les batteries. Des sacs à terre formant créneaux sont placés sur l'épaulement de la tranchée pour couvrir les sentinelles. On établit un plus grand nombre de ces créneaux qu'il n'est nécessaire, afin que l'ennemi ne puisse pas connaître exactement la position des sentinelles.

41. Lorsque des détachemens sont placés en avant de la tran-

chée pour couvrir les travailleurs, les hommes qui les composent se tiennent assis ou couchés, selon le terrain, et de la manière qui les dérobe le mieux à l'ennemi; ils ont toujours le fusil à la main. Les sentinelles mettent souvent l'oreille près de terre, surtout pendant la nuit, afin d'être avertis par le bruit, de ce qui sort de la place. Pour éviter toute méprise, on fait connaître aux travailleurs quelles sont les troupes qui les couvrent.

42. Il n'est pas rendu d'honneurs dans la tranchée. Quand le général commandant le siége la visite, les troupes de garde se placent derrière la banquette, reposées sur leurs armes. Les drapeaux ne sont portés à la tranchée que quand le régiment marche en totalité, pour repousser les sorties ou pour donner l'assaut. Dans ce cas même, ils ne sont déployés qu'à l'instant où le général commandant le siége en donne l'ordre formel.

43. Les matériaux de siége de toute espèce, ainsi que les outils sont réunis, partie aux dépôts de tranchée et partie à la queue de la tranchée ou dans tout autre lieu déterminé d'après les besoins du service, par le major de tranchée, sur la proposition de l'officier de l'artillerie et de l'officier du génie. Ils y sont placés sous la surveillance respective d'un officier du génie et d'un officier d'artillerie, auxquels on adjoint des gardes ou des sous-officiers de ces deux armes. En cas d'insuffisance du nombre de ces sous-officiers ou gardes, il y est suppléé sur la demande des commandans du génie et de l'artillerie, par des sous-officiers d'infanterie.

44. En cas de sortie de la place, les troupes de garde se portent rapidement aux lieux qui leur ont été désignés d'avance par le général de tranchée, et qui offrent le plus de moyens pour défendre, soit la tête des travaux, soit les batteries ; pour protéger les communications et les flancs des attaques : pour prendre la sortie elle-même en flanc ou à revers. Après avoir garni les banquettes pour fusiller l'ennemi, les troupes se forment sur le revers de la tranchée pour le recevoir.

45. Les travailleurs prennent leurs armes, soit pour rester de pied ferme si cela leur est ordonné, soit pour se retirer en emportant leurs outils. Les officiers commandant les détachemens de travailleurs font exécuter ces mouvemens avec ordre et promptitude, de manière à prévenir tout encombrement des communications.

46. Les troupes qui, pour repousser l'ennemi, se sont portées hors de la tranchée, ne doivent pas se livrer à la poursuite. Le général de tranchée a soin de les faire rentrer à leurs postes avant

que la retraite des assiégés permette à l'artillerie de la place d'agir librement contre elles. Les travailleurs sont ramenés à la tranchée. Les officiers et sous-officiers des détachemens font l'appel de leurs hommes pendant le travail, qui est repris sans perdre de temps.

47. Si les circonstances l'exigent, les troupes de cavalerie sont employées aux travaux du siége; mais hors les cas extraordinaires, elles sont spécialement destinées à les protéger.

48. Les officiers du génie s'occupent particulièrement de régler tout ce qui concerne les attaques, de désigner l'emplacement des batteries de concert avec l'artillerie, de demander tous les approvisionnemens outils et matériaux nécessaires, de les faire déposer dans les endroits convenables, de tracer tous les ouvrages, de demander et de recevoir les travailleurs, de les conduire et de les distribuer sur les travaux, de prendre des notes exactes sur l'avancement des travaux, les circonstances qui peuvent les retarder, ainsi que sur le nombre et la désignation des travailleurs, afin de les faire payer lorsqu'il y a lieu.

49. Les officiers du génie et de l'artillerie de tranchée font au général de tranchée les rapports qu'il leur demande sur les travaux, sans que ces rapports les dispensent de ceux qu'ils doivent à leurs chefs directs, sur les détails de leur service respectif. Ils remettent également au général de tranchée l'état des pertes qu'ils ont faites dans les troupes de leur arme.

50. Les commandans du génie et de l'artillerie du siége adressent, de leur côté, chaque jour, au général commandant le siége, un rapport sur l'état des travaux et sur ce qui concerne leur service respectif au siége.

51. Quelque praticable que paraisse la brèche, quelque ruinés que soient les ouvrages en arrière, il faut toujours que les têtes de colonnes soient, avant de marcher à l'assaut, munies d'un certain nombre d'échelles, afin de surmonter plus facilement les obstacles imprévus. Les dispositions de l'attaque doivent être parfaitement réglées à l'avance. Des détachemens de sapeurs et de travailleurs armés de haches, de pelles et de pioches, et commandés par des officiers du génie, doivent suivre immédiatement les grenadiers commandés pour l'assaut. Un instant avant le signal, un officier, un sous-officier ou un soldat du génie, suivi de deux hommes d'élite, se portent rapidement sur la brèche pour la reconnaître. Des compagnies d'élite sont désignées pour protéger les personnes et les propriétés, dès l'entrée des troupes dans la place.

52. Soit que la place ait été prise d'assaut, soit qu'elle ait capitulé, les approvisionnemens de bouche et de guerre, ainsi que les caisses publiques, sont réservées pour le service de l'armée; ils sont recueillis par les officiers de l'artillerie et du génie, par les intendans militaires et par les payeurs.

53. Les autres détails relatifs au service des officiers du génie dans les siéges, trouveront leur place, lorsqu'on traitera de l'exécution des travaux de guerre.

DÉFENSE DES PLACES.

54. Les obligations des gouverneurs et commandans de place sont si étroitement liées à celles des officiers du génie, qu'en s'occupant de celles-ci, on ne peut se dispenser de rapporter les premières telles qu'elles ont été fixées par les ordonnances, et notamment par celle du 3 mai 1832.

55. Lorsque le roi n'a pas nommé au commandement d'une place dans un pays occupé par l'armée, le commandant en chef y pourvoit; il peut encore, en cas d'urgence, et pour des motifs graves, dont il rend compte sur le champ, donner des commandans supérieurs aux places menacées qui n'en ont pas été pourvues par le roi.

56. Les officiers employés en vertu de cette disposition, continuent, jusqu'à ce qu'ils aient été nommés par lettres de service, à faire partie de l'armée et à recevoir les appointemens de leur grade et de leur arme. Ils n'ont droit, en plus, qu'aux frais de bureau.

57. A l'armée, les commandans de places sont sous les ordres des généraux commandant l'arrondissement dans lequel leur place est comprise, mais non sous ceux des officiers-généraux qui, seuls, ou avec des troupes, se trouvent occasionnellement dans le rayon de cette place.

58. Lorsqu'un officier-général ou supérieur commandant un corps de troupes, se trouve à la tête de ces troupes dans l'intérieur ou dans le rayon d'investissement d'une place de guerre, sàns lettres de service qui lui donnent droit de commandement sur cette place, il doit, sur la demande de l'officier qui y commande, faire publier les ordres et fournir les gardes nécessaires à la conservation et à la police de la place. Ces gardes passent sous les ordres du commandant; les officiers, sous-officiers et soldats isolés sont soumis à sa surveillance; s'il les fait arrêter pour motif de désordre, il en prévient le général commandant.

59. De même, les généraux commandans de division ou de brigade active, faisant partie d'une armée, exécutent, quelle que soit leur ancienneté, les ordres du commandant territorial, pour le mouvement des troupes, le service à fournir, la police et la discipline, autant que toutes ces choses sont relatives à la tranquillité du pays ; ils sont tenus de lui fournir les états de situation de leurs troupes.

60. En cas de siége, l'autorité du commandant supérieur ou du commandant ordinaire est absolue; elle s'étend jusques sur l'administration intérieure des corps, sur les travaux et sur les divers services. En conséquence, les commandans des troupes, ceux de l'artillerie et du génie, et les intendans militaires sont tenus de prendre toutes les mesures d'administration intérieure, d'exécuter tous les travaux, de faire en un mot toutes les dispositions de service que le commandant juge, dans l'intérêt de la défense, à propos de leur prescrire.

61. Les commandans des citadelles, des forts, des châteaux et autres fortifications qui dépendent d'une place, sont sous les ordres de l'officier qui commande dans cette place.

62. Tout commandant doit considérer sa place comme pouvant être attaquée à l'improviste : en conséquence, il établit son plan de service et de défense suivant les hypothèses d'attaque les plus probables; il détermine, pour les principaux cas, les postes et les réserves, le mouvement des troupes, l'action et le concours de tous les corps et de tous les services.

63. Il s'attache particulièrement à bien connaitre la situation, 1° de l'intérieur de la place, des fortifications, bâtimens ou établissemens militaires; 2° du terrain extérieur, dans les rayons d'attaque, d'investissement et d'activité ; 3° de la garnison, de l'artillerie et des munitions et approvisionnemens de toute espèce ; 4° de la population à nourrir en cas de siége, des hommes capables de porter les armes, des maîtres et des compagnons ouvriers susceptibles d'être occupés aux travaux ou employés en cas d'incendie ; des subsistances, des matériaux, des outils et des autres ressources que la ville et le pays qui l'environne peuvent fournir, ou dont il convient de s'assurer précautionnellement.

64. Dans toute place dont les troupes ennemies s'approchent à moins de trois journées de marche, le commandant, sans attendre la déclaration de l'état de siége, ni les ordres du ministre ou du commandant de l'armée, est revêtu de l'autorité nécessaire, 1° pour faire sortir les bouches inutiles, les étrangers

et les gens notés par la police civile ou militaire; 2° pour faire rentrer dans la place, ou pour empêcher d'en sortir, les ouvriers, les matériaux et autres moyens de travail; les bestiaux, les denrées et autres moyens de subsistance ; 3° pour ajouter aux ouvrages tout ce qui peut servir à prolonger la défense ; 4° pour faire détruire, par la garnison ou par la garde nationale, tout ce qui peut dans l'intérieur de la place, gêner la circulation de l'artillerie et des troupes; tout ce qui peut, à l'extérieur, offrir quelque couvert à l'ennemi et abréger ses travaux d'approche.

65. Dans les cas graves, le commandant de la place consulte les commandans des troupes, les commandans de l'artillerie et du génie, l'intendant militaire, séparément ou en conseil de défense ; mais quels que soient les avis, il décide seul et d'après sa propre conviction.

66. Le commandant de la place arrête, avec ceux de l'artillerie et du génie, le dispositif de l'armement, le nombre des bouches à feu et les approvisionnemens qui leur sont nécessaires. Il vérifie lui-même si ces approvisionnemens sont conformes aux états qui lui en sont présentés, et s'il y a tous les artifices nécessaires pour défendre les brèches, les passages de fossés et éclairer les approches de l'assiégeant. Il concerte avec eux les différentes positions à faire prendre à l'artillerie, dans les diverses hypothèses d'attaque que l'on peut faire sur la place; il se fait rendre compte des moyens à employer pour couvrir l'artillerie contre les feux de l'ennemi. Il forme un corps de chasseurs adroits, et fait rentrer sous le canon de la place, les bateaux et nacelles dont l'ennemi pourrait se servir.

67. Dès qu'une place est menacée, par suite d'un évènement quelconque politique ou militaire, le commandant du génie doit rédiger un mémoire très-concis destiné à faire connaître les mesures qu'il y aurait à prendre, tant pour la garantie d'un coup de main et mettre le corps de place dans un premier état de défense que pour la mettre en état de soutenir un siége en règle. Ce mémoire fait avec tout le soin que comporte une matière si importante doit comprendre les renseignemens suivans : 1° quelle doit être la force de la garnison tant dans le cas d'un simple blocus, que dans l'hypothèse où la place serait assiégée, 2° quelles sont les ressources de casernement qui existent pour loger la garnison, et en cas d'insuffisance quels sont les moyens d'y suppléer, en observant qu'un tiers des hommes au moins doit être à l'abri; 3° quel est le nombre, la situation et la contenance des corps-de-gardes, hôpitaux, manutentions de vivres; fours, puits, citernes,

arsenaux et magasins à poudre; 4° l'état des hangards, greniers, caves, souterrains et locaux quelconques existans propres à emmagasiner les approvisionnemens de bouche, le bois, le fourrage, etc., en distinguant ceux qui sont à l'abri de la bombe et de l'incendie, de ceux qui n'offrent pas cette double garantie; 5° le nombre et l'emplacement des bâtimens à blinder ou des blindages isolés qu'il serait nécessaire de construire, soit pour mettre à l'abri une partie de la garnison, les puits, citernes, etc, soit pour suppléer à l'insuffisance des locaux destinés à contenir les vivres, soit enfin pour faire divers ouvrages défensifs; 6° le nombre de palissades nécessaires pour les chemins couverts, tant de la place entière que des fronts d'attaque séparément, le nombre des barrières doubles et simples, les poutrelles d'éclusement, la quantité de bois de mine, bois en grume, longerons, madriers, planches, gabions, fascines, claies, saucissons, chevaux de frise, sacs à terre, cordages, clous, fer, outils de pionniers, de mineurs et de charpentiers; 7° le nombre de moulins à bras dont la privation des moyens habituels de mouture rendrait l'approvisionnement indispensable, celui de pompes à incendie, de baquets, de seaux de cuir, d'échelles, crocs, pinces et poéles en fer pour recueillir les boulets rouges, etc. On devra marquer les objets existans, manquans, etc.

68. Le mémoire dont il s'agit, doit faire ressortir avec précision et clarté, les besoins de la place pour les deux cas énoncés ci-dessus, celui de blocus et celui de siége. Un état estimatif avec un plan à l'appui doit être joint à ce mémoire. En y énumérant les travaux à exécuter et les matériaux et approvisionnemens à réunir, on doit y indiquer sommairement la dépense présumée que chaque section de travaux ou d'approvisionnemens à faire nécessitera

69. Ces états et mémoires sont adressés par la hiérarchie ordinaire, soit au ministre de la guerre, qui ordonne les dépenses et pourvoit à la remise des fonds, soit, lorsque cela ne se peut, au général commandant la frontière, soit au général en chef de l'armée, qui donne des ordres aux différentes administrations pour approvisionner la place et mettre les sommes nécessaires à la disposition du commandant du génie.

70. Dès que l'état de siége est déclaré, le commandant du génie est chargé spécialement par le commandant de la place, des opérations suivantes : faire tous les travaux nécessaires à la défense; préparer les gabions, saucissons, fascines, claies, etc. dont on peut avoir besoin, rassembler des brouettes, pioches, pelles, haches, serpes et autres outils d'une utilité journalière; blinder les puits et citernes, former des dépôts d'eau si on craint d'en

manquer , organiser un corps de pompiers et de gardes nationales , régler leur service de concert avec l'administration civile ; demander le nombre de mineurs et de sapeurs nécessaires à la place, rassembler les ouvriers en fer et en bois de la place , en former des ateliers soumis à une certaine discipline , leur faire fournir les subsistances militaires et les faire payer à des prix convenus avec l'administration civile ; reconnaître avec le maire les ressources que possède la ville, contre l'incendie, lui désigner les emplacemens es plus sûrs pour faire paître et parquer les bestiaux ; reconnaître avec le maire et le sous-intendant , les caves des habitans qui pourraient être disponibles , s'entendre avec le sous-intendant sur la répartition de l'approvisionnement de bouche , dans les locaux désignés à cet effet, sur l'emplacement de l'hôpital , de la manutention et des magasins quelconques qui sont dans les attributions de cet administrateur. L'hôpital doit être sur l'un des points les moins exposés.

71. Le commandant du génie doit en outre accompagner le commandant de la place dans la reconnaissance des accès favorables à l'ennemi, et lui expliquer les motifs relatifs à la force des ouvrages qui pourraient déterminer à attaquer par tel ou tel point. S'il y a des manœuvres d'eau ou des contre-mines , il doit les lui expliquer et lui donner tous les éclaircissemens nécessaires sur le fort et le faible de la place.

72. Le commandant du génie et les officiers sous ses ordres doivent aussi indiquer au commandant et aux principaux officiers de chaque corps, toutes les communications du dedans au dehors de la place ; les sorties des chemins couverts , la manière dont les retraites doivent être soutenues ; l'objet à remplir par les petites troupes qui se portent au dehors , dans les différentes circonstances ; la manière dont les sorties doivent être ordonnées et soutenues par des dispositions défensives dans les chemins couverts et les ouvrages extérieurs. Les chefs doivent transmettre ces notions aux officiers et sous-officiers sous leurs ordres. Pour plus de clarté, des écriteaux doivent indiquer le nom ou la cote de la fortification.

73. Le commandant du génie doit préparer un réglement pour tout ce qui concerne son service et celui de ses inférieurs pendant le siége. Il doit réunir et faire transporter en lieu de sûreté tous les papiers de ses archives, qu'il ne croit pas devoir lui être utiles.

74. Le commandant de la place défend successivement ses ouvrages et ses postes extérieurs, ses dehors, sa contrescarpe, son enceinte et ses derniers retranchemens.

75. Il ne se contente pas de déblayer le pied de ses brèches et de les mettre en état de défense par des abattis, des fougasses, des feux allumés, en un mot, par tous les moyens usités dans les siéges : il doit encore commencer de bonne heure, derrière les bastions ou les fronts d'attaque, les retranchemens nécessaires pour soutenir au corps de la place un ou plusieurs assauts ; il emploie à ces retranchemens les habitans; il y fait servir les édifices publics, les maisons particulières et les matériaux des bâtimens que les bombes ont ruinés.

76. Dans ces défenses successives, le commandant ménage la garnison, les munitions de guerre et les subsistances, de manière : 1° qu'il ait toujours pour la reprise de ses dehors, pour les assauts et spécialement pour l'assaut au corps de la place, une réserve de troupes fraîches composées d'hommes choisis parmi les vieux soldats ; 2° qu'il lui reste des munitions et des subsistances en quantité suffisante pour soutenir vigoureusement les dernières attaques.

77. Les lois militaires condamnent à la peine capitale tout commandant qui livre sa place sans avoir forcé l'assiégeant à passer par les travaux lents et successifs des siéges, et avant d'avoir repoussé au moins un assaut au corps de la place sur des brèches praticables.

78. Dans la capitulation, le commandant ne se sépare jamais de ses officiers ni de ses troupes; il partage le sort de la garnison, après comme pendant le siége ; il ne s'occupe que d'améliorer la situation du soldat, des malades et des blessés, pour lesquels seuls il stipule toutes les clauses d'exception et de faveur qu'il lui est possible d'obtenir. Tout commandant qui a perdu une place, est tenu de justifier sa conduite devant un conseil d'enquête. (1)

ADDITIONS

Au chapitre V. — N° 241. — *Envois réguliers à faire.*

9° Au 15 novembre, l'état de l'assiette du logement des troupes, en deux expéditions ; 10° au 31 décembre, l'état des logemens des officiers, *idem;* 11° en même temps que les comptes généraux, le supplément à l'inventaire des papiers, l'état de situation du magasin et l'état des matériaux à vendre, chacun en deux expéditions.

FIN DU LIVRE PREMIER.

(1) Les auteurs du livre premier sont pour *la partie historique :* Allent, Gassendi, Rollin, de Fourcy, etc. Quant aux détails *d'organisation* et du *service de paix et de guerre*, ils sont tirés des lois, ordonnances et réglemens qui régissent cette matière.

TABLE DES MATIÈRES

CONTENUES DANS LE LIVRE PREMIER.

FIN DE LA TABLE.

(*Nota.*) L'Aide-Mémoire de l'Ingénieur militaire sera composé de six livres dont voici les titres.

Livre premier. — Personnel et Administration.
Livre deuxième. — Sciences auxiliaires.
Livre troisième. — Élémens et Descriptions des Travaux de paix.
Livre quatrième. — Exécution des Travaux de paix.
Livre cinquième. — Élémens et description des travaux de guerre.
Livre sixième. — Exécution des Travaux de guerre.

Deux livres formeront un volume de vingt-cinq à trente feuilles enrichi de planches et de nombreux tableaux. Prix de chaque livre 3 fr. 50 c.